KB164851

능력과 가치를
높이고 싶다면
된다!

7년 연속
베스트셀러

63만
유튜버!

김메주의
유튜브
채널&영상
만들기

된다!

10만 조회수를 만드는 영상·쇼츠의 비밀! — 개정 3판

채널 기획 ≫ 촬영법 ≫ 편집 ≫ 영상 분석
부수입 창출을 위한 라이브 커머스까지!

무료 음원, 예능 자막
여기에 채널 기획안과
분석 양식도 준대~

냐호~

〈김메주와 고양이들〉 유튜버 김혜주 지음

이지스 퍼블리싱

능력과 가치를 높이고 싶다면
된다! 시리즈를 만나 보세요.
당신이 성장하도록 돕겠습니다.

10만 조회수를 만드는 영상·쇼츠의 비밀!
된다! 김메주의 유튜브 채널&영상 만들기 — 개정 3판
Gotcha! Kim Mejoo's Making YouTube Channel&Video - 3rd edition

개정 3판 발행 • 2024년 4월 22일
개정 3판 2쇄 발행 • 2024년 8월 5일

초판 발행 • 2018년 2월 26일

지은이 • 김혜주
펴낸이 • 이지연
펴낸곳 • 이지스퍼블리싱(주)
출판사 등록번호 • 제313-2010-123호
주소 • 서울특별시 마포구 잔다리로 109 이지스빌딩 4층(우편번호 04003)
대표전화 • 02-325-1722 | **팩스** • 02-326-1723
홈페이지 • www.easyspub.co.kr | **페이스북** • www.facebook.com/easyspub
Do it! 스터디룸 카페 • cafe.naver.com/doitstudyroom | **이메일** • service@easyspub.co.kr

기획 및 책임 편집 • 김영준, 최윤미, 이희영, 이수경, 지수민 | **편집진행** • 유신미 | **IT 1팀** • 임승빈, 이수경, 지수민
교정교열 • 안종군 | **표지 및 본문 디자인** • 트인글터, 정우영 | **인쇄** • 보광문화사
독자지원 • 오경신, 박애림 | **영업 및 교재 문의** • 이주동, 김요한(support@easyspub.co.kr)

ISBN 979-11-6303-575-6 13000
가격 19,000원

우리의 미션은 모든 사람에게 목소리를 주고
그들을 세상에 보여 주는 것입니다.

Our mission is to give everyone a voice
and show them the world.

▼

유튜브
YouTube

구독자 10만 명이 되기까지
1년의 시간을 순서대로 담았습니다

제가 유튜브를 시작하자 여동생이 호기심을 보이더군요. 자녀들의 귀여운 모습을 영상으로 만들고 싶다며 슬그머니 도전 의사를 내비쳤습니다. 당장 시작해 보라고 권했어요. 하지만 시작부터 난항이었습니다. 동생은 편집 프로그램은 물론, 포토샵조차 다룰 줄 몰랐거든요. 유튜브 소재는 아주 가까이에 있지만, 그것을 영상으로 만드는 방법은 전혀 몰랐던 거죠.

아마도 많은 사람이 제 동생과 같은 장벽에 부딪혔을 거라고 생각합니다. '동생과 같은 초보자에겐 어떤 것부터 알려 주는 게 좋을까?' 이 책은 이런 고민에서 시작됐습니다. 이왕 시작하는 거 영상 제작뿐 아니라 채널 기획부터 운영 방법에 이르기까지 유튜브의 이곳저곳을 낯선 여행지의 가이드처럼 차근차근 그리고 재밌게 알려 주고 싶었습니다. 그래서 제가 밟아 온 길을 되짚어 가며 구독자 10만 명이 되기까지 1년의 시간을 고스란히 이 책에 담았습니다.

다음 여행자를 위한
세상에서 가장 친절한 유튜버 여행 일지

첫째마당에서는 '나만의 채널'부터 만듭니다. 제가 딱 그랬거든요. 얼른 해 보고 싶은 마음에 손가락이 근질근질했으니까요. 텅 비어 있는 채널 화면을 보면 내 콘텐츠로 채우고 싶다는 생각이 들 겁니다. 유튜브 필수 기능들도 미리 활성화해 봅시다. 마치 여행 가방을 싸듯 모든 준비를 깔끔하게 끝내 놓고 떠나자고요. 여행(콘텐츠)에만 집중할 수 있도록….

예능 같은 자막! 마법 같은 편집!
저작권 걱정 없이 쓸 수 있는 무료 소스 활용법까지 공개합니다

둘째마당의 핵심은 '영상 만들기'입니다. 영상을 한 번도 만들어 본 적이 없어도 괜찮습니다. 우리가 흔히 보는 영상은 비디오, 오디오, 자막 이렇게 세 가지 요소를 적절히 엮어 놓은 것에 불과하니까요. 이 책에서 소개하는 영상 제작의 다섯 단계만 밟으면 초보자도 유튜브 스타들 못지않은 영상을 만들 수 있습니다. 가장 많이 쓰는 편집 기술, 예능 자막, 저작권이 문제되지 않는 무료 소스, 강의와 게임 콘텐츠 제작을 위한 화면 녹화까지 알토란 같은 내용만 담았습니다.

무엇을 영상에 담을지 아직 마땅한 소재가 없어도 일상이 콘텐츠가 되는 5가지 방법과 이 책에서 소개하는 수많은 사례를 참고하면 갈피를 잡을 수 있을 거예요.

조회수와 구독자를 늘리는 방법, 분명히 있습니다

셋째마당은 조회수와 구독자가 좀처럼 늘지 않는 분이 주목해야 할 내용입니다. 우선 시청자가 어떻게 유입되는지를 아는 것이 가장 중요하겠죠? 시청자의 12가지 유입 경로를 확인하고 내가 집중해야 할 경로가 어딘지 점검해 보세요. 유튜브에는 직접 경험하지 않고서는 알 수 없는 세세한 부가 기능이 많답니다. 채널 브랜딩, 키워드 설정, 업로드 설정, 해외 사용자 유입 등 최소한의 노력으로 최대 효과를 노려 보세요. 요즘 유튜브가 팍팍 밀고 있는 실시간 방송도 구체적으로 실습할 수 있습니다.

콘텐츠 하나로 세 가지 채널에서 동시에 수익을 낼 수 있습니다

넷째마당을 제대로 배우려면 최소한의 콘텐츠 양을 쌓는 게 중요합니다. 저는 영상 100개 이상을 권장합니다. 백 번을 꾸준히 업로드하면 기본기가 다져지고 채널을 분석할 수 있는 최소한의 통계 값을 확보할 수 있기 때문입니다. 구독자의 특징은 무엇인지, 어떤 유형의 콘텐츠가 인기가 많은지 분석해야 내 채널의 성장점을 찾을 수 있습니다. 이를 바탕으로 콘텐츠로 수익을 내는 방법까지 알아봅니다. 하나의 콘텐츠로 유튜브뿐 아니라 인스타그램과 네이버TV에서도 수익을 낼 수 있으니 이 부분도 꼭 실천해 보세요.

여러 구독자분의 사랑과 관심 덕에 〈김메주와 고양이들〉 채널이 성장했듯, 이 책도 참 많은 분의 노력으로 탄생했습니다. 첫 독자가 된 마음으로 정성스럽게 검토해 주신 베타테스터분들, 인터뷰에 기꺼이 응해 주신 예씨, 파뿌리, 코너, 나르 님, 이 책에 생기를 불어넣어 주고 함께 애써 주신 김영준 편집자 님께 감사의 마음을 전합니다.
곧 자신의 목소리를 세상에 내 보일 독자분들에게도 따뜻한 응원의 마음을 전합니다.

[개정 3판을 내며]
가장 최신 유튜브를 알려 드릴게요

이 책이 나온 지도 벌써 7년이 되어 갑니다. 그 동안 세상도 조금씩 변하고 유튜브 앱을 켜는 사람은 더 늘어났으며 유튜브에 대한 관심 또한 더욱 뜨거워졌어요. 유튜브도 많이 달라졌습니다. 세상의 시선이 이곳으로 집중된 만큼 유튜브 내 규제도 늘었고요.
유튜브가 바뀌면 이 책도 당연히 바뀝니다. 이번 개정 3판에서는 완전히 바뀐 유튜브 관리자 도구 'YouTube 스튜디오'의 사용법과 유튜브의 새로운 강자로 떠오르고 있는 숏폼 서비스 '쇼츠', 유튜브가 주목하고 있는 '쇼핑' 서비스도 소개합니다. 이 책으로 가장 최신 유튜브를 만나 보세요.

다섯 마리 고양이의 집사 겸 유튜브 크리에이터 **김혜주**

"여러 책 중에서 이 책이 단연 최고였고, 읽고 또 읽었습니다."

여러 책 중에서 이 책이 단연 최고였고, 읽고 또 읽었습니다. 구독자도 조회수도 늘지 않아 마음에 갈등이 많았는데 이 책이 큰 도움이 됐고 지금은 초보 유튜버들에게 최고의 책으로 소개하고 있습니다. 여러분이 원하는 유튜브 세상…. 이 책 속에 다 있습니다. 유튜버가 되고 싶은 분께 강력히 추천합니다!

▶ 1년 만에 구독자 10만 명! 평범한 주부에서 인기 유튜버가 된 후다닥요리 님

이 책만 의지해 계정을 만들고 하나씩 시키는 대로 했습니다. 그랬더니 어느날 저보다 먼저 시작한 낚시 유튜버들보다 더 빠르게 성장한 저를 발견했습니다. 처음 두 달은 용돈 정도 벌었는데 그 다음 달부터 조금씩 불어났습니다. 이제는 장비를 살 때 마눌님 눈치 보지 않고 내가 유튜브로 번 돈으로 당당하게 지릅니다.

▶ 취미를 콘텐츠로! 붕어낚시 전문 유튜버 달빛소류지 님

영상에 예능 자막을 넣으니 훨씬 재밌고 깔끔해졌다고 말씀해 주셨어요. 저작권 없는 효과음과 이미지 활용법 덕분에 ASMR에 어울리는 분위기를 연출할 수 있었습니다. 그리고 또 하나! 채널 분석 방법을 정말 상세히 설명해 줘요. 내 채널의 부족한 점이 무엇인지 알게 됐고 제목, 태그 작성하는 방법부터 바꿨습니다. 그랬더니 구독자가 많아지고 어느 날 1달러 수익이 생기더니 지금은 훨씬 늘었습니다.

▶ 귀 청소와 이야기가 만났다! 소리로 마음을 사로잡는 ASMR 유튜버 쫄내 님

실제로 《된다! 김메주의 유튜브 영상 만들기》를 다섯 번 읽었습니다. 책이 너덜너덜해질 정도로 봤어요. 내용이 버릴 게 없어요. 은행 빚이 있었는데 이걸로 꽤 갚았습니다. 가장 효과를 본 것은 폰트, 음악, 이미지를 쓸 수 있는 유용한 사이트를 알려준 부분입니다. 강력하게 추천합니다. 이 책을 대신할 책은 없습니다.

▶ 조회수 96만 명! 화제의 영상을 여럿 만든 Mr.셜록 님

"어느 날 1달러 수익이 생기더니 지금은 훨씬 늘었습니다."

수익 승인이 나지 않은 상태에서 하염없이 기다리다 김메주 님의 책을 읽고 유튜브의 전반적인 수익 구조를 알게 됐습니다. 지금은 소소하지만 수익이 나고 있습니다. 여러분도 '유튜브를 해 볼까?'라는 생각만 하지 말고 뭐든 올려 봤으면 좋겠습니다.

▶ 일상을 콘텐츠로! 고양이와 함께 살며 자취 일상을 올리는 효녀 님

채널 콘셉트와 캐릭터 설정, 콘티 짜기 같은 기획 단계부터 편집 툴 다루기, 섬네일 돋보이게 만들기, 구독자 분석과 수익 내기 같은 기술적인 부분까지 이 책은 유튜브를 막 시작한 저에게 필요한 모든 것을 쉽고 친절하게 알려 줬습니다. 카메라 앞에 서는 것만 익숙했던지라 모든 걸 혼자 뚝딱 해내는 일이 쉽지는 않았습니다. 하지만 그럴 때마다 믿고 볼 수 있는 책이 있어 참 든든했습니다. 지금도 막히는 부분이 있으면 가장 먼저 펼쳐 보는 이 책. 정말 잘 쓰신 책이라 유튜브 교과서로 주변에 많이 추천했습니다.

▶ 아나운서 며느리의 랜선 라이프! 서현진TV/랜선며느리의 서현진 님

'구독자를 모으는 채널 홍보의 기술'을 가장 많이 봤고 구독자를 늘리는 데 큰 도움을 받았습니다. 이전에는 영상 찍고 올리는 게 다였지만 이 책을 읽고 나서 채널 아트, 워터마크, 최종 화면, 카드 추가 등 채널 브랜딩에 신경 쓴 결과였습니다. 우선 시작해 보라고 말해 주고 싶어요.

▶ 배워서 나누자! 전통매듭법을 소개하는 kukuya tube 님

Special Thanks To

저작권법 관련 내용을 감수해 주신 한국출판인회의 자문변호사이자 법무법인 '동인'의 이동국 변호사님, 이 책의 독자를 위해 무료 음원 파일을 제공해 주신 작곡가 HYP님께 특별한 감사의 마음을 전합니다.

첫째 ▶ 목표에 맞게 중요한 것부터 배우세요! — 맞춤형 학습 설계

이 책은 구독자 10만 명이 되기까지 1년 과정을 순서대로 담았습니다. 하지만 이 책을 끝까지 읽었더라도 경우에 따라 집중해야 할 내용은 있습니다. 목표에 맞게 학습 계획을 세워 보세요.

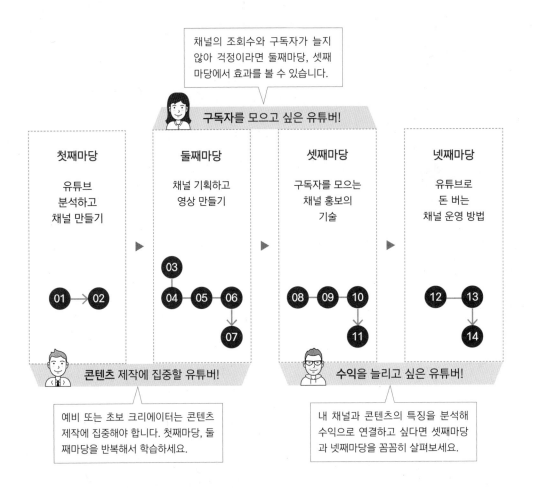

채널의 조회수와 구독자가 늘지 않아 걱정이라면 둘째마당, 셋째마당에서 효과를 볼 수 있습니다.

구독자를 모으고 싶은 유튜버!

첫째마당
유튜브 분석하고 채널 만들기

둘째마당
채널 기획하고 영상 만들기

셋째마당
구독자를 모으는 채널 홍보의 기술

넷째마당
유튜브로 돈 버는 채널 운영 방법

01 02

03 04 05 06 07

08 09 10 11

12 13 14

콘텐츠 제작에 집중할 유튜버!

수익을 늘리고 싶은 유튜버!

예비 또는 초보 크리에이터는 콘텐츠 제작에 집중해야 합니다. 첫째마당, 둘째마당을 반복해서 학습하세요.

내 채널과 콘텐츠의 특징을 분석해 수익으로 연결하고 싶다면 셋째마당과 넷째마당을 꼼꼼히 살펴보세요.

둘째 ▶ 먼저 학습 파일을 내려받으세요! — 채널 기획안부터 무료 배경음악까지

시간순에 따라 체계적인 실습을 제공합니다. 이지스퍼블리싱 [자료실]에서 학습 파일을 내려받으세요.

이 책에서 제공하는 무료 파일
- 채널 기획안, 콘티 양식
- 콘텐츠 분석 양식, 주제별 순위 분석 양식
- 무료 효과음 5개, 무료 배경음악 4개
- 예능 자막 스타일 19개(PSD 파일)

www.easyspub.co.kr → [자료실]
→ '김메주의 유튜브 채널&영상 만들기' 검색!

첫째
마당

유튜브
분석하고
채널 만들기

둘째
마당

채널 기획하고
영상 만들기

셋째
마당

구독자를 모으는
채널 홍보의
기술

넷째 마당

유튜브로 돈 버는 채널 운영 방법

🎙 김메주의 라이브 톡!

채널을 운영하면서 가장 많이 받았던 질문, 초보자가 헷갈려 하는 내용, 알면 힘이 되는 꿀팁을 소개합니다. 자신에게 꼭 필요한 내용부터 찾아보세요.

유튜브 분석하고
채널 만들기

진짜 누구나 유튜버가 될 수 있나요?

"유튜버가 한번 돼 보라고? 에이, 말도 안 돼." 남편의 갑작스러운 제안에 '말도 안 된다'는 생각이 먼저 들었습니다. 저 같은 보통 사람이 유튜버라니요. 남편은 제 말에는 아랑곳하지 않고 대화를 이어 나갔습니다. "블로그에 사진 찍고 글 올리는 것과 영상으로 하는 것이 뭐가 달라?"

그렇습니다. 실제로 유튜브는 이미 우리에게 익숙한 서비스인 블로그와 크게 다르지 않답니다. 글과 사진을 영상으로 보여 주는 것이죠. 콘텐츠를 담는 그릇만 달라졌을 뿐입니다.

01-1 사람들은 왜 자기 모습을 찍어 세상에 공개하는 걸까?

▶ 함께 즐기고 배우며, 놀라고, 흥분하는 새로운 세상!

유튜브, 최초의 동영상을 아시나요?

2005년 4월 23일은 인간이 최초로 달에 도착한 날처럼 크리에이터들이 두고두고 기념해야 할 날인지도 모릅니다. 동영상이 유튜브에 최초로 업로드된 날이거든요. 유튜브 검색창에 'Me at the zoo'라고 입력해 보세요. 고대 유물 같은 영상을 확인할 수 있답니다.

화면 속에 등장하는 남자는 유튜브 창업자 중 한 명인 조드 자베드입니다.

빈티지한 복장으로 코끼리 앞에 서 있는 한 남자가 전부입니다. 혹시 엄청난 영상을 기대하셨나요? 아마 지금과 같은 유튜브에 익숙해 있다면 그럴지도 모릅니다. 하지만 유튜브가 올린 최초의 동영상이 사람을 담고 있다는 사실은 유튜브의 역사와 오늘날의 놀라운 변화를 반추해 볼 때 큰 의미를 갖습니다. 바로 '사람이 곧 주인공'이라는 사실이죠.

크리에이터들은 왜 자기 모습을 찍어 세상에 공개하는 걸까요? 자기 모습을 그대로 드러내면서 무슨 이야기를 그렇게 하고 싶어 하는 걸까요? 저는 우리 안에 있는 어떤 유대감을 느낍니다. 나를 표현하고 싶고, 남을 돕고 싶고, 정보를 주고 싶고, 노하우를 알려 주고 싶고, 누군가를 행복하게 만들어 주고 싶고, 누군가와 연결되고 공감하고 싶은 감정이요. 마치 넘어진 사람을 일으켜 주고 싶은 마음, 좋아하는 사람 앞에서 멋지게 노래를 부르고 싶은 마음, 내가 아는 좋은 것을 남들과 나누고 싶은 마음처럼 너무 자연스러운 마음이요. 당신에게도 있는 그런 마음이요.

누구나 올리고 누구나 시청하는 세계 최대의 비디오 플랫폼

유튜브 콘텐츠는 1인 콘텐츠와 그 외 콘텐츠로 나뉩니다. 1인 콘텐츠는 개인이 직접 기획하고 제작하는 형태이고, 그 외 콘텐츠는 기업, 연예인의 공식 영상 또는 정치·사회·연예 이슈, 음악 재생 등과 같이 퍼 온 정보로 만들어지는 형태입니다. 과거에는 유튜브에서도 정치·사회·연예 이슈 콘텐츠가 인기 급상승 동영상의 대부분을 차지했어요. 기존의 미디어가 담고 있던 콘텐츠가 고스란히 유튜브라는 그릇으로 옮겨 온 것에 불과했지요. 하지만 지금은 1인 콘텐츠가 더욱 주목받고 있습니다. 기존의 미디어가 다루지 않던 다양한 주제의 콘텐츠가 화제가 돼 전 세계로 퍼지는 일을 여러분도 자주 경험하고 있지 않나요? 신문 지면에 실리지 않는 소소한 이야기, 방송에 나오지 않는 누군가의 평범한 일상도 유튜브 안에서는 얼마든지 다른 사람과 즐기고 나눌 수 있는 콘텐츠가 된 것입니다.

"유튜브는 수백 만 명의 사람들이 함께 즐기고, 배우며, 놀라고, 흥분하는 새로운 세계를 창조해냈다. 이는 과거에는 볼 수 없었던 거대한 현상이다."

- 타임지 선정 2006년 올해의 발명품 중

유튜브는 매일 1억 뷰 이상의 조회수를 기록하고 있는 세계 최대의 비디오 플랫폼으로 성장했습니다. 국가 및 언어의 제한 없이 90개 나라에서 188개의 언어로 비디오를 시청할 수 있어요. 유튜브에 자신의 영상을 올리고, 다른 사람의 영상을 시청하고, 댓글을 남기고, 친구에게 공유하며 동영상 콘텐츠를 마음껏 즐기는 새로운 세상이 펼쳐진 것입니다.

유튜브로 삶이 바뀐 사람들

케냐에 사는 줄리우스 예고(Julius Yego)는 창던지기 육상 선수입니다. 하지만 자국의 열악한 환경 탓에 전문가의 지도나 체계적인 훈련을 받을 수 없었습니다. 유일한 교육은 개발 도상국 육상 유망주 해외 연수 2주가 전부였습니다. 결국, 그가 눈을 돌린 곳은 유튜브였습니다. 가끔씩 PC방에서 보던 창던지기 영상으로 코치도 없이 개인 훈련을 지속했어요. 결과는 놀라웠습니다. 2015 세계 선수권 대회에서 아프리카 신기록을 수립하며 금메달을 땄고, 2016 브라질 올림픽에서는 은메달을 거머쥡니다. 이후 그는 '미스터 유튜브'라는 별명을 얻습니다.

가끔씩 들르는 PC방에서 창던지기 영상을 보고 따라하는 것

2015 세계선수권에서 아프리카 신기록 수립

미스터 유튜브라는 별명을 얻은 줄리우스 예고 선수
(출처: news 1 유튜브 채널)

평범한 70대 노인 박막례 할머니는 손녀의 도움을 받아 자신의 일상을 유튜브에 올립니다. 많은 사람이 할머니의 매력에 빠져들었고, 채널도 빠르게 성장했습니다. 할머니는 시청자의 열렬한 응원과 지지에 힘입어 패러글라이딩, 유럽 여행, 연기 등 새로운 경험에 도전하고 있습니다. 유튜브로 인해 제2의 인생이 펼쳐진 것이죠. 일상에 녹아드는 수준을 넘어 한 사람의 인생까지 바꾼 한 동영상 플랫폼의 강력한 힘을 볼 수 있는 사례입니다.

한 번 보면 끊을 수 없는 마성의 매력, 박막례 할머니
(출처: 유튜브 채널, 빅이슈 코리아)

그뿐일까요? 유튜브가 실생활에 미치는 영향은 점점 커지고 있습니다. 아이들은 모바일 동영상을 TV보다 많이 시청합니다. 유튜브에서 1인 크리에이터가 제작한 게임 예능이나 애니메이션을 즐겨 보고, 친구들끼리 모여 그에 관련된 담소를 즐깁니다. 유튜브에 화제가 된 동영상이나 등장인물이 TV, 라디오 등과 같은 기존 매체에 소개되기도 합니다. 아이들의 장래 희망 조사에서 심심찮게 유튜버, 1인 크리에이터가 등장하는 걸 보면 참 놀랍습니다. 박막례 할머니의 말씀처럼 정말 세상이 빈대떡 뒤집히듯 변화하고 있습니다.

01-2 누가 내 영상을 보는 걸까?

유튜브에 영상을 만들어 올리던 친구가 저에게 묻더군요. "내 영상을 올리면 대체 누가 볼까? 만약 누군가 보게 된다면 어쩌다 내 영상을 보게 되는 거지?" 시청자가 어쩌다 내 영상을 발견하게 되는지, 콘텐츠의 홍수 속에서 어떤 영상에 주목하는지를 알고 시작하는 것과 모르고 시작하는 것은 천지 차이입니다. 시청자의 특성을 이해하면 어떤 이들에게 내 영상이 노출되는지, 그렇다면 나는 어떤 콘텐츠를 만들어야 하는지를 좀 더 명확하게 알 수 있습니다.

▶ 유튜브 시청자의 3가지 특성

하나, 동영상 시청도 SNS처럼 소통을 즐긴다

유튜브는 일방적으로 시청만 하는 TV와 다르게 제작자와 시청자 간의 소통을 할 수 있습니다. 사람들은 스마트폰과 SNS에 익숙해지면서 동영상 시청도 SNS처럼 즐기기 시작했습니다. '댓글'과 '좋아요' 버튼으로 제작자에게 소감을 남기고, 동영상을 함께 보는 이들과 공감하고, 때로는 친구에게 동영상을 공유하며 상호작용을 즐기는 것이죠.

시청자의 궁금증을 모아 Q&A 콘텐츠를 제작했어요.

댓글로 소통해요.

둘, 짧은 콘텐츠를 연속적으로 시청한다

〈이상한 나라의 앨리스〉에 등장하는 여러 개의 문이 달린 방을 아시나요? 유튜브에서 동영상을 본다는 것은 여러 개의 문이 달린 방에 들어가는 것과 비슷합니다. 수많은 영상 중 하나의 영상을 골라 시청하면 유튜브의 인공지능이 관련 영상을 끊임없이 추천해 주기 때문에 영상이 꼬리에 꼬리를 물고 계속 이어집니다. 유튜브를 이용하는 사람들은 동영상을 얼마

동안 시청할까요? 통계에 따르면 한국인의 유튜브 앱 월 평균 사용 시간은 무려 998억 분이라고 합니다. 이는 2022년에 비해 101억 분이나 증가한 것으로, 유튜브에서 동영상을 점점더 오랫동안 시청하고 있다는 것을 의미합니다. 드라마나 웹툰을 보듯, 유튜브에서 다음 이야기가 있는 콘텐츠를 연속해서 시청하길 원한다는 뜻이죠.

한국인이 가장 오래 사용한 앱			
순위	앱 이름	월 평균 사용시간 (억 분)	증가수* (억 분)
1	유튜브	998	▲101
2	카카오톡	340	▲7
3	네이버	226	▼8
4	인스타그램	158	▲57
5	틱톡	75	▲4
6	네이버웹툰	51	▲6
7	캐시워크	48.8	▲9
8	넷플릭스	48.6	▲5
9	티맵	47.6	▲1
10	X	44	▲8

* 22년 월 평균 사용시간 대비 23년 월 평균 사용시간 증가수

한국인이 가장 자주 사용한 앱			
순위	앱 이름	월 평균 실행횟수 (억 회)	증가수* (억 회)
1	카카오톡	754	▲33
2	네이버	145	▲5
3	유튜브	131	▲17
4	인스타그램	125	▲37
5	캐시워크	93	▲12
6	토스	47	▲27
7	X	45	▲7
8	쿠팡	34	▲4
9	당근	31	▲4
10	밴드	26	▼1

* 22년 월 평균 실행횟수 대비 23년 월 평균 실행횟수 증가수

한국인의 유튜브 앱 이용 시간(출처: 와이즈앱·리테일·굿즈)

셋, 다방면의 '덕후'들이 포진해 있다

건담과 애니메이션을 좋아하는 사람만을 '덕후'라고 하는 것이 아닙니다. 여기서 말하는 덕후는 '팬'의 의미와 상통하는 좀 더 가벼운 의미입니다. 구독자 100만이 넘는 톱 크리에이터의 중심에는 팬이 있습니다. 이 말은 '덕질'을 즐기는 시청자가 유튜브 내에 포진하고 있다는 의미이기도 하지요. 유튜브 제작자와 구독자 사이에 형성되는 관계는 우리가 특히 주목해야 할 부분입니다. 톱 크리에이터는 시청자를 끌어들이는 매력적인 주제를 가진 콘텐츠를제작해 업로드하고 공감을 이끌어 내며 두터운 팬층을 확보하고 있습니다. 이것이 우리가이 책을 통해 이뤄 낼 최종 목표이기도 합니다. 좋은 품질의 영상 콘텐츠를 시청자와 공유하고 그들과의 관계를 탄탄하게 만들어 나가는 것이지요.

크리에이터와 팬들을 잇는 FANFEST
(출처: 유튜브 코리아 블로그)

국내에서는 2014년부터 행사를 개최하고 있어요.

시청자가 팬이 되는 과정은 생각보다 단순합니다. 우연히 본 콘텐츠가 재미있어 채널을 구독하게 되고, 정기적으로 올라오는 콘텐츠에 지속적으로 노출되다 보면 구독자는 콘텐츠에 익숙해지고, 크리에이터와 지속적으로 소통하며 친밀감을 느낍니다. 구독자가 크리에이터와 가까워졌다고 느끼는 것이죠. 점점 크리에이터에 대해 알고 싶어지는 이 현상이 집단적으로 행해지면서 팬층이 형성되는 것입니다. 그렇다면 팬을 부르는 좋은 콘텐츠는 어떻게 만드는 걸까요?

▶ 유튜브 채널의 성장 공식

누구나 1인 크리에이터가 될 수 있다고 하지만, 이미 톱 크리에이터들이 유튜브를 섭렵한 것 같은데 '과연 내가 설 자리가 있을까?'와 같은 의문이 들기도 합니다. 저도 이와 똑같은 고민을 했습니다. 고민을 거듭한 끝에 찾은 답은 '콘텐츠'였지요. 콘텐츠는 넘쳐 나지만 그 속에서도 돋보이는 콘텐츠를 만들어 낼 수 있다면 기회는 있다고 생각했습니다. '동물에게 느끼는 순수한 감정은 모두가 공감할 것이다'라는 반려동물 콘텐츠에 대한 확신을 갖고 영상 편집 작업에 좀 더 공을 들여 품질을 차별화하기로 마음먹었습니다. 무엇보다 유튜브 채널의 성장 공식에 집중한다면 사람들이 찾아올 것이라는 확신이 있었어요.

1. 재미와 소통		2. 간결한 내용		3. 신뢰 관계 형성		
재미있게 소통할 수 있는 주제 찾기	×	간결하고 유익한 영상 만들기	×	구독자와 끈끈한 관계 맺기	=	채널 성장

유튜브 채널의 성장 공식은 결국 시청자들의 특성, 즉 '재미와 소통', '간결한 내용' 그리고 '신뢰 관계 형성'과 연결됩니다. 특히, 초보자들은 이 세 가지 공식을 꼭 기억해야 합니다. 이를 큰 줄기로 삼아 이 책으로 하나씩 배워 나가면 나와 시청자 모두에게 의미 있는 영상을 만들 수 있을 거예요.

01-3 1인 미디어와 동영상의 시대

▶ 1인 미디어가 수익을 창출하는 시대

유튜브를 모르는 사람이 없는 듯한 지금, 얼마나 많은 사람이 유튜브를 시청할까요? 통계에 따르면 20세 미만에서 60세 이상까지, 한국인의 거의 모든 세대가 유튜브를 가장 많이 시청합니다. 덩달아 TV 프로그램에 붙는 광고 못지않게 유튜브 광고의 힘이 어마어마하게 커졌죠. 이제 기업이 아니라 유튜브 콘텐츠를 만드는 주체인 크리에이터가 광고 수익을 버는 시대를 맞이했습니다. "너 라디오스타 봐?"라고 묻듯, "○○○ 채널 봐?"라고 묻는 현상도 이제는 익숙합니다. 잠깐의 트렌드일 것만 같았던 1인 미디어가 방송국이 아닌 곳에서 새롭게 자리매김한 것이죠.

2023년 기준 가장 많이 사용하는 동영상 앱 순위(출처: 와이즈앱·리테일·굿즈)

▶ 유튜브로 수익을 얻는 방법은 넷째마당에서 자세히 다룹니다.

최근 유튜브는 '쇼핑' 기능을 도입하면서 '라이브 커머스 방송' 시장에 본격적으로 뛰어들었습니다. 우리에게 익숙한 '네이버 쇼핑라이브'와 같은 실시간 쇼핑 방송인데요, 현재 국내 시장에서는 네이버가 점유율 약 60%로 업계 1위를 달리고 있지만 유튜브가 뛰어듦으로써 판도가 어떻게 달라질지 관심이 쏠리고 있습니다. '실시간 스트리밍'은 수익을 창출하는 새로운 방법이라는 점에서도 의미가 있지만, 소통과 관계를 중시하는 유튜브의 특징을 가장 잘 담은 '하나의 새로운 문화'로 자리매김하고 있어 더욱 주목할 필요가 있습니다.

다른 사람들과 채팅을 즐기며 생방송을 진행하는 모습

실제로 많은 유튜버가 정해진 시간에 정기적으로 생방송을 진행합니다. 유튜브도 마치 TV 프로그램을 송출하듯 독립 방송국의 역할까지 하게 된 것입니다. 예전에는 정해진 시간만 되면 거실에 옹기종기 모여 앉아 TV를 시청했지만, 이제는 정해진 시간에 스마트폰을 열고 유튜브를 시청하는 현상이 나타나고 있습니다. 정규 편성이 이뤄지고 있는 TV와 경쟁하게 된 것이죠.

▶ 메타버스 시대에서 더욱 중요해진 유튜브의 역할

'메타버스'라는 말을 들어보셨나요? '3차원 가상세계 이용자가 만들어내는...' 어려운 말은 잊어버리고 가장 쉬운 예를 떠올려 봅시다. 우리는 지금 비대면 수업, 재택근무가 일상이 된 시대를 살고 있습니다. 2020년 초에는 자기만의 섬을 꾸미고 친구의 섬과 교류하는 닌텐도 게임, '모여봐요 동물의 숲'이 역대급 판매량을 기록하기도 했습니다.

또 하나의 소통 장소가 된 닌텐도의 '모여봐요 동물의 숲'

이렇듯 비대면 문화가 확산되면서 화상 채팅 혹은 게임 속 가상 공간 등을 통해 온라인으로도 사회·문화적 활동이 가능해졌고 이 가상 세계를 우리는 '메타버스'라 칭하고 있습니다. 메타버스 시대에서 유튜브는 떼려야 뗄 수 없는 존재입니다. 메타버스 즉, 가상 공간에서의 경험은 동영상 콘텐츠로 제작되기 마련이고 자연스럽게 유튜브에 업로드되면서 시청자에게 공유되기 때문입니다. 일례로, 유튜브는 매해 '팬페스트'(Youtube FanFest)라는 일종의 팬미팅을 진행해 왔는데요. 2021년에는 메타버스 채널인 마인크래프트(Minecraft)에서 '크리에이터 타운 대운동회'를 비대면으로 진행했습니다. 200여 명의 유튜브 크리에이터가 가상 공간에 모여 유튜브에서 준비한 다양한 프로그램을 온라인으로 즐겼죠.

유튜브에서 개최한 '크리에이터 타운 대운동회'

이 크리에이터 타운 대운동회 역시 유튜브 영상은 물론이고 특히 '실시간 방송'을 통해 중계되면서 팬과 크리에이터의 성공적인 만남의 장이 되었습니다. 이처럼 메타버스의 등장은 유튜브 세계에 새로운 소재를 가져다 주었습니다. 메타버스에서 일어나는 일들을 영상으로 만들면서 말이죠. 메타버스 시대, 즉 가상 공간의 시대를 맞이한 우리는 1인 미디어와 유튜브에 더욱 빠져들게 될 것입니다.

▶ 동영상 하면 '유튜브', 유튜브 하면 '동영상'

바야흐로 동영상의 시대인 만큼 여러 영상 서비스들이 너나할 것 없이 유튜브 추격에 나섰습니다. 하지만 유튜브와 견줄 수 있는 곳은 아직 없습니다. 유튜브는 비디오 플랫폼의 대중화를 처음 열었을 뿐만 아니라 구글이라는 막강한 기업이 지원하고 있으며 세계를 무대로 삼고 있기 때문이죠. 비교적 표현이 자유롭고 제작자에 대한 지원이 훌륭하다는 것도 장점입니다. 틱톡의 사용자 수도 무시할 수 없는 수치지만 아직은 특정 연령대 사용자 수가 많은 서비스로, 연령대 관계 없이 한국이 가장 많이 이용하는 서비스는 여전히 유튜브입니다.

내가 좋아하는 유튜브 채널 분석하기

즐겨 보는 채널이 있나요? 좋아하는 크리에이터는 누구인가요? 내가 좋아하는 채널과 유튜버에 관해 한 걸음 더 들어가 보는 것부터 시작해 봅시다. 시청자가 아니라 크리에이터의 관점으로 채널과 콘텐츠를 들여다본 후에 다음 질문에 답해 보세요.

• 채널과 유튜버를 소개해요

Q1 어떤 목적을 갖고 있나요?

Q2 주요 시청자는 누구인가요?

Q3 유튜버는 어떤 사람인가요?

Q4 비슷한 소재의 채널과 비교했을 때 어떤 특징이 있나요?

• 콘텐츠 만드는 방법

Q1 어떤 주제로 콘텐츠를 만드나요?

Q2 주로 누가 또는 무엇이 등장하나요?

Q3 콘텐츠의 길이는 얼마나 되나요?

Q4 콘텐츠는 얼마나 자주 올리나요?

Q5 첫 번째 영상과 지금 영상에는 어떤 변화가 있나요?

• 시청자와 소통하는 방법

Q1 댓글과 좋아요는 활성화돼 있나요?

Q2 시청자와 어떻게 소통하나요?

Q3 유튜브 바깥에서도 소통하고 있나요?

나만의 유튜브 채널 만들기

이제 유튜브를 본격적으로 시작해 볼까요? 유튜브라는 동영상의 바다에는 수많은 콘텐츠가 무질서하게 돌아다니는 것 같지만, 이 동영상들은 '채널'이라는 각자의 집이 있답니다. 채널을 만들어야 유튜브 속에 진짜 내 공간이 생깁니다. 이번 장에서는 내 콘텐츠의 집이 될 채널을 개설하고, 업로드하는 방법을 알아봅시다.

02-1 일단, 채널부터 만들고 시작!

▶ 유튜브 크리에이터로 첫발 내딛기

유튜브를 하려면 가장 먼저 뭘 해야 할까요? 주제 선정? 영상 촬영? 저는 '채널 만들기'라고 말씀 드리고 싶어요. 유튜브를 해 보기로 마음먹은 후 얼른 시작하고 싶은 마음에 손가락이 근질근질했거든요. 일단 집부터 먼저 지어야겠다는 생각에 가장 먼저 채널을 개설했죠. 결과적으로 유튜브 안에 내 공간을 마련해 두니 동기부여가 된 것 같아요. 텅 비어 있는 채널 화면을 보면 어서 내 콘텐츠로 채우고 싶다는 마음이 생기니까요.

유튜브 채널을 개설하려면 구글 아이디가 있어야 합니다. 원래 사용하던 구글 아이디로 채널을 개설해도 되지만, 채널을 독립적으로 운영하려면 새로운 아이디로 채널을 개설하는 것이 좋습니다.

하면 된다! } 구글 계정 만들기

1 구글 웹 사이트(www.google.com)에 접속한 후 [로그인 → 계정 만들기 → 본인 계정]을 클릭합니다.

2 개인 정보를 입력한 후 [다음]을 클릭합니다.

계정에 입력한 이름이 채널명이 되는 것은 아니니, 본인의 이름이나 닉네임을 자유롭게 사용해도 됩니다.

3 약관을 잘 읽어 본 후 [동의]를 클릭하면 방금 만든 계정으로 로그인돼 구글 웹 사이트로 돌아옵니다. 이로써 나의 구글 계정이 새롭게 만들어졌습니다. 상단에 있는 [구글 앱] 아이콘을 클릭해 유튜브 화면으로 이동합니다.

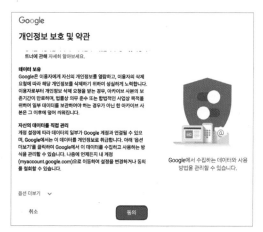

유튜브 외에도 구글에서 제공하는 다양한 서비스를 이용할 수 있어요.

하면 된다! } 유튜브 채널 만들기

1 유튜브 화면 오른쪽 상단에 있는 프로필 사진을 누른 후 [채널 만들기]를 클릭합니다.

[YouTube 스튜디오]는 앞으로 자주 사용할 메뉴입니다. 이참에 경로를 꼭 기억해 두세요.

2 [내 프로필] 창이 나타나면 이름과 핸들을 확인하고 [채널 만들기]를 클릭하세요.

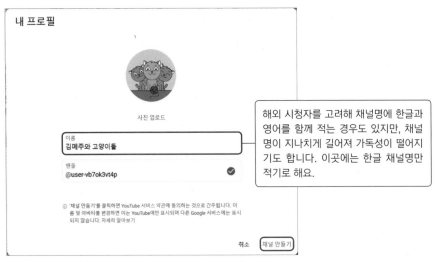

> 해외 시청자를 고려해 채널명에 한글과 영어를 함께 적는 경우도 있지만, 채널명이 지나치게 길어져 가독성이 떨어지기도 합니다. 이곳에는 한글 채널명만 적기로 해요.

해외 시청자를 위한 외국어 채널명은 따로 입력하는 방법이 있답니다.
해당 내용은 275쪽을 확인해 주세요.

3 유튜브 화면 오른쪽 상단의 [내 채널 보기]를 클릭하면 내 채널 페이지로 언제든지 진입할 수 있습니다.

4 이제 채널이 만들어졌습니다.

02-2 계정 확인받고 필수 기능 활성화하기

우리는 이 책을 통해 유튜브가 제공하는 다양한 기능을 배우게 됩니다. 그중 동영상의 섬네일을 직접 업로드하는 기능, 실시간 방송 기능, 장편 동영상(15분 이상) 업로드 기능을 사용하려면 휴대폰 인증을 통해 '계정 확인'을 받아야 합니다. 물론 나중에 진행해도 되지만, 미리 세팅해두고 출발하면 더 편하겠죠? 문자나 ARS로 인증 번호를 입력하는 익숙하고 쉬운 과정이니 금방 끝날 거예요.

하면 된다! ﹜ 필수 기능 활성화하기

1 YouTube 스튜디오의 메뉴에서 [설정 → 채널 → 기능 사용 자격요건]을 클릭합니다. [표준 기능]은 '사용 설정됨'으로 활성화되어 있지만 아래의 [중급 기능]과 [고급 기능]은 비활성화되어 있는 것을 볼 수 있어요. 중급 기능은 전화 인증만 거치면 활성화할 수 있습니다.

2 [중급 기능] 박스 오른쪽 끝에 보이는 ⌃를 눌러 메뉴를 펼치고 [전화번호 인증]을 클릭합니다.

3 계정 확인이 바로 진행됩니다. 인증 코드를 전화(자동 음성 메시지)로 받는 방법과 문자로 받는 방법이 있는데, 특별한 경우가 아니라면 문자로 받는 것을 추천합니다. 음성 녹음 상태가 좋지 않아 숫자를 받아 적기 어려울 수 있어요. 전화번호를 입력하고 [코드 받기]를 클릭합니다.

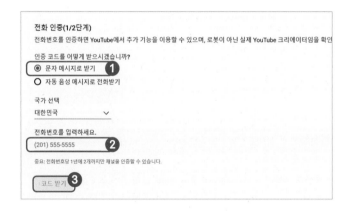

4 문자로 받은 인증 코드를 입력한 후 [제출]을 클릭하세요.

계정 확인이 완료되었습니다. 다시 확인해보면 [중급 기능]도 활성화된 것을 볼 수 있어요.

🎙 **김메주의 라이브 톡!** **고급 기능도 활성화하고 싶어요!**

매일 더 많은 동영상을 만들고, 동영상 설명에 외부 링크를 넣거나 수익 창출 신청 자격요건을 얻기 위해서도 필요한 고급 기능을 활성화하려면 우선 중급 기능이 활성화되어 있어야 합니다. 다음으로 안내에 따라 영상을 인증하거나 유효한 신분증 인증, 채널 기록 쌓기 중 하나를 충족해야 합니다. 고급 기능을 사용할 수 있게 되면 구독자 수 500명을 충족해야 활성화할 수 있었던 커뮤니티 탭을 바로 쓸 수 있으니, 팬과 소통하기 위해 해보는 것도 좋겠죠?

02-3 채널 홈 화면 살펴보기

이제 유튜브를 시작하기 위한 준비는 모두 끝났습니다. 그 전에, 잠시 유튜브 사용자의 입장이 돼 유튜브 채널의 화면 구성을 한번 살펴볼까요?

▶ 채널의 화면 구성 이해하기

채널 화면을 구성하는 4가지 요소

시청한 동영상이 마음에 든 시청자는 궁금한 마음을 갖고 크리에이터의 채널에 들어옵니다. 이때 시청자가 가장 먼저 접하는 화면이 바로 아래와 같은 홈 화면입니다.

PC로 접속한 〈김메주와 고양이들〉 채널 홈 화면

채널을 막 개설했을 때 나타난 화면과는 많이 다르죠? 이 화면은 꾸밈 요소가 많이 적용된 상태입니다. 처음 보신 분들은 조금 복잡하게 느낄 수 있지만, 다음 장과 같이 화면을 분할해 보면 구성을 한눈에 파악할 수 있습니다. 여기서는 내 채널을 꾸밀 때 어디에 신경을 써야 할지 방향을 잡는 데 목적이 있습니다. 실습은 뒤에서 해 볼 테니 우선은 그냥 읽고 이해하기만 하면 됩니다.

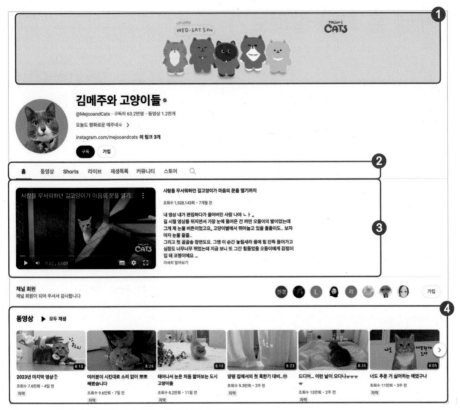

유튜브 PC 웹 화면은 총 네 가지 영역으로 구분할 수 있어요.

❶ 배너 이미지: 채널 상단에 큼직하게 보이는 배너입니다.
❷ 메뉴: 채널의 세부 메뉴입니다.
❸ 트레일러 영상: 구독자/비구독자에게 보일 영상을 따로 설정할 수 있습니다.
❹ 콘텐츠 목록(섹션): 콘텐츠를 이곳에 정렬해 보여 줍니다.

채널을 꾸밀 때 초보자가 하기 쉬운 3가지 실수

우리가 채널 홈에 방문한 사람에게 가장 기대하는 것은 다른 동영상을 이어서 시청하고 '구독' 버튼을 누르는 것입니다. 방문자는 콘텐츠가 주기적으로 업로드되고 있는지, 볼 만한 콘텐츠는 많은지 둘러본 후에 구독 여부를 결정하지요. 그렇다면 '구독을 부르는 채널'과 '보기만 하고 나가는 채널'은 어떻게 다를까요? 초보자가 흔히 저지르는 실수는 아래와 같습니다.

첫째, 배너 이미지를 예쁘게 디자인했지만 어떤 채널인지 단번에 알아보기 힘든 채널입니다. 둘째, 트레일러 영상을 등록하지 않아 황금 같은 센터 자리를 낭비한 채널입니다. 트레일러 영상을 걸어 두지 않는 것은 채널을 소개할 수 있는 가장 좋은 기회를 잃는 것과 같습니다.

셋째, 노출된 동영상의 양이 적어 텅 빈 느낌이 들고 미리보기 이미지가 중구난방이라 통일성 역시 떨어지는 채널입니다. 이런 경우에는 제대로 운영되지 않는 채널이라는 인상을 줄 수 있습니다.

채널 꾸미기의 옳지 않은 예

채널 꾸미기의 옳은 예

그렇다면 잘나가는 채널은 어떨까요? 정확하게 반대로 하면 됩니다. 첫째, ⓐ처럼 배너 이미지에 브랜딩 요소와 소개글을 삽입해 이곳이 어떤 채널인지 직관적으로 소개합니다. 내 채널에 대해 전혀 모르는 시청자도 채널을 단번에 파악할 수 있도록 말이죠. 둘째, ⓑ처럼 트레일러 영상을 메인에 배치해 채널에서 제공하는 동영상을 미리 보여 줍니다. 처음 몇 초 내에 시청자를 사로잡을 수 있다면 구독으로 이어질 확률이 높아집니다. 셋째, ⓒ처럼 콘텐츠를 섹션별로 나눠, 보기 좋고 깔끔하게 정렬합니다. 처음 방문한 시청자라도 어떤 동영상을 볼지 선택하기 쉬워지고, 체계적으로 운영되는 채널이라는 느낌을 줄 수 있습니다.

채널 홈 화면은 내 채널의 첫인상이므로 반드시 보기 좋게 정리해야 합니다. 다른 채널을 살필 때도 앞에서 언급한 요소를 확인해 보면 도움이 됩니다. 하지만 서둘러 채널부터 꾸밀 필요는 없어요. 초반에 콘텐츠를 하나씩 만들다 보면 채널을 어떻게 꾸미는 것이 좋을지 아이디어를 얻을 수 있고, 그때 채널을 꾸며도 늦지 않습니다. 오히려 나중에 채널을 꾸미는 것이 콘텐츠와 어우러져 브랜드 일관성이 돋보일 수 있습니다. 홈 화면을 꾸미는 요령은 영상 촬영 및 편집 방법을 익힌 후에 8장에서 구체적으로 배워 볼게요.

▶ 채널의 메뉴 기능 이해하기

지금부터는 PC 웹 화면과 모바일 앱 화면을 비교해 보겠습니다. 유튜브는 모바일 사용자가 80%인 만큼 모바일 화면의 특성을 파악하는 것이 매우 중요합니다. 구독하고 있는 채널이나 〈김메주와 고양이들〉 채널의 메뉴를 직접 클릭해 살펴보세요.

동영상/Shorts/라이브

채널에 등록된 영상을 일반 동영상, 쇼츠 동영상, 라이브 스트리밍 타입별로 모아 볼 수 있습니다. 업로드한 동영상은 기본적으로 최신순으로 나열돼 콘텐츠가 꾸준히 업로드되고 있는지 쉽게 확인할 수 있습니다. 동영상 목록의 왼쪽 상단에서 [최신순], [인기순], [날짜순]으로 정렬 기준을 설정할 수 있습니다.

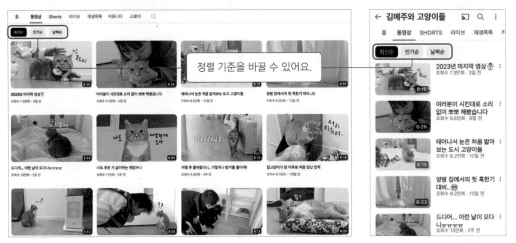

PC로 본 화면　　　　　　　　　　　　　　　　　　　　모바일 앱으로 본 화면

재생 목록

동영상을 특정한 주제별로 구분해 놓은 곳입니다. 윈도우 탐색기에 폴더를 만들어 파일을 분류하는 방식이라고 이해하면 됩니다. 크리에이터는 등장인물, 시리즈, 인기 콘텐츠 등과 같이 특정한 기준으로 동영상을 그룹화해 재생 목록을 만들 수 있습니다. 콘텐츠가 너무 많아 뭐부터 봐야 할지 모르는 시청자들은 재생 목록의 도움을 받을 수 있고, 목록에 포함된 동영상은 연속으로 재생되므로 채널을 운영하는 입장에서도 시청자를 더 오래 머물게 할 수 있죠. 처음부터 여러 재생 목록을 만들 필요는 없습니다. 확실한 주제를 잡아 집중한 후 가지치기로 확장할 것을 권장합니다. 〈김메주와 고양이들〉 채널도 처음에는 모든 동영상을 모은 '전체 재생' 목록만 만들었습니다. 동영상이 30개 정도 쌓였을 때 패턴을 파악해 등장인

물별, 인기 동영상, 주제별 등 재생 목록을 만들어 나가기 시작했고, 지금은 아래 그림처럼 총 28개의 재생 목록이 준비돼 있습니다.

◐ 재생 목록은 얼마든지 수정할 수 있습니다. 자세한 내용은 09-4절에서 배웁니다.

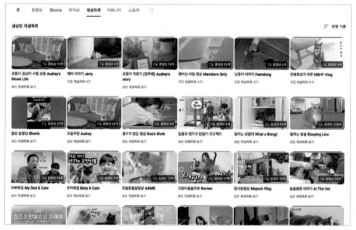

PC로 본 화면

모바일 앱으로 본 화면

커뮤니티

구독자 수가 500명 이상이 되면 [커뮤니티] 메뉴를 사용할 수 있습니다. 이곳에서는 동영상 이외의 게시물을 업로드할 수 있는데요. 글, 이미지, 움직이는 사진(GIF)을 SNS처럼 올릴 수 있고 설문 조사도 진행할 수 있어요. 사진과 함께 비하인드 스토리를 보여 주거나 간단한 공지를 하기에 좋습니다.

PC로 본 화면

모바일 앱으로 본 화면

스토어

내가 원하는 상품을 직접 노출할 수 있는 곳입니다. 최근 유튜브가 밀고 있는 '쇼핑' 기능이 바로 이건데요, 내가 직접 만든 굿즈를 판매하거나 다른 브랜드의 제품을 홍보할 수도 있습니다. 이 공간에 상품을 올려뒀다면 동영상 속에서 '제품 보기' 버튼을 띄울 수 있어요. 수익 창출 자격 요건에 도달했다면 이용할 수 있는 탭인데요, '쇼핑' 기능은 넷째마당에서 자세히 알려드릴게요.

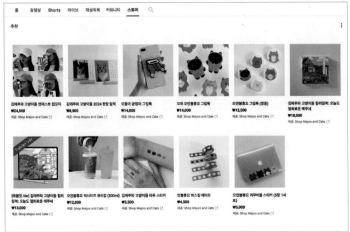

PC로 본 화면   모바일 앱으로 본 화면

02-4 유튜브 메인 화면 살펴보기

이번에는 시청자가 아니라 제작자의 관점에서 유튜브의 메인 화면을 살펴봐야 합니다. 관점을 바꾸면 유튜브가 새롭게 보입니다. 이제 막 시작한 채널이라면 처음부터 내 채널의 이름을 검색하고 들어오는 시청자보다는 유튜브 어딘가에 등장한 내 영상을 보고 들어오는 시청자가 더 많겠죠? 내 영상이 유튜브 화면의 어디서, 어떻게 노출되는지 한번 살펴보겠습니다.

▶ 유튜브 메인의 화면 구성 이해하기

유튜브 메인 화면의 구성은 채널 홈 화면보다 간단합니다. '상단 메뉴', '주요 메뉴' 그리고 '동영상 영역'으로 구성돼 있습니다. 그럼 각 메뉴의 역할을 알아볼까요?

주요 메뉴가 왼쪽에 배치된 유튜브 메인 화면

주요 메뉴가 하단에 배치된 모바일 앱 화면

상단 메뉴

유튜브 안의 어디를 돌아다녀도 상단 메뉴는 항상 고정입니다. 그만큼 중요한 기능이죠. 상단 메뉴를 이용하면 동영상 검색, 동영상 업로드, 계정 관리, 환경 설정을 할 수 있습니다. 채널 관리자 화면인 'YouTube 스튜디오'도 PC 웹 상단 메뉴에 있는 계정 프로필을 클릭해 들어갈 수 있습니다.

▶ YouTube 스튜디오는 09-1절에서 자세히 배웁니다.

주요 메뉴

왼쪽에는 주요 메뉴가 펼쳐져 있습니다. PC 웹 화면에서는 왼쪽 위에 있는 ☰ 를 클릭해 열거나 닫을 수 있습니다. 반면, 모바일 앱에서는 가장 아래에 탭 형식으로 고정돼 있습니다.

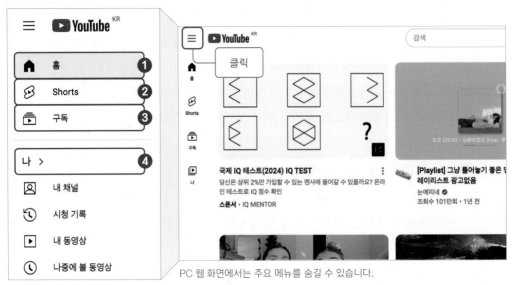

주요 메뉴가 왼쪽에 등장하는 PC 웹 화면

PC 웹 화면에서는 주요 메뉴를 숨길 수 있습니다.

❶ **홈**: 유튜브에 접속하자마자 만나는 화면입니다. 사용자의 시청 욕구를 자극하는 동영상이 끝없이 나열됩니다. 내가 구독한 채널과 시청한 동영상을 바탕으로 관심사를 분석해 취향 저격 콘텐츠를 추천하는 것이죠. 유튜브는 시청자가 로그인하지 않았더라도 해당 기기에서 시청한 내역을 분석해 맞춤 동영상을 제공합니다.

❷ **쇼츠(Shorts)**: 1분 이내의 짧은 동영상을 볼 수 있습니다. 내가 평소에 자주 보는 관심사에 따른 영상이 주로 제공되지만, 유튜브 알고리즘의 선택을 받은 영상들이 새롭게 표시되기도 합니다.

❸ **구독**: 인스타그램에서 팔로우한 친구들의 사진이 피드에 나열되듯 내가 구독한 채널의 콘텐츠가 시간순으로 나열되고, 유튜브 사용자는 이곳에서 구독한 채널의 콘텐츠를 실시간으로 받아봅니다. 콘텐츠를 새로 업로드했을 때 이 영역에 무조건 노출되므로 초반 조회수가 ▶ 홈 화면에도 구독하는 채널의 영상이 노가장 많이 발생하는 영역이기도 합니다. 출됩니다.

❹ **나**: 나만의 유튜브 보관함입니다. 내가 시청한 영상에 대한 기록, 내가 업로드한 영상, 나중에 보기 위한 보관, '좋아요'를 눌렀던 기록 등을 관리할 수 있어요. 버튼 아래로 시청 기록, 내 동영상, 나중에 볼 동영상 등의 목록이 보이죠? 이 목록을 한 번에 모아 볼 수도 있고 목록별로 클릭해 볼 수도 있습니다. 물론 내가 직접 분류를 만드는 것도 가능해요. 이를 '재생 목록'이라 하는데요, 운동에 관심이 많다면 '홈 트레이닝' 재생 목록을 만들어서 자주 보는 홈 트레이닝 영상을 담아두거나 자기 전에 보는 영상의 재생 목록을 만들 수도 있겠죠? 크리에이터라면 'YouTube 스튜디오'에서 재생 목록을 한꺼번에 만들 수도 있는데, 이때 만든 재생 목록도 이곳에서 확인할 수 있습니다.

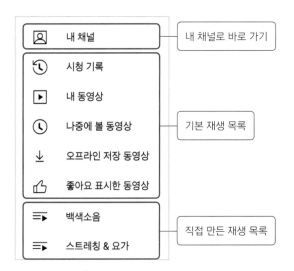

아이콘	항목	설명
내 채널		내 채널로 바로 가기
시청 기록		
내 동영상		
나중에 볼 동영상		기본 재생 목록
오프라인 저장 동영상		
좋아요 표시한 동영상		
백색소음		직접 만든 재생 목록
스트레칭 & 요가		

🎙️ **김메주의 라이브 톡!**   재생 목록은 어떻게 만드나요?

저장하고 싶은 동영상이 생기면 동영상을 시청하면서 [저장]을 길게 눌러보세요. 그럼 원하는 재생 목록에 담거나 새 재생 목록을 만들 수 있습니다. 재생 목록은 YouTube 스튜디오에서 한꺼번에 관리할 수 있습니다.

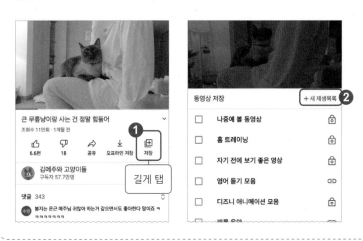

▶ 동영상 재생 화면 이해하기

유튜브 메인 화면에서 아무 동영상을 하나 클릭해 보세요. 페이지가 동영상 재생 화면으로 넘어가죠? 시청자가 가장 오래 머무는 곳이자 다음에 시청할 동영상을 물색하는 곳입니다.

PC로 본 화면　　　　　　　　　　　　　　　　　　　　　　모바일 앱으로 본 화면

동영상 정보

동영상 바로 아래에서는 좋아요 버튼(좋아요 수)과 싫어요 버튼, 오프라인 저장과 후원 기능인 Thanks, 클립 버튼을 볼 수 있습니다. 그 아래에는 채널 정보와 유료 멤버십 가입 버튼, 구독 버튼도 보입니다. 조회수는 설명 칸에서 함께 확인할 수 있어요. 이러한 정보를 보고 영상이 얼마나 화제가 되고 있는지 가늠하면 됩니다.

다음 동영상

동영상 오른쪽에 유튜브가 추천하는 동영상 리스트가 나열됩니다. 유튜브는 시청 중인 동영상과 연관된 콘텐츠를 추천해 다음 시청을 끝없이 권장합니다. 차례대로 자동 재생되거나 원하는 영상을 시청자가 직접 클릭할 수 있습니다. 〈김메주와 고양이들〉 채널은 이렇게 유입되는 시청자가 약 40%이며, 유튜브 탐색 기능 다음으로 많습니다.

▶ 탐색 기능은 홈 화면, 구독 피드 및 기타 검색에서 동영상이 노출되는 기능을 말해요.

댓글

크리에이터와 시청자의 대표적인 소통 공간입니다. 아래로 내리면 전체 댓글을 볼 수 있습니다. 정렬 기준은 '좋아요'가 가장 많이 눌린 순서로 기본 설정되어 있지만, 최신순으로 바꿀 수 있습니다. 각 댓글에 '하트'를 보내는 기능으로 시청자의 메시지에 감사를 표할 수도 있습니다. 하트를 받고 기뻐하는 시청자가 꽤 많답니다. 저는 기본적인 소통 외에도 댓글을 최상단에 고정하는 '핀' 기능을 자주 사용하는데요. 공지 사항이나 설명 코멘트 또는 시청자의 댓글을 고정할 수 있어 유용합니다. 강력하게 추천하는 기능입니다.

댓글을 입력한 후 고정하세요!

🎙️ **김메주의 라이브 톡!** 　유튜브에서 보이는 'Shorts'는 뭔가요?

'쇼츠(Shorts)'는 유튜브가 최근 강력하게 밀고 있는 '짧은 동영상' 서비스입니다. '틱톡(TikTok)'에서 볼 수 있었던 숏폼(short-form) 영상을 유튜브에서도 즐길 수 있게 된 것인데요. 1분 미만의 세로 영상을 시청할 수 있다는 특징이 있습니다. 이동 시간이나 잠깐 쉬는 시간에 틈틈이 즐길 수 있는 숏폼 콘텐츠는 모바일 기기가 익숙한 Z세대에게 특히 활발히 소비되고 있습니다. 이러한 트렌드에 맞춰 유튜브도 쇼츠라는 숏폼 콘텐츠를 선보여 많은 시청자의 사랑을 받았습니다.

02-5 동영상을 업로드하는 2가지 방법

▶ 유튜브 앱으로 손쉽게 올리기

유튜브에 동영상을 업로드하는 방법은 정말 쉽습니다. 물론 더 많이 시청되기 위해 업로드 전 여러 가지 설정이 필요할 수 있지만, 업로드 자체는 매우 간단합니다. 스마트폰 안에 영상 파일이 있나요? 없다면 지금 당장 스마트폰으로 주변을 촬영한 후 유튜브 앱을 이용해 바로 업로드해 보세요.

하면 된다! } 모바일 앱으로 동영상 업로드하기

1 안드로이드 스마트폰은 플레이 스토어, 아이폰은 앱스토어에서 유튜브 앱을 내려받아 설치합니다. 유튜브 앱을 실행한 후 화면 하단 가운데의 ⊕를 누르고 [동영상]을 선택합니다.

2 마이크, 사진으로의 접근을 허용하면 내 기기의 동영상 목록이 나타납니다. 원하는 영상 1개를 선택합니다.

▶ [동영상]으로는 1개의 영상만 올릴 수 있습니다.

❸ 선택한 동영상을 확인하고 [다음]을 누르면 동영상 세부 정보를 입력하는 페이지가 나타납니다. 제목을 작성하고 [업로드]를 눌러 동영상을 올립니다.

하면 된다! 〉유튜브 앱으로 쇼츠 업로드하기

❶ 유튜브 앱을 실행한 후 화면 하단 가운데의 ⊕를 누르면 바로 쇼츠 만들기 화면이 나타납니다. 즉석에서 영상을 촬영할 수도 있고, 미리 촬영해 둔 영상이 있다면 왼쪽 하단의 [추가]를 누르고 영상을 선택하면 됩니다.

❷ 동영상에서 불필요한 부분을 잘라낼 수 있습니다. 흰색 테두리의 끝을 잡고 양옆으로 움직이면 길이가 조절됩니다. 완료했다면 [완료]를 누르세요. 쇼츠는 15초를 기준으로 하기 때문에 편집한 영상이 15초보다 짧으면 다시 카메라 화면이 나타납니다. 영상의 러닝타임은 15초 이상, 60초 이하로 만드세요.

15초를 채웠다면
버튼을 눌러 넘어가세요!

❸ 화면 아래의 간단한 메뉴로 배경음악, 자막도 넣을 수 있으니 활용해 보세요. 편집이 끝난 동영상을 확인한 후 [다음]을 누릅니다. 동영상 세부 정보를 입력하고 [Shorts 동영상 업로드]를 누르면 동영상이 업로드되기 시작합니다.

▶ PC에서 영상을 올리는 방법

방금 여러분은 '촬영 – 편집 - 업로드'까지 콘텐츠 제작의 기본 단계를 가장 빠르게 진행해본 것입니다. 이처럼 유튜브 앱은 콘텐츠 제작에 필요한 간단한 기능까지 담고 있습니다. 하지만 스마트폰으로 간단히 생방송을 하거나 쇼츠 영상을 올릴 때가 아니라면 앱 안에 있는편집 기능을 사용하는 경우는 드뭅니다. 콘텐츠의 완성도를 높이기 위해 전문 프로그램으로영상을 편집한 후에 업로드하기 때문이죠. 우선 여기   ◐ 자세한 편집 방법은 '05 프리미어 프로로서는 스마트폰의 영상을 PC로 옮겨 업로드하는 방법   고퀄리티 영상 만들기'를 참고하세요.
까지만 배우겠습니다.

하면 된다! } PC에서 영상 업로드하기

1 우선 스마트폰 안에 있는 동영상을 PC로 옮겨 볼게요. 스마트폰 케이블을 PC에꽂은 후 스마트폰 드라이브 안의 [DCIM]폴더에 접속합니다. 가져올 동영상 파일을 선택해 PC에 그대로 복사하면 됩니다.

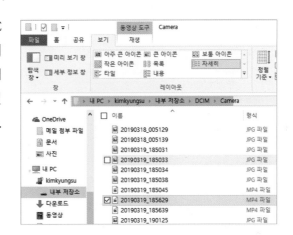

2 유튜브의 오른쪽 상단에 있는 카메라 아이콘을 클릭하고 [동영상 업로드]를 클릭합니다. 업로드 화면이 나타나면 화면 위에 동영상 파일을 그대로 끌고 오세요. [파일 선택]을 눌러 파일을 직접 불러와도 됩니다.

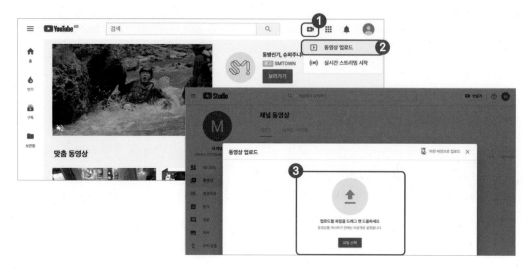

3 동영상 업로드가 시작되면서 총 4단계의 과정이 차례대로 나옵니다. 1단계 '세부정보'에서는 제목, 설명 등의 기본적인 정보를 입력합니다. 모바일 앱과는 다르게 미리보기 이미지, 재생 목록 등과 같은 세부 항목을 설정할 수 있어요. 업로드가 진행될 동안 [다음]을 클릭해 2단계로 넘어가볼게요.

4 2단계 '동영상 요소'에서는 부가 기능을 설정하는 화면이 나옵니다. 이 부분은 뒤에서 자세히 다룰 예정이니 [다음]을 클릭해 3단계로 넘어갈게요.

5 3단계 '검토'에서는 동영상, 음악 등의 소스에 저작권 보호 콘텐츠가 포함되어 있지 않은지 검토가 이루어집니다. 검토에는 약간의 시간이 소요되니 우선 [다음]을 클릭해주세요.

6 마지막 4단계 '공개 상태'에서 동영상의 공개 범위도 설정합니다. [비공개]를 선택하면 본인만 볼 수 있습니다. 추후에 '공개'로 바꿀 수 있으므로 외부에 공개되기 전에 영상이 잘 올라갔는지 미리 테스트하는 목적으로 사용할 수 있어요. [게시]를 클릭하면 업로드가 완료됩니다.

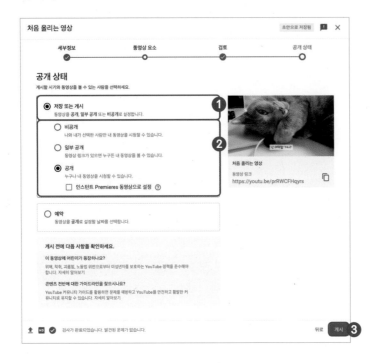

7 앱에서는 동영상을 편집한 후에 업로드했지만, PC에서는 업로드한 후에도 편집할 수 있습니다. YouTube 스튜디오의 메뉴에서 [콘텐츠]를 클릭한 후 편집할 동영상의 [세부정보] 아이콘을 클릭합니다.

8 동영상의 세부 정보를 수정할 수 있는 페이지가 나타납니다. [편집기] 버튼을 클릭하면 유튜브가 제공하는 편집기 툴이 실행됩니다. 이곳에서 자르기, 배경음악 삽입 등과 같은 간단한 편집을 할 수 있어요. [편집기] 버튼이 아직 보이지 않는 것은 동영상의 용량이 커서 업로드 시간이 필요하다는 뜻이므로 좀 더 기다리면 됩니다.

▶ [편집기] 탭의 동영상 세부 정보 수정 페이지. 아직 업로드 중일 경우, 일부 메뉴는 보이지 않아요.

동영상에 배경음악 삽입하기

유튜브는 동영상을 간단하게 편집할 수 있는 편집기 기능을 제공합니다. 이 편집기를 활용해 동영상에 배경음악을 삽입해 보세요. 유튜브가 제공하는 수많은 무료 음악을 모두 사용할 수 있답니다. 영상에 배경음악이 깔리는 기본 원리를 알 수 있고 같은 영상이라도 배경음악에 따라 분위기가 확 달라지는 효과를 경험할 수 있을 거예요. 배경음악에 내가 소장하고 있는 음원 파일을 사용해도 되지만, 저작권에 유의해야 합니다.

• **방법**

1. 실습에 필요한 영상을 촬영한다.

2. PC 웹에서 영상을 업로드한다.

3. 업로드한 영상의 세부 정보 페이지에서 [편집기]를 켠다.

4. [오디오]를 클릭해 배경음악을 삽입한다.

채널 기획하고
영상 만들기

일상에서 소재 찾고 채널 기획하기

지금까지 유튜브의 화면 구성을 자세히 살펴보고 직접 영상까지 올려 봤습니다. 이제 유튜브가 무엇이고 어떻게 움직이는 플랫폼인지 어느 정도 이해하셨을 거예요. 그렇다면 이제는 탐구 대상을 유튜브에서 '나'로 바꿔 '나의 평범한 일상이 어떻게 콘텐츠가 될 수 있을까?', '콘텐츠를 담는 채널은 어떤 모습이어야 할까?', '나만의 콘텐츠를 만들려면 어떤 소재를 활용해야 할까?'와 같은 질문을 고민해야 합니다.

03-1 나한텐 특별한 소재가 없는 걸요?

내가 유튜브를 통해 어떤 이야기를 할 것인지에 대한 고민은 반드시 필요합니다. "뭐하는 유튜버인데?"라는 물음에 "회사원의 일상을 보여 주는 유튜버야", "요리 영상을 올리는 유튜버야"처럼 한마디로 소개할 수 있어야 하죠. 주제가 있어야 콘텐츠가 지속될 수 있고, 콘텐츠가 지속돼야만 충성 구독자를 늘릴 수 있습니다. 이미 결정한 분도 있을 테고, 아직 고민 중인 분도 있을 거예요. 그렇다면 나의 소재는 어디서, 어떻게 찾는 것이 좋을지 한번 살펴볼게요.

▶ 소재는 일상 속에 있다

제가 운영 중인 〈김메주와 고양이들〉 채널은 어찌 보면 다섯 마리 고양이와 우리 부부의 일상을 보여 주는 게 전부입니다. 주인공은 뚜렷하지만, 대단한 주제가 있는 건 아니랍니다. 그저 고양이와 함께하는 일상에 저 나름대로의 해석과 스토리라인을 더해 콘텐츠로 만들고 있습니다. 독창성이나 차별성이 있으면 좋지만, 없어도 괜찮습니다. 소재 자체가 독특하면 호기심을 끌 수 있지만, 시청한 이들이 실제 구독자가 돼 줄지는 확신할 수 없거든요. '충성 구독자'를 만드는 데는 '지속적인 콘텐츠 생산' 그리고 '꾸준한 소통'이 중요하게 작용합니다.

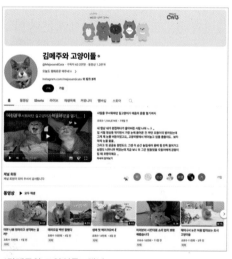

〈김메주와 고양이들〉 채널

'자세히 봐야 예쁘다'로 시작되는 시가 있습니다. 똑같이 길을 걷는 장면이라도 자세히 들여다보면 각자 다른 이야기를 품고 있습니다. 일상의 평범한 풍경에 이야기를 덧붙여 보세요. 우리가 가진 일상의 평범한 장면을 특별한 영상으로 만들어 시청자에게 보여 주고 공감도 얻는 거죠. 사람을 낚는 콘텐츠가 아닌 제작자와 시청자, 사람 대 사람으로 관계를 맺고 공감을 나누는 유튜버가 돼 보는 건 어떨까요? 특별한 소재를 평범하게 연출하기보다 평범한 소재를 특별하게 연출하는 것이 핵심이라는 것을 잊지 마세요.

▶ 평범한 일상도 소재가 될 수 있는 이유

하나, 누구에게나 일상은 특별하다

평소의 내 일상을 한번 떠올려 볼게요. 남들과 같이 아침에 일어나 출근하고, 점심을 먹고, 일을 하고, 퇴근을 하고, 저녁 시간을 보내다 잠이 듭니다. 또는 아이를 어린이집에 등원시키고, 집안일을 하고, 아이가 하원하면 다시 전쟁과 같은 육아가 펼쳐지기도 합니다. 평범한 일상이죠. 하지만 좀 더 들여다보면 그 속에 등장하는 사람들에게 각각의 개성이 있고, 그들이 주고받는 대화는 매일 다르며, 퇴근하는 풍경도 모두 다릅니다. 별 것 없다고 여기고 있는 내 일상도 누군가에겐 특별한 이야기가 될 수 있습니다.

4년 전, 성인이 되어도 일기 쓰기는 포기하지 말자며 블로그에 '사진 일기'를 올리기 시작했습니다. 훗날 다시 보기 좋을 기록과 추억을 남기자는 의미였지요. 매일 같은 일상 속에서 느끼는 권태를 물리치기 위해 출근길 하나하나에 나름의 의미를 부여하고, 여행과 데이트로 일상으로부터의 탈출을 즐기며 사진과 글을 꾸준히 남겼습니다. 언제부턴가 여러 사람에게 읽히기 시작하면서 구독자수가 천천히 늘기 시작하더라고요. 그저 한 사람의 일상을 기록한 일기에 불과하지만, 누군가에게는 재미있는 연재물이 됐던 것이죠. 같은 일상에 어떤 의미를 부여하느냐에 따라 '일상의 힘'은 더욱 강해지곤 합니다.

둘, 일상에는 공감의 힘이 있다

시청자는 신선하고 참신하고 재미있고 자극적인 소재에 '쉽게' 반응합니다. 하지만 공감의 소재에는 '깊게' 반응합니다. 평범하고 익숙한 내 일상에서 무료함을 느끼며 '다른 사람들은 어떻게 살까?' 하는 사소한 궁금증이 생기기 때문이죠. 한 가지 예로, '엄마와 수건 개기' 동영상이 큰 인기를 끈 적이 있습니다.

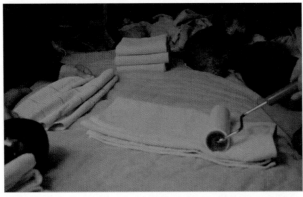

Dana ASMR의 '엄마랑 조용히 차곡차곡 수건 개기' 영상은 35만 조회수를 기록했습니다.

인터넷 카페에서 각자 사는 이야기를 읽고 쓰며 공감을 나누는 것도 같은 이치입니다. 우리는 비슷할 것만 같은 풍경 속에 숨겨진 '공감'이라는 큰 무기를 가진 셈이죠.

초여름 모기가 출몰하기 시작할 때 '한 번에 모기 잡기 도전!'이라는 콘텐츠를 만들어 보는 건 어떨까요? 허공에 박수만 치다 결국 실패해 모기약을 찾아 헤매는 모습은 우리가 사계절을 지내면서 한 번쯤은 겪는 모습이지요. 모기를 잡아도 좋고, 잡지 못해도 좋습니다. 적절한 조미료를 더해 하나의 이야기로 만들어 낸다면 소소한 공감을 이끌어 내는 콘텐츠로 탄생할 수 있습니다.

▶ 소재를 결정할 때 고민해야 할 3가지 질문

하나, 내가 잘하고 좋아하는 것인가?

사람들이 관심을 가질 만한 주제도 좋지만, 나의 관심사가 반영되지 않고 그저 인기순으로 고른 주제라면 꾸준히 지속하기 어렵습니다. 내 관심사와 거리가 멀면 소재도 금방 바닥날 것이고 콘텐츠를 만드는 즐거움이 없다면 채널 초창기의 느린 성장을 가만히 앉아 보고 있기 힘들기 때문이죠.

둘, 지속할 수 있는 소재인가?

내가 흥미를 갖고 꾸준히 이어 나갈 수 있고, 다음 이야기가 궁금해지는 연속성 있는 소재여야 합니다. 단발성 프로젝트로 끝나는 소재는 아닌지 고민해 보세요. 업로드 주기를 먼저 고민해 보는 것도 한 가지 방법입니다. 〈김메주와 고양이들〉 채널에는 콘텐츠가 매주 2개씩 업로드되고 있습니다. 사건, 사고가 넘쳐 나는 고양이들의 생활, 즉 '일상'을 다루기 때문에 가능한 것이죠. 1주에 1개씩, 또는 적어도 2주에 1개씩 올리는 데 무리가 없는 소재인지 생각해 봐야 합니다.

셋, 다양한 기획과 연출이 가능한가?

소재라는 큰 줄기를 갖고 다양한 기획과 연출이 가능해야 합니다. 소재는 하나지만 다양한 콘텐츠로 만들 수 있는지 검토해 보세요. 〈김메주와 고양이들〉 채널의 경우, 우리 집 고양이의 이야기뿐 아니라 고양이에 관심이 많은 분들을 위한 실용적인 정보, 고양이에 관한 상식, 고양이의 건강에 관한 전문가 인터뷰, 길고양이 인식 개선에 관한 콘텐츠 등 고양이와 관련된 주제를 다양하게 다루고 있습니다.

고양이 일상 콘텐츠

고양이 정보, 상식 콘텐츠

고양이 전문가 인터뷰

길고양이 인식 개선 콘텐츠

가끔 화제성 동영상이 있어야만 성공할 수 있는 것이 아닌지 묻는 분도 있습니다. 물론 동영상 하나가 입소문을 타면서 주목을 받는 경우도 있지만, 한 번 시청한 사람이 다시 방문한다는 보장은 없습니다. 유튜브에서 콘텐츠 전략을 담당하는 맷 코발(Matt Coval)의 조언처럼 화제성 동영상을 만들어 일시적으로 조회수나 방문자가 폭주하는 채널보다 꾸준히 오래 가는 채널을 구축해 성공하는 경우가 더 일반적입니다. 그러므로 유튜브는 길게 봐야 합니다. 장기적인 관점에서 콘텐츠를 지속적으로 생산할 수 있는 방법을 찾아보세요.

03-2 쉽게 다가갈 수 있는 콘텐츠로 유명해진 사람들

▶ 우리는 모두 일상 전문가

인기 유튜버라고 하면 화려한 말솜씨로 방송 역량을 맘껏 뽐내는 스타 유튜버가 먼저 떠오를 텐데요. 대단하거나 유명하지 않아도 자신의 일상을 특별한 콘텐츠로 만들어 사랑받는 유튜버도 많습니다. 유튜브는 결코 특별한 누군가의 것만은 아니랍니다. 내가 가장 쉽게 도전할 수 있는 주제를 떠올려 콘텐츠를 만든다고 상상해 보세요. 포토샵을 잘한다면 포토샵 때문에 힘들어하는 사람들을 위해 동영상 강의를 만들거나 포토샵 작품 활동에 대한 콘텐츠도 만들 수 있습니다. 하루를 영상으로 남겨 영상 일기를 쓰거나 그림 그리기 연습, 피아노 연주 연습을 남겨도 좋고요. 주부 9단이라면 여러 가지 살림 꿀팁을 전수하는 것도 콘텐츠 소재가 될 수 있겠죠. 우리는 좋아하거나 잘하는 일에 모두 전문가라는 사실을 잊지 마세요. 그렇다면 이 유튜버들이 보다 접근하기 쉬운 '일상'이라는 소재로 어떤 콘텐츠를 만들어 가는지 한번 둘러본 후 내가 다뤄보고 싶은 주제를 고민해 봐도 좋을 것 같습니다.

▶ 일상을 특별하게 만드는 5가지 방법

크고 작은 일 도전하기

평범한 내 삶에 활기를 더해 줄 뭔가에 도전해 보고 싶은 생각이 든 적 있나요? 또는 가족과 함께 콘텐츠를 만들면서 더 많은 추억을 쌓고 싶진 않나요? 자신 또는 가족의 새롭고 소소한 도전을 유튜브에 공개하면서 내 삶의 '진짜' 주인공이 된 분들이 여기 있습니다.

예씨 | "세상에 이런 자매가?"

〈예씨〉 채널

쌍둥이로 오해받을 만큼 닮은 외모의 자매가 영상 속 주인공입니다. 자매가 함께 흥미로운 미션에 도전하거나 웃고 투닥거리는 모습을 브이로그에 담기도 해요. 장난스럽지만 사이좋은 자매의 모습을 보며 누구든 공감하고 웃을 수 있는 채널입니다.

인터뷰

Q 왜 자매가 함께 유튜브 채널을 시작하게 됐나요?

A 처음에는 블로그를 운영했어요. 둘 다 성인이 된 후 맛집 탐방, 문화생활, 여행 등 좋아하는 것들을 함께하다 보니 붙어 있는 시간이 많아졌고, 우리 자매가 생활하는 모습을 보여 주고 싶은 마음이 생겼거든요. 저희 모습을 좋아해 주는 분들이 생기고, 그런 분들과 소통하는 게 재밌더라고요. 그러다가 이제 동영상을 올려 보면 어떻겠느냐는 동생의 제안으로 2016년 12월부터 유튜브를 시작했어요. 회사에 다니면서 틈틈이 영상을 올리기 시작했는데, 현재는 둘 다 회사를 그만두고 콘텐츠 제작에만 집중하고 있어요. 무작정 하고 싶어서, 너무 재밌을 것 같아서 시작했지만, 저희 자매의 모습을 좋게 봐 주시는 시청자분들이 점점 많아지면서 지금은 그분들께 행복한 에너지를 전달하고 싶다는 목표를 갖고 채널을 운영하고 있습니다.

Q 유튜브 크리에이터 이전과 이후의 가장 큰 변화는 무엇인가요?

A 아무래도 가장 큰 변화는 생활방식인 것 같아요. 출퇴근 시간이 따로 없기 때문에 대부분 낮에는 자고 새벽에 일하는 올빼미 생활을 하고 있어요. 밤낮을 다시 바꿔보려 했지만, 크리에이터로서의 생활은 규칙적이기 쉽지 않더라고요. 새벽에 작업이 더 잘되는 것도 패턴이 바뀌는 데 한몫한 것 같아요. 일상이 유튜브가 되었다는 점도 큰 변화예요. 어딜 가거나 무슨 일을 해도 "이건 콘텐츠다!"라는 생각을 하니까요. 우리 일상이 유튜브이고, 유튜브가 곧 우리의 일상인 삶이 되었네요.

박막례 할머니 Korea Grandma | "70대 박막례 할머니의 무한도전"

〈박막례 할머니〉 채널

식당을 운영하고 계신 70대 할머니의 인생 도전기! 손녀와의 세계 여행, 처음 먹어 보는 파스타 체험기, 치과 갈 때 메이크업, 동화책 읽어 주기 등과 같은 평범한 소재에 거칠고 흥 넘치는 할머니만의 매력이 더해져 유머러스한 콘텐츠가 만들어졌습니다. 손녀와의 애틋한 관계가 감동을 안겨 주기도 합니다.

공대생가족 | "깜찍이 이경자 할머니와 공대생 가족들이 만들어 나가는 발랄한 채널"

〈공대생가족〉 채널

가족과의 에피소드를 콘텐츠로 만드는 채널입니다. 할머니, 아버지, 어머니 그리고 아들인 '공대생'이 함께 등장합니다. 가족끼리 몰카를 찍기도 하고, 할머니에게 재밌는 도전을 제안하기도 해요. 누구나 공감할 수 있는 '가족'이라는 소재로 많은 이들의 사랑을 받고 있습니다.

일상 기록하기

일상의 소중한 순간을 그냥 지나치기 아쉽다면 콘텐츠로 만들어 보세요. 나의 하루하루를 그대로 찍어 보기도 하고, 새로운 사건을 만들어 보기도 하면서 콘텐츠로 남기는 것이죠. 시간이 지나도 일상의 순간들을 기억할 수 있을 것입니다.

온도 | "잔잔한 일상을 담았어요."

〈온도〉 채널

집을 꾸미거나 출퇴근하는 모습, 쇼핑하러 가거나 예쁜 카페에 간 일상 등을 조용하고 잔잔하게 표현하는 채널입니다. 인물의 얼굴이나 목소리는 거의 나오지 않아요. 집을 정돈하는 뒷모습, 일기를 쓰거나 커피를 마시는 손이 주로 등장하죠. '일상을 담은 영상'은 화려하지 않아도 충분하다는 것을 잘 보여 주는 채널입니다.

yoovlog | "유트루 가족의 일상, 육아 이야기"

〈yoovlog〉 채널

뷰티 유튜버 '유트루'의 브이로그 채널입니다. 일상 영상으로 시작했지만 시간이 흘러 이사, 결혼, 출산, 육아 과정까지 담아내며 많은 여성 시청자의 공감을 이끌어내고 있어요. 특히 아기 강빈이의 출산부터 첫 나들이, 첫 여행 등의 성장 일기는 가족에게도 멋진 동영상 앨범으로 남을 것입니다.

솜이네 곰이탱이여우 ㅣ "리얼 현실 개집사의 브이로그"

〈솜이네 곰이탱이여우〉 채널

시바견 세 마리의 일상을 담은 채널입니다. 귀엽고 엉뚱하지만, 때로는 사람 같은 면모를 보여 주며 반려견을 키우는 이들의 많은 공감을 얻고 있어요.

haha ha ㅣ "우리 동네 길고양이, 클로즈업!"

〈haha ha〉 채널

동네의 길고양이를 돌보며 그들의 이야기를 전합니다. 자주 보이는 길고양이의 소식이 전해지면 구독자들 또한 고양이를 반기며 훈훈한 응원 메시지를 보내기도 합니다.

내가 가진 예술적 재능 보여주기

혹시 남들에게 '금손'이라는 얘길 들은 적 있나요? 노래를 잘하거나 악기 연주에 소질이 있나요? 예술적인 특기를 가진 분이라면 유튜브에 더욱 유리합니다. 그림, 노래, 악기 연주 등 내가 가진 재주를 동영상으로 보여 주세요. 팬들과 소통하며 콘텐츠를 함께 만들 수도 있습니다.

셀프 어쿠스틱 | "노래부터 영상까지, 정성과 아이디어가 돋보이는 핸드메이드 영상!"

〈셀프 어쿠스틱〉 채널

자작곡과 '스톱모션 애니메이션'을 제작하는 채널입니다. 종이에 그림을 그리고 가위로 자른 후 각 장면을 촬영해 짧고 귀여운 애니메이션을 만들고 있습니다. 어린이도 쉽게 따라 할 수 있는 강좌를 올리기도 하고 직접 만들어 볼 수도 있는 스톱모션 DIY 키트 제품을 선보이기도 합니다.

인터뷰

Q 왜 스톱모션 애니메이션을 소재로 삼게 되었나요?

A '셀프 어쿠스틱'은 음악을 전공한 두 명으로 이루어진 팀이에요. 처음에는 자작곡 영상을 페이스북에 올리기 시작했습니다. 하지만 노래에 맞는 영상을 제작하기가 쉽지 않았어요. 그러다 '영상 대신 그림을 넣는 건 어떨까?' 하는 생각이 들었던 거죠. 어린 시절부터 그림 그리는 걸 좋아했거든요. 노래에 맞는 그림을 그리고 그 그림을 한 컷씩 이어 붙여 움직이는 영상으로 편집한 것이 바로 이 '스톱모션'이랍니다. 당시에는 '스톱모션' 기법을 특별히 인지하고 사용한 게 아니었어요. 그저 이렇게 만들어보는 게 좋고 재미있어서 열심히 만들었던 것 같아요. 지금은 나름 전문가가 된 만큼, 다양한 스톱모션 영상을 관심 있게 보고 있습니다.

Q 콘텐츠 주제는 어떻게 떠올리나요?

A 저희의 자작곡 영상이나 스톱모션 애니메이션을 보면 아시겠지만 계절, 기념일, 음식, 취미 생활 등 저의 실생활에서 보고 느끼는 모든 것들에서 아이디어를 얻고 있습니다. 평소에도 장르 구분 없이 수많은 유튜브 영상을 보면서 다양한 아이디어를 수집하고 있어요.

Chuther츄더[문에스더] | "비글미 넘치는데 눈이 휘둥그레지는 모창 실력!"

〈츄더〉 채널

유명 가수의 노래를 본인만의 방식으로 모창하거나 각국의 언어로 따라 부릅니다. 뛰어난 노래 실력과 외국어 실력뿐만 아니라 개그감까지 완벽해 많은 사랑을 받고 있는 채널입니다.

지트 스튜디오 | "세상에 단 하나뿐인 햄스터 집 만들기"

〈지트 스튜디오〉 채널

아주 작은 동물들의 집을 전문가의 손으로 직접 만들고 모든 과정을 영상으로 보여 줍니다. 초호화 햄스터 집, 고슴도치의 3층 집, 햄스터를 위한 맥도날드 매장, 심지어 모기의 집까지! 기상천외한 미니어처 하우스를 뚝딱뚝딱 만들어요.

Pan K 팬 케이 I "먹을 수 있을까? '케덕'들과 함께 노는 팬케이크 아트!"

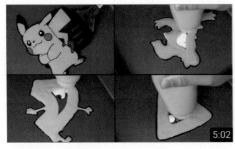 

〈Pan K 팬 케이〉 채널

'팬케이크 아트'를 보여 주는 채널입니다. 팬케이크 아트는 열을 가한 팬 위에 식용 색소와 팬케이크 반죽을 이용해 그림을 그리는 것을 말합니다. 주로 애니메이션 캐릭터를 그리거나 여러 커버 작품을 만들고 있습니다.

관심사 표현하기

오랫동안 즐겨온 취미, 꽂혀 있는 관심사가 있다면 콘텐츠에 녹여 보는 것도 좋습니다. 취미를 더욱 깊이 있게 즐길 수 있고, 더 많이 알릴 수도 있습니다. 관심사가 비슷한 사람과의 소통 창구가 되기도 합니다.

캠핑쥐 campingG I "강아지와의 힐링 캠핑"

〈캠핑쥐 campingG〉 채널

'캠핑카 만들기', '오두막 만들기'의 과정을 콘텐츠로 제작해 기록으로 남기고 있습니다. 캠핑 용품을 리뷰하거나 직접 만든 캠핑카로 떠난 여행 기록을 콘텐츠로 만들기도 합니다.

워터양 Wateryang | "물 공포증을 극복하고 성장 중인 유쾌한 프리다이버의 기록"

〈워터양 Wateryang〉 채널

자신의 취미인 수영을 주제로 한 채널입니다. 수영장에서의 일상, 수영 여행, 수영 용품 리뷰 등 수영과 관련한 다양한 콘텐츠를 만들고 있어요. 유튜브만큼 나만의 운동 기록을 공유하기에 좋은 것이 없답니다.

잔뭉레코드 jannmoong | "아기자기하고 재밌게 다이어리 꾸미기"

 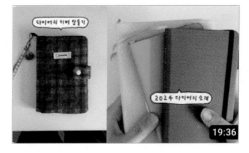

〈잔뭉레코드 jannmoong〉 채널

10대와 20대 사이에서 열풍인 다이어리 꾸미기, 일명 '다꾸'를 소재로 한 채널입니다. 자신의 다이어리를 꾸미는 모습, 문구용품 리뷰, 다이어리 꾸미기 팁 등 다양한 문구 관련 콘텐츠가 업로드되고 있어요.

일상 꿀팁 전수하기

휴지심으로 인테리어 소품 만들기, 엑셀을 더 쉽게 사용하는 꿀팁, 오븐 없이 빵 만드는 방법과 같이 남들에게 알려 줄 수 있는 나만의 비법이 있나요? 요리든, 살림이든, 꾸미기든 많은 사람들이 공감할 수 있는 주제라면 뭐든 좋습니다. 영화나 책을 나만의 시선으로 해석해 리뷰하거나 머스트 헤브 아이템으로 알려진 제품을 직접 리뷰해 볼 수도 있습니다. 사람들이 궁금해하는 정보와 꿀팁을 콘텐츠로 알려 주는 건 어떨까요?

인테리어 하는 날 | "셀프 인테리어? 나르와 함께라면 어렵지 않아요."

〈인테리어 하는 날〉 채널

셀프 인테리어와 1인 가구 라이프스타일 콘텐츠를 전문적으로 다루는 채널입니다. 자신의 집을 꾸미며 블로그에 올린 것을 계기로 셀프 인테리어에 대한 콘텐츠 활동을 계속 이어 나가고 있습니다. 원룸이나 작은 집을 꾸미는 팁, 인테리어 비포 & 애프터 등의 콘텐츠를 보고 있으면 집을 꾸미고 싶다는 욕구가 절로 샘솟기도 합니다.

인터뷰

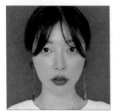

Q 인테리어로 동영상 콘텐츠를 만들게 된 계기는 무엇인가요?

A 원래 인테리어 블로그와 웹진을 운영하고 있었어요. 집에 TV가 없어서 자기 전에 유튜브를 많이 봤는데, 많이 보다 보니 '나도 한번 해 볼까?' 하는 생각이 들어서 시작하게 됐습니다.
원래 신문방송학과 출신이라 영상 제작을 할 줄 알았거든요. 그래서 처음 시작할 때 심적으로 진입 장벽이 낮았던 것 같아요.

Q 콘텐츠 주제는 어떻게 떠올리나요?

A 그냥 이런저런 일을 하다가 아이디어가 떠오르면 적어 놓고 하나씩 만들고 있어요. 주변에서 지인들이 '이런 거 해 보면 어때?'하고 이야기해 주는 경우도 있고요. 강연이나 SNS에서 많이 듣게 되는 질문을 갖고 만들 때도 있어요. 그런데 무엇보다 주로 제가 하고 싶은 걸 하면서 그걸 그대로 콘텐츠로 만드는 경우가 많아요. 예를 들면 인테리어 가게에 갈 때 영상을 찍는다거나 게임을 하고 싶을 때 심즈를 켜서 집을 만드는 것을 들 수 있죠.

짤막한 강좌 | "직장인이 현업에서 활용할 수 있는 엑셀 꿀팁 모음!"

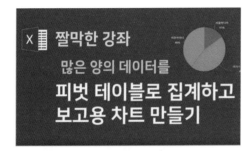

〈짤막한 강좌〉 채널

많은 직장인이 어려워하는 엑셀을 5~10분짜리 짧은 영상으로 쉽게 배울 수 있는 채널입니다. 엑셀뿐 아니라 한글, 워드, 파워포인트 등 오피스 프로그램에 대한 팁도 있어요.

honeykki 꿀키 | "눈과 귀로 즐기는 한 편의 요리 여행"

〈honeykki 꿀키〉 채널

다채로운 레시피와 함께 요리 영상을 제작하고 있는 푸드 채널입니다. 쉬운 한국 요리, 예쁜 디저트, 영화 속 요리 등 요리를 소재로 다양한 영상을 만들고 있어요. 대사나 리액션이 없어도 뛰어난 영상미와 맛있는 소리로 영화의 한 장면 같은 콘텐츠를 만들어 내고 있습니다.

김나옹 | "영상 편집 툴로 베가스를 강력 추천합니다"

〈김나옹〉 채널

영상 편집 툴인 '베가스'의 편집 방법을 소개하는 채널입니다. 영상 편집을 빠르게 끝내고 싶어하는 분을 위해 자막 템플릿까지 직접 제작해 무료로 배포하는 등 베가스에 애정이 많은 유튜버예요.

책그림 | "5분 영상이 책 한 권보다 낫다? 동화처럼 재미있게 보는 북 콘텐츠!"

〈책그림〉 채널

좋은 책의 핵심 내용을 요약해 그림과 함께 보여 주는 지식 채널입니다. 직접 읽은 책의 내용을 바탕으로 심리학, 철학, 자기계발 등의 주제를 다루고 있으며, 흥미롭고 유익한 지식을 짧은 영상으로 익힐 수 있어 좋은 반응을 얻고 있습니다.

▶ 유튜브 콘텐츠는 하나의 작은 예능 프로그램

tvN 〈삼시세끼〉와 MBC 〈나 혼자 산다〉를 한번 떠올려 볼게요. 두 프로그램은 주인공의 일상을 있는 그대로 관찰하듯 보여 주며, 그 속에서 에피소드를 끊임없이 만들어 나가는 리얼리티 프로그램입니다. 좀 더 자세히 살펴보면 이서진이 마늘을 까거나 전현무가 거실 소파에 풀썩 눕는 모습 등 주인공의 일상 속 사소한 장면 하나하나에 의미를 부여한다는 사실을 알 수 있습니다. 일상을 콘텐츠화하려는 우리에게 딱 맞는 '검증된 콘텐츠 교과서'인 셈이죠. 더욱이 유튜브는 TV 프로그램과 달리, 시청자와 즉각적인 상호작용이 가능하다는 강점을 갖고 있습니다. 사람들이 이 '작은 예능'을 보기 위해 유튜브로 모여드는 이유이기도 하고요. TV 프로그램이 어떻게 이야기를 이끌어 나가는지 유심히 살펴보고 흉내내 보세요. TV 프로그램의 강점과 유튜브의 강점이 잘 버무려져, 작지만 강한 콘텐츠를 만들어 낼 수 있을 것입니다.

03-3 나만의 채널 기획하기

▶ 기획에 영감을 주는 5가지 질문

유튜브로 이루고 싶은 내 목표는 무엇인가요? 목표 설정

나는 무엇으로 알려지고 싶은가요? 3년 후 내 채널이 어떤 모습이길 기대하나요? 어떤 영향을 미치고 싶은가요? 채널을 기획할 때 가장 먼저 해야 할 일은 목표를 세우는 것입니다. 나의 기쁨과 세상의 필요가 맞닿은 부분을 찾아야 하는 것이죠. 분명한 목표는 무엇을 선택하고, 무엇을 버려야 하는지 분별하는 기준이자 자원을 효과적으로 사용할 수 있는 지침이 됩니다. 또한 어려움이 닥쳤을 때 '나는 목표를 향해 가고 있는가?'를 중간중간 되물으면서 가고자 하는 방향을 바로 잡아 주는 나침반과 같은 역할을 합니다.

시청자에게 어떤 가치를 줄 수 있나요? 가치 설정

유튜브는 '공유하고 싶은 영상'에는 세 가지 가치 중 하나가 담겨 있다고 말합니다. 여기서 세 가지 가치는 재미(entertainment), 정보(knowledge), 영감(inspiration)입니다. 이 중 내 채널이 제공할 수 있는 핵심 가치는 무엇일까요? 우선순위를 매겨 보면 채널 기획에 도움이 됩니다. 세 가지가 모두 어우러질 수 있다면 더없이 좋습니다.

내가 사용할 수 있는 자원에는 무엇이 있나요? 자원 확인

내가 소비할 수 있는 돈, 갖고 있는 장비, 도움을 받을 수 있는 사람 등 내가 사용할 수 있는 자원을 확인하세요. 야외에서 촬영할 수 있는 카메라가 있나요? 노트북에 웹캠이 내장돼 있나요? 내가 머무는 장소, 자주 들르는 장소에서 촬영이 가능한가요? 얼굴을 드러내는 콘텐츠가 아니라면 갖고 있는 마이크가 어떤지도 살펴봐야 합니다. 콘텐츠를 만들 때 필요한 자원들에 대한 점검이 필요합니다.

내가 사용할 수 있는 시간은 얼마나 되나요? 시간 관리

콘텐츠를 만들고 업로드하는 것은 구독자와의 약속입니다. 시간을 현명하게 관리해 유튜브 운영에 사용할 수 있는 시간을 체크해야 합니다. 콘텐츠 기획, 촬영, 편집에 이르는 소요 시간이 얼마나 될지 계산해 보고, 한 주간 또는 한 달간 몇 개의 콘텐츠를 업로드할 수 있을지 예상해 보세요.

내가 좋아하는 유튜브 크리에이터는 누구인가요? 벤치마킹

뚜렷한 대상이 보이면 전진하기 쉬워집니다. 내가 좋아하는 유튜브 크리에이터의 콘셉트나 스타일을 파악해 보세요. 마음에 드는 편집 방식, 만들어 보고 싶은 주제를 따라 해 보면 내 페이스를 찾을 수 있습니다.

▶ 기획안을 작성해 보자

회사에서나 작성할 법한 거창한 기획안의 모습을 떠올릴 필요는 없습니다. 주제를 정하고, 채널명을 짓고, 타깃을 선택하는 최종 정리 과정이라 생각하면 편합니다. 머릿속에 떠돌고 있는 내용들을 하나하나 작성하고 문서화해 보면 일련의 키워드가 정리되고 내 채널의 색깔이 서서히 드러날 것입니다. 누군가에게 승인을 받거나 보여 줄 것이 아니므로 내가 만족할 만큼만 작성해 대략적인 가닥을 잡아 보는 것이 좋습니다.

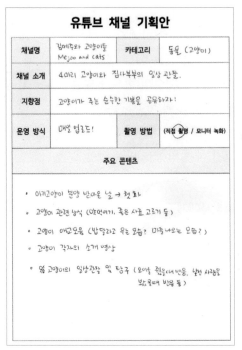

〈김메주와 고양이들〉 채널 구상 당시 작성해 본 기획안

채널명

〈김메주와 고양이들〉 채널명에 쓰인 '김메주'라는 닉네임은 어릴 때부터 불리던 저의 별명이랍니다. 이처럼 채널명에 대한 아이디어를 가까운 곳에서 찾아보세요. 기억하기 쉽고 정체성을 잘 보여 주는 이름이 좋습니다. 여러 방법을 동원해 후보를 만들어 보고 이미 존재하는 채널명은 아닌지, 비슷한 검색어가 있어서 헷갈리지는 않을지 유튜브에서 꼭 검색해 보세요.

방법	예시
단어와 단어 합치기	마인드스파이, 백수골방, 토이몬스터
문장을 줄여 의미 담기	망가녀(망가(만화)를 좋아하고, 망가지는 것을 좋아하는 여자), 예씨(예린＆예진 씨스터즈), 코너(코리안 너프보이)
닉네임이나 별명 활용하기	섭이는 못 말려, 공대생 변승주, 여정을 떠난 여정

채널명을 짓는 3가지 방법

채널 카테고리

유튜브에 동영상을 업로드할 때는 15개의 카테고리 중 하나를 선택할 수 있습니다. 카테고리는 동영상을 올릴 때 지정하는 것이므로 동영상의 성격에 따라 각각 다른 카테고리를 지정할 수 있습니다. 하지만 내 채널의 정체성을 위해 내 채널을 대표하는 주요 카테고리는 미리 정해 둬야 합니다.

영화/애니메이션	자동차/교통	음악	애완동물/동물	스포츠
여행/이벤트	게임	인물/블로그	교육	코미디
엔터테인먼트	뉴스/정치	노하우/스타일	과학 기술	비영리/사회 운동

유튜브 카테고리 목록

예를 들어, 주로 만드는 콘텐츠가 강아지의 일상이라면 '동물'이 주요 카테고리가 될 것이고, 가끔 특별 영상으로 강아지가 아닌 내 일상이나 브이로그를 올린다면 해당 영상만 '엔터테인먼트'나 '인물/블로그' 카테고리를 설정하는 식이 되겠죠?

목표 구독자

내 동영상을 시청할 시청자층은 누구인가요? 이 시청자층은 연령대나 성별이어도 괜찮고 자동차를 좋아하는 사람, 집을 꾸미고 싶어하는 사람 등 성향이나 취향이어도 괜찮습니다. 내 콘텐츠를 누가 보게 될지 예상하고 시청자층에 맞는 연구가 필요하므로 목표 구독자를 미리 예상해 보는 것이 좋습니다. 〈김메주와 고양이들〉 채널의 목표 구독자가 고양이를 키우고 싶거나 고양이를 좋아하는 사람이라면, 고양이 관찰 동영상 외에도 고양이 키우기 팁이나 고양이의 언어 알기 등 그들이 관심 가질 만한 주제를 예상해 볼 수 있죠.

채널 소개

'고양이 다섯 마리와 집사 부부의 일상을 관찰하고 있어요', '심바는 심즈 4(게임) 건축, 심 만들기, 머쉬마마, 플레이, 리뷰 등 심즈에 대한 다양한 콘텐츠를 올려요', '원룸, 작은 집, 셀프 인테리어 & 1인 가구 라이프스타일 콘텐츠를 전문적으로 만드는 크리에이터 나르입니다' 등과 같이 채널을 한두 줄로 간단명료하게 소개할 수 있어야 합니다. 소개글을 작성한 후 친구에게 보여 주며 "내 채널이 뭐하는 채널인지 바로 이해가 돼?"라고 물어보세요. 슬로건이나 소개글이 정해지면 배너 이미지에 소개글을 직접 넣어 전면에 보여 주는 것도 좋은 방법입니다.

> ▶ 배너 이미지는 채널을 꾸미는 요소 중 하나로, 채널 상단에 큼직하게 보이는 이미지를 말합니다. 08-2절에서 실습할 수 있습니다.

업로드 주기

내가 무리하지 않을 수 있는 선에서 업로드 주기를 정해 보세요. 최소 주 1회를 권장합니다. 그 이상으로 늦어지면 구독자에게 잊히기 쉽고, 최신성도 떨어지기 마련입니다.

촬영 방법

촬영 방법은 직접 촬영하는 실사 방식과 모니터 녹화 방식으로 나뉩니다. 물론 모니터 녹화 방식에 웹캠 화면을 추가해 실사와 녹화 방식을 합칠 수도 있습니다.

주요 콘텐츠

채널 시작 단계에서 떠올랐던 주요 콘텐츠를 정리해 봅니다. 채널 안에서 큰 주제를 나눠 재생 목록 리스트를 짜 봐도 좋습니다. 한 번에 모든 걸 다 할 수는 없으니 꼭 우선순위를 매겨 보세요.

> 🎙 **김메주의 라이브 톡!** **콘텐츠의 양과 질 중 무엇이 더 중요할까요?**
>
> 콘텐츠 업로드 주기는 크리에이터들의 딜레마와도 같습니다. 자주 올릴수록 좋지만, 콘텐츠를 찍어 내기 바쁘거나 부담감이 커져 콘텐츠의 질이 점점 떨어질 수도 있어요. 저는 질을 우선하는 것을 추천합니다. 빨리 만드는 것에 급급해 재미도, 의미도 없는 질 낮은 콘텐츠를 계속 만들면 구독자가 떠날 수밖에 없습니다. 콘텐츠의 질이 좋으면 속도가 늦더라도 한 명 한 명의 시청자를 천천히 끌어들이면서 성장할 수 있습니다. 자주는 아니더라도 꾸준히 업로드하세요.

채널 기획안 작성하기

• **실습 파일:** 유튜브_채널_기획안.hwp

내 채널에 대한 아이디어가 어느 정도 떠올랐다면 계획을 좀 더 구체화해 봅시다. 아래 빈칸을 채우면서 채널 기획안을 직접 작성해 보세요.

채널명					
채널 소개					
카테고리	영화/애니메이션	자동차/교통	음악	애완동물/동물	스포츠
	여행/이벤트	게임	인물/블로그	교육	코미디
	엔터테인먼트	뉴스/정치	노하우/스타일	과학 기술	비영리/사회 운동
목표 설정					

핵심 가치	재미	정보	영감
	상 / 중 / 하	상 / 중 / 하	상 / 중 / 하

예상 독자	

업로드 주기	( )회	**촬영 방법**	직접 촬영 / 모니터 녹화

주요 콘텐츠

콘텐츠 제작 과정 이해하기

유튜버 크리에이터의 성패를 좌우하는 요소는 바로 '콘텐츠'입니다. 입문자가 가장 어려워하는 부분이기도 하지요. 먹기 힘든 음식을 잘게 자르면 좀 더 수월하듯, 콘텐츠 제작 과정을 하나씩 쪼개 보고 잘 만든 영상의 구성 요소를 하나씩 분해해 보면 콘텐츠 만들기에 좀 더 쉽게 다가갈 수 있습니다. 이번 장에서는 콘텐츠가 만들어지는 전 과정을 하나씩 살펴볼게요.

04-1 아이디어 구상하고 콘티 만들기

▶ 만들고 싶은 콘텐츠를 나열해 보자

제가 채널을 기획한 후 가장 먼저 했던 일은 문득 떠오른 콘텐츠 아이디어를 메모하는 것이었습니다. 채널을 운영 중인 지금도 습관처럼 하고 있고요. 내 채널에 대한 기획이 어느 정도 끝나면 어떤 콘텐츠를 만들고 싶은지 머릿속에 하나둘씩 떠오르기 시작하는데, 이때 하나도 빼먹지 않고 메모장에 써 두는 게 좋습니다.

나만의 콘텐츠 다이어리를 항상 들고 다니면서 틈틈이 메모하세요. 순서나 분류, 오탈자는 나중에 정리해도 좋습니다. 그저 두서없이 생각나는 대로 써내려 가는 것이죠. 이 메모들은 나중에 실제 콘텐츠로 빚어질 뿐 아니라 단어 하나에서 또 다른 아이디어가 파생되기도 하고, 추후 내 채널의 방향을 명확히 잡는 데 좋은 힌트가 되기도 합니다. 메모장을 언제든 켤 수 있게 준비해 두고 길을 걷거나 TV를 보다가 생각나는 주제가 있으면 바로바로 적어 두세요.

스마트폰의 메모 앱에 주제에 대한 아이디어를 틈틈이 적어 두고 있습니다.

▶ 콘텐츠 제작 시간을 아껴 주는 콘티 작성법

콘티, 꼭 필요할까?

에이브러햄 링컨은 "나무를 베는 데 한 시간을 준다면, 도끼를 가는 데만 45분을 쓰겠다"라고 말했다죠? 콘텐츠 제작 과정도 이와 마찬가지입니다. 겨우 몇 분짜리 동영상을 만드는 일이지만, 촬영과 편집에 걸리는 시간은 그보다 훨씬 길답니다. 컴퓨터 앞에 앉아 영상 클립을 쪼개고 붙이며 오랜 시간 매달려 있다 보면 주제가 길을 잃고 산으로 가는 경우도 있고, 미처 촬영하지 못한 부분이 뒤늦게 떠오르는 경우도 생깁니다. 이런 당혹스러운 상황을 미연에 방지하려면 탄탄한 콘티가 필수입니다.

단 1개의 콘텐츠를 만들더라도 무엇을 촬영하고, 어떻게 편집할지 미리 구상해 보세요. 이렇게 하면 꼭 필요한 영상만 촬영할 수 있고, 편집할 때도 시행착오를 줄여 시간을 많이 아낄 수 있습니다. 게다가 이처럼 미리 계획해 콘텐츠를 만들면 높은 퀄리티까지 챙길 수 있지요.

콘티 작성 요령

콘티 작성이 걱정됐다면, 제 스케치를 보고 안심하셨기를 바랍니다. 콘티 작성은 절대 어려운 일이 아닙니다. 그림 실력이 뛰어나지 않아도, 졸라맨 같이 사람 뼈대만 그려도 괜찮아요. 그림은 러프하게 그리되, 장면의 핵심을 구현하는 데 집중하면 됩니다.

〈김메주와 고양이들〉 채널 1화 제작 당시의 콘티

❶ 제목은 최소 2개 이상 적어 보세요. 콘텐츠 제작이 끝난 후 가장 흥미로운 제목으로 최종 선택합니다.

❷ 촬영 방법에는 실사를 촬영할 것인지, 모니터 화면을 녹화할 것인지를 작성합니다. 어떤 카메라로, 누가, 어디서 촬영하는지도 작성해 두면 촬영에 필요한 준비사항을 미리 점검할 수 있어요.

❸ 촬영과 편집에 시간이 얼마나 소요될지 예상해 보고 그에 맞게 업로드 예정일을 정합니다. 콘티를 여러 개 만들었을 때는 업로드 예정일 순서대로 진행하면 됩니다.

❹ 이어서 머릿속에 있는 흐름, 줄거리, 장면 전환 등 큰 꼭지별로 스케치하세요. 아주 세세할 필요는 없습니다. '어떤 장면을 찍겠다' 정도만 드러나면 됩니다.

❺ 설명에는 어떤 장면인지 간략히 묘사하고, 미리 떠오른 자막을 작성해 두면 좋아요. 준비된 대본이 있는 셈이므로 편집 작업을 할 때도 시간을 단축할 수 있습니다. 그리고 필요에 따라 촬영 시간이나 편집할 때 유의할 점도 함께 적어 두면 요긴합니다.

스케치 장면

실제 콘텐츠로 완성된 장면. 사실감을 주기 위해 모니터 화면을 직접 보여 주는 컷으로 촬영했어요.

스케치 장면. 세 마리 고양이가 차례차례 나오는 장면을 설명하고 자막도 미리 적어 뒀어요.

콘텐츠로 완성된 장면

🎙 **김메주의 라이브 톡!**   **모니터 화면을 그대로 녹화할 때도 콘티가 필요한가요?**

모니터 화면을 녹화하더라도 콘텐츠를 어떻게 시작해 어떻게 끝낼 것인지, 어떤 주제로 나누고, 주제별로 몇 분씩 할당할 것인지 대략적으로 계획해 보는 것이 필요합니다. 만약, 강의 콘텐츠라면 강의 교안을 응용해 콘티를 작성하는 것도 한 가지 방법입니다.

04-2 최소한의 장비로 알뜰하게 촬영하기

콘티를 작성했다면 본격적으로 촬영을 시작해야겠지요? 촬영 방법은 콘텐츠의 종류에 따라 디지털 카메라 장비로 대상을 직접 촬영하는 방법과 모니터 화면을 녹화하는 방법으로 나눌 수 있습니다. 차례대로 하나씩 알아보기 전에 촬영을 위해 필요한 기본 장비부터 살펴보겠 습니다. 어떤 유튜버가 어떤 장비를 쓰고 있는지도 살짝 알려 드릴게요.

▶ 잠깐! 장비 구매는 절대 서두르지 마세요

1인 미디어 콘텐츠의 매력 중 하나는 최소한의 장비만으로 만들어 내는 B급 콘텐츠의 맛입 니다. 그만큼 일반인도 콘텐츠 제작에 쉽게 접근할 수 있지요. 입문자가 주의해야 할 점은 장비를 완벽하게 갖춰야 시작할 수 있다는 착각에 빠지지 않는 것입니다. 현재 보유하고 있 는 장비가 있다면 마음껏 사용하시고, 절대 장비 구매를 서두르지는 마세요. 카메라가 없다 고요? 친구에게 사용하지 않는 카메라를 빌려 보는 건 어때요? 아니면 스마트폰으로도 시작 할 수 있습니다. 실제 유튜브 크리에이터 중에서도 스마트폰 카메라로만 콘텐츠를 제작하는 분들이 많아요. 장비 구매는 제작 경험이 차곡차곡 쌓이면서 필요성을 느낄 때 천천히 고려 해도 늦지 않습니다. 내가 현재 갖고 있는 범위 내의 장비를 활용하는 것이 가장 좋습니다.

▶ 촬영 장비, 최소한으로 준비하기

가장 기본 장비는 카메라지만, 필요에 따라 장비는 추가될 수 있고, 만들 콘텐츠의 종류에 따라 조금씩 다를 수도 있습니다. 장비별로 추천 사용자를 언급해 뒀으니 꼭 확인하세요.

장비	카메라	거치대	마이크	조명
필요도	필요해요	필요해요	있으면 좋아요	없어도 괜찮아요

준비할 장비와 필요도

카메라

① 스마트폰

스마트폰 영화제까지 등장할 정도로 스마트폰의 촬영 성능이 향상됐습니다. 언제든 꺼내 편하게 찍을 수 있기 때문에 일상의 영상을 찍을 때 특히 유용합니다. 앱으로 필터를 입혀 영상미까지 더할 수 있지요. 각 기기마다 내장돼 있는 카메라의 부가 기능(슬로모션, 타임랩스 등)으로 더욱 풍부하고 다양한 영상을 찍을 수도 있습니다. 휴대성이 뛰어나고 파일 보관도 편리하며 셀프 촬영마저 너무 쉬운, 가성비 갑의 장비라고 감히 말할 수 있겠습니다.

`추천` 모든 유튜버 입문자에게 추천해요. 스마트폰으로 시작해도 절대 꿀리지 않아요~

② 미러리스 카메라

많은 유튜버가 사용하는 장비가 바로 미러리스 카메라입니다. 미러리스 카메라는 몸체 안에 있던 '거울'을 없애 DSLR보다 가볍고 심플해진 카메라를 말합니다. 기종에 따라 기능, 부피, 무게가 아주 다양한데요, 얇고 가벼운 카메라를 선택한다면 늘 휴대하며 일상을 찍을 수 있고, 렌즈를 교체할 수 있는 카메라라면 DSLR 수준의 영상미를 얻을 수 있어요. 최근에는 영상에 특화된 미러리스 카메라가 많이 출시되면서 선택지도 다양해졌답니다. 뿐만 아니라 뷰티 보정 기능, 필터 기능 덕분에 후보정이 따로 필요 없어서 편리합니다.

`추천` 미러리스 카메라를 이미 보유하고 있거나 영상의 품질을 가장 중요하게 여기는 분에게 추천해요. 고가 장비이므로 충동 구매는 절대 안 돼요!

`해그린달 / 효녀` 영상미를 내세우는 채널에서 특히 많이 사용되는 소니 A6400.

`김메주 / Youjin유진` 수많은 브이로그 채널에서 사용하는 캐논 G7X mark2. 가볍고 콤팩트해서 야외에서도 촬영하기 좋아요.

③ 디지털 캠코더

DSLR이 사진에 특화된 카메라라면, 캠코더는 동영상에 특화된 카메라입니다. 직접 사용해보니 확실히 동영상 촬영에는 탁월하다는 것을 느낄 수 있었습니다. 녹화 시간이 일반 카메라에 비해 긴 것이 최고 강점입니다. 내장 마이크의 성능도 뛰어납니다. 핸디캠은 부피가 작고 가벼워 휴대하기도 좋습니다.

`추천` 실험, 관찰, 야외 촬영 등 최대한 긴 녹화 시간이 필요한 경우에 추천해요.

조섭 소니AX700

예씨 소니 AX43

④ 액션캠

신체나 장비에 부착해 역동적인 영상을 찍는 데 많이 활용되는 초소형 캠코더입니다. tvN의 〈꽃보다 청춘〉에서도 액션캠으로 촬영한 영상을 종종 볼 수 있지요. 그만큼 최근에는 여행, 일상 기록용으로 많이 사용합니다. 액션캠은 보조 장비 정도로 사용하기에 좋습니다. 갖고 있는 액션캠이 있다면 생동감을 더하는 데 활용해 보세요. 동영상에 다양한 매력을 더할 수 있습니다.

추천 라이딩이나 캠핑 등의 액티비티 취미를 콘텐츠로 만드는 분에게 추천해요.

김메주 오즈모 포켓 3

이승민 소니 x3000

⑤ 웹캠

컴퓨터에 연결해 사용하는 소형 캠입니다. 노트북에 내장돼 있는 경우도 있습니다. 카메라 이동 없이 모니터 앞에서만 촬영이 진행된다면 웹캠을 사용하면 됩니다.

추천 먹방, 게임 방송, 강의 콘텐츠를 만드는 분에게 추천해요.

아이락스 IRC70   로지텍 C922

거치대

손으로 기기를 들고 촬영하는 것도 좋지만, 거치대가 필요할 때도 의외로 많습니다. 장시간 카메라를 들고 있다 보면 팔이 아프기 마련이고 기기를 고정해 촬영해야 하는 경우도 적지 않기 때문이죠. 적당한 흔들림은 현장감을 줄 수 있지만, 잦은 흔들림은 집중도를 떨어뜨리거나 불편함을 줄 수 있습니다. 카메라를 거치대에 고정시켜 두면 안정된 구도로 촬영할 수 있기 때문에 영상의 품질도 높일 수 있습니다.

① 스마트폰 거치대

스마트폰으로 동영상을 촬영하는 분께 적극 추천합니다. 인물이나 반려동물을 찍을 때 간편하게 거치해 두고 찍기에 좋지요. 일상을 촬영하더라도 손으로 들고 찍는 것보다 거치대에 끼운 후 촬영하는 것이 흔들림도 적고 훨씬 안정적입니다. 각도 조절, 높이 조절 등이 되는 제품이 좋고, 지하상가에서 흔히 볼 수 있는 저렴한 제품으로도 충분합니다.

추천 스마트폰으로 영상을 촬영하는 분에게 추천해요.

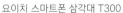
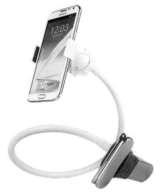

요이치 스마트폰 삼각대 T300   집게형 삼각대

② 삼각대

전문가용 고급 삼각대일 필요는 없습니다. 카메라 거치가 가능한 미니 삼각대나 보급형으로
나온 가벼운 삼각대 정도면 충분합니다. 스파이더맨 삼각대는 관절 조절이 자유롭고 고정이
편리해 가벼운 카메라에 추천합니다. 일반적인 트라이포드는 부피가 다소 크지만, 카메라를
높이 올릴 수 있고 무거운 카메라도 거치할 수 있으며 내구성이 좋다는 장점이 있습니다.

추천 실내, 야외에서 카메라 고정 앵글이 필요한 분에게 추천해요.

트라이포드 삼각대   스파이더맨 삼각대

마이크

스마트폰은 통화가 가장 기본적인 기능이므로 내장돼 있는 마이크의 성능도 의외로 괜찮습
니다. 여느 카메라에도 마이크는 기본적으로 내장돼 있고, 캠코더 마이크는 대부분 고성능
이므로 외부 마이크를 준비하지 않아도 크게 무리는 없습니다. 다만, 잡음 없이 목소리를 깔
끔하게 담고 싶을 때는 마이크를 추가로 사용해도 좋습니다.

추천 먹는 소리가 중요한 맛집 유튜버, 야외 활동이 많은 유튜버에게 추천해요.

RODE NT USB 마이크   SHURE MVL 핀마이크

조명

자연광을 활용하거나 후보정을 거치면 충분하므로 조명은 꼭 필요하지 않습니다. 하지만 외부 조명이 있으면 톤이 좀 더 정돈되고 인물 촬영에도 도움이 되므로 꼭 필요하면 사용해도 좋습니다. 조명 역시 1인 미디어를 겨냥한 저렴하고 간편한 제품들이 많으니 합리적인 제품을 골라 사용해 보세요.

파뿌리 룩스패드 43   큐디스 링라이트

🎙 **김메주의 라이브 톡!**   〈김메주와 고양이들〉 채널에서는 어떤 장비를 쓰나요?

처음에는 아이폰 카메라와 DSLR 카메라를 사용했어요. DSLR 카메라는 동영상 촬영 성능이 떨어져 자주 사용하지 않았고, 아이폰 카메라를 주요 장비로 활용했습니다. 지금은 미러리스 카메라(소니 A6600)를 사용하고 있습니다. 주로 이동하면서 가볍게 촬영해야 하는 브이로그 영상은 소형 미러리스 카메라(캐논 G7X mark2)를 사용하고요. 하지만 동물 촬영은 순간을 포착해야 하는 경우가 많아 스마트폰 카메라도 여전히 자주 사용해요. 재빨리 꺼내 찍기 좋거든요. 다시 한번 강조하지만, 장비는 무리하게 구매할 필요가 전혀 없습니다!

▶ 카메라로 촬영할 때 주의해야 할 7가지

하나, 동영상 크기는 1080p(Full-HD)로

동영상을 스마트폰이나 카메라로 찍으면 기본적으로 1080p라는 해상도로 촬영됩니다. 1080p를 가장 많이 이용한다는 뜻이기도 합니다. 그보다 작은 크기인 720p(HD)나 480p(SD)는 스마트폰 시청 용도로는 적합하지만, 유튜브를 PC, TV로 이용하는 사람도 있기 때문에 그에 맞는 해상도인 1080p를 추천합니다. 물론 UHD(4k) 영상도 업로드할 수 있습니다. 스마트폰이라면 가로 화면으로, 정면보다는 화질이 좋은 후면 카메라를 사용해 촬영하세요.

> ▶ 유튜브에서 원하는 키워드 뒤에 4K를 붙여 검색해 보세요.

명칭	4K, UHD(Ultra-HD)	FHD(Full-HD)	HD	SD
축약명	2160p	1080p	720p	480p
해상도(가로x세로 픽셀)	4096x2160	1920x1080	1280x720	720x480
시청에 적합한 기기	UHD TV	TV, PC	TV, PC	스마트폰

동영상의 주요 해상도 비교

둘, 안정적인 카메라 워킹은 필수

카메라를 손으로 들고 찍으면 그립감이 안정적이지 않아 화면이 흔들릴 위험이 큽니다. 영상이 흔들리면 시청자의 눈도 함께 요동치게 되지요. 한두 번의 흔들림은 괜찮지만, 영상이 지속적으로 흔들리면 콘텐츠의 품질마저 낮게 느껴질 수 있습니다. 구독자가 편하게 시청할 수 있도록 거치대나 삼각대 등을 활용하는 게 좋고, 카메라를 거치할 수 없는 상황이라면 최대한 흔들림에 유의해 촬영해야 합니다.

스마트폰용 짐벌

핸드프리 거치대 '셀디'

셋, 영상의 수평, 수직 맞추기를 잊지 마세요

'좋은 사진'은 기본적으로 '구도'를 잘 갖추고 있습니다. 다시 말해 수평과 수직이 잘 맞게 되어 있지요. 영상도 이와 마찬가지입니다. 수평, 수직이 맞지 않아 비스듬하게 찍힌 영상은 보는 사람에게 안정감을 주지 못하고 콘텐츠의 전체적인 퀄리티도 낮아지죠. 수평, 수직 맞추기에 조금만 신경써서 촬영에 임하면 영상의 기본적인 퀄리티를 챙길 수 있어요.

넷, 타인의 얼굴은 촬영하지 않아요

촬영을 하다 보면 출연자 이외에 다른 사람의 얼굴이 찍힐 때가 있어요. 특히 야외 촬영에서는 행인의 얼굴이 그대로 담기기도 합니다. 타인의 얼굴을 동의 없이 영상에 노출시키는 것은 초상권 침해가 될 수 있으므로 이 점을 항상 유의해야 합니다. 최대한 다른 사람의 얼굴이 찍히지 않게 카메라 앵글을 조정하거나 후보정으로 모자이크 처리를 해 주세요.

다섯, 마이크에 너무 가까이 다가가지 마세요

영상 콘텐츠에서는 음질도 중요합니다. 장비에 따라 마이크에 너무 가까이 대고 말하면 증폭음이 발생하므로 10cm 정도 떨어져 말하는 게 좋습니다. 잡음이 심하거나 바람 소리가 강한 곳도 피해야 합니다.

여섯, 자연광을 찾으세요

빛은 동영상의 선명도를 높이고 색상을 풍부하게 담기 때문에 빛을 적극 활용하는 것이 좋습니다. 어두운 화면은 노이즈를 만들고 영상의 품질도 떨어뜨리므로 스마트폰 플래시를 켜서라도 어두운 환경을 보정할 수 있어야 합니다.

일곱, 촬영 시간은 콘텐츠 유형에 알맞게 정하세요

처음부터 끝까지 롱테이크로 촬영하고 후반 작업에서 편집을 하거나 5~10초 정도로 짧게 끊어 촬영하고 클립들을 이어 붙이는 방법이 있습니다. 촬영 방법은 콘텐츠 유형에 따라 달라집니다. 전자의 경우에는 작업 과정 촬영, 강의 또는 대사가 길게 이어지는 장면에 적합하고, 후자의 경우에는 긴 시간의 일상이나 여행을 담는 브이로그 콘텐츠에 적합합니다.

▶ 스마트폰으로 촬영할 때 사용하기 좋은 꿀 기능!

스마트폰 카메라를 켜면 사진, 동영상 촬영 모드 외에도 타임랩스, 슬로모션, 화이트밸런스, 컬러 효과 등 여러 가지 기능이 있는 것을 볼 수 있습니다. 사용하는 스마트폰의 종류에 따라 기능은 조금씩 다를 수 있지만, 대부분 다양한 촬영 모드를 제공합니다. 스마트폰 하나로도 다양한 연출이 가능하니 꼭 활용해 보세요.

타임랩스

타임랩스(하이퍼랩스)는 일정 간격으로 찍은 사진을 동영상으로 만드는 특수 영상 기능을 말합니다. 이렇게 만들어진 타임랩스의 영사 속도는 일반적인 동영상보다 빠릅니다. 전문가만 사용할 수 있었던 타임랩스 기능을 스마트폰 카메라에서도 사용할 수 있답니다.

아이폰 카메라의 '타임랩스' 기능

갤럭시 카메라의 '하이퍼랩스' 기능

캠핑 여행을 떠나 텐트를 설치하는 장면이나 DIY 작업 같이 시간이 오래 걸리는 장면을 찍을 때 제격입니다. 해가 뜨고 지는 장면을 타임랩스로 찍어 뒀다가 콘텐츠를 제작할 때 '다음날 아침'이라는 자막과 함께 사용해도 멋지겠죠? 어딘가로 이동하는 장면을 연출할 때도 타임랩스 기능을 활용해 보세요. 스마트폰에서 타임랩스 기능을 선택한 후 영상을 먼저 촬영합니다. 이후 재생 속도를 결정하고 새로 저장하면 됩니다.

슬로모션

슬로모션은 일반 속도보다 느린 속도로 영사하는 기능입니다. 편집 프로그램으로 재생 속도를 느리게 조절하는 방법도 있지만, 슬로모션 기능으로 찍을 경우에는 프레임 수가 일반 촬영보다 많기 때문에 움직임이 훨씬 부드럽고 정교한 영상을 찍을 수 있습니다.

아이폰 카메라의 '슬로 모션' 기능

갤럭시 카메라의 '슬로우 모션' 기능

강아지가 신나게 달리는 모습이나 주인공의 표정 변화를 슬로모션으로 담아 보세요. 이런 장면을 콘텐츠 중간에 넣어 활용하면 볼거리가 더욱 풍부한 콘텐츠를 만들 수 있습니다. 타임랩스와 마찬가지로 촬영 → 재생 속도 설정 → 새로 저장 순으로 작업하면 됩니다.

04-3 강의 및 게임 화면 녹화하기

강의, 게임 중계 또는 컴퓨터 작업 과정을 보여 주는 콘텐츠는 모니터 화면 녹화본을 주로 사용합니다. 실사 콘텐츠의 경우에도 자료 화면을 보여 주거나 실사와 화면이 함께 나와야 할 때 모니터 녹화본이 필요하고요. 프로그램 하나만 설치하면 화면을 쉽게 녹화할 수 있으므로 아래 과정을 따라 해 보세요.

화면 녹화로 일러스트 작업 과정을 보여 주는 〈삼시보〉 채널

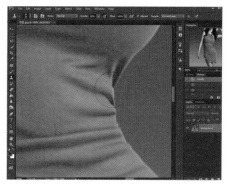
화면 녹화로 포토샵 강의 콘텐츠를 제작하는 〈지코기의 포토구라피〉 채널

▶ 오캠으로 강의 화면 녹화하기

무료 프로그램인 오캠(oCam)을 사용해 모니터 화면을 녹화해 볼게요. 오캠은 버튼 몇 개만 누르면 모니터 화면을 깔끔하게 녹화할 수 있습니다. 게다가 다른 프로그램과 달리 광고 워터마크 없이 녹화할 수 있다는 게 큰 장점입니다.

설치 방법은 어렵지 않습니다. 오소프트(www.ohsoft.net) 사이트의 상단 메뉴 중 [오캠 → 다운로드]를 클릭합니다. 화면 하단의 [다운로드] 버튼을 클릭해 프로그램을 설치하면 됩니다.

오소프트(ohsoft.net)

하면 된다! } 클릭 효과, 워터마크를 넣고 선택 영역만 녹화하는 방법

1 강의 화면을 녹화하는 방법을 실습해 볼게요. 먼저 오캠을 실행합니다. 프로그램 창과 초
록색 선이 보이는데, 초록색 선 안쪽이 화면이 녹화되는 영역이에요.

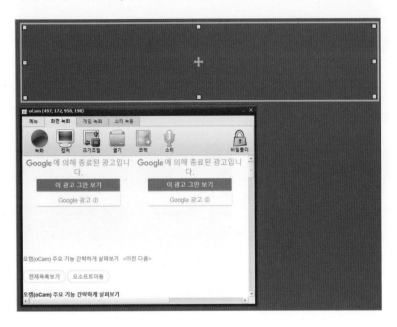

2 녹화할 크기를 지정합니다. [화면 녹화] 탭에서 [크기 조절 → 유튜브 → 1920×1080(FHD)]
을 선택하면 녹화 영역이 Full-HD 크기로 조절됩니다.

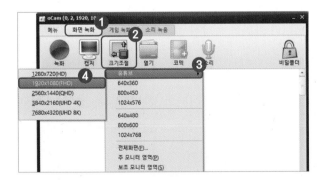

❸ 초록색 선의 모서리를 잡고 녹화할 영역을 직접 지정할 수도 있습니다. 특정 부분만 크게 녹화하고 싶다면 초록색 선 영역을 줄여 해당 부분만 잡아 주면 됩니다.

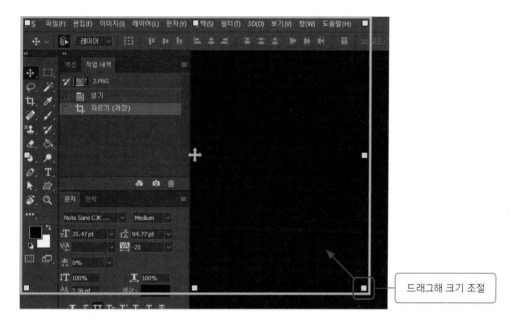

드래그해 크기 조절

❹ 기본적으로 화면 녹화와 함께 컴퓨터에서 나는 시스템 소리도 녹음됩니다. 소리 녹음을 원하지 않으면 [소리 → 시스템 소리 녹음]의 체크를 미리 꺼 두세요. 녹화 영상에 마이크 소리를 함께 담으려면 [소리 → 마이크]를 체크합니다.

5 마우스를 클릭할 때마다 링이 나타나는 애니메이션 효과를 넣을 수 있습니다. [메뉴 → 옵션]을 클릭한 후 [효과]를 클릭하세요. [왼쪽-클릭 효과] 탭에서 [마우스 왼쪽 클릭 효과 추가]에 체크하고 색상, 크기 등을 설정해 [확인]을 클릭하면 됩니다.

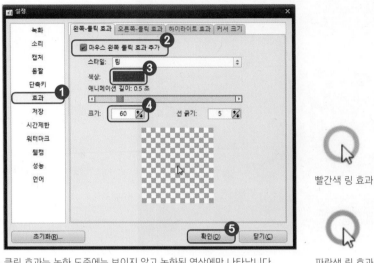

클릭 효과는 녹화 도중에는 보이지 않고 녹화된 영상에만 나타납니다.

빨간색 링 효과

파란색 링 효과

6 녹화 중인 동영상에 워터마크를 바로 삽입할 수도 있습니다. [메뉴 → 옵션]을 클릭한 후 [워터마크]를 클릭해 주세요. [워터마크 사용]에 체크하고 ⋯을 눌러 워터마크 이미지 파일을 불러옵니다. 불투명도, 위치 등을 설정하고 [확인]을 클릭하면 됩니다. 이미지는 배경이 없는 PNG 파일, 불투명도는 약 50% 정도를 권장해요.

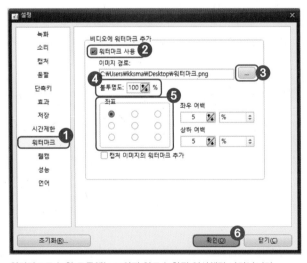

워터마크도 녹화 도중에는 보이지 않고 녹화된 영상에만 나타납니다.

7 녹화 영역 지정, 클릭 효과 설정, 워터마크 설정이 끝났습니다. 본격적으로 녹화해 볼게요. 초록색 영역 안에 녹화할 화면을 준비한 후 [녹화]를 클릭하면 녹화가 바로 시작됩니다.

8 녹화 도중 [일시 중지] 버튼을 누르면 장면을 끊었다가 다시 녹화할 수 있습니다. 녹화가 끝나면 [중지] 버튼을 누릅니다. [열기] 버튼을 누르면 녹화본 파일이 저장된 폴더를 바로 열 수 있습니다.

9 녹화 도중에는 워터마크와 클릭 효과가 나타나지 않습니다. 오캠에는 워터마크의 크기를 조절하는 기능이 없으므로 미리 작게 준비하세요. 녹화를 끝내면 아래와 같이 각 효과를 확인할 수 있습니다.

워터마크와 클릭 효과는 최종 녹화된 화면에만 나타납니다.

▶ 오캠으로 게임 화면 녹화하기

오캠은 게임 화면 녹화 기능을 별도로 제공합니다. 앞에서 실습한 방법과의 차이점은 녹화 영역을 따로 지정할 필요 없이 게임 전체 화면을 자동으로 녹화한다는 것입니다.

하면 된다! } 전체 화면을 녹화하는 방법

1 오캠을 실행한 후 [게임 녹화] 탭을 클릭하면 녹화 영역창이 사라집니다.

▶ 게임 소리와 마이크 소리를 함께 녹음하려면 [소리] → [시스템 소리 녹음], [마이크]에 꼭 체크하세요.

2 실행 중인 게임창으로 이동하면 게임 화면 상단 왼쪽에 노란색 숫자 표시(초당 프레임 수)를 확인할 수 있습니다. 초당 프레임(FPS)을 높이면 영상의 품질은 좋아지지만 용량이 커집니다. 기본값(200FPS)을 그대로 사용하길 권장합니다.

녹화 전일 때는 숫자가 노란색입니다.

3 녹화 단축키인 [F2]를 누르면 녹화가 시작되면서 숫자가 빨간색으로 변합니다. 녹화 중이라는 뜻입니다. 녹화를 끝내려면 다시 [F2]를 누릅니다.

녹화 중일 때는 숫자가 빨간색으로 바뀝니다.

4 녹화를 끝낸 후 [열기] 버튼을 클릭해 녹화된 게임 영상을 확인해 보세요.

04-4 영상 편집의 기본 원리 이해하기

콘텐츠의 품질은 소재나 촬영 기법보다 '편집 능력'에 좌우되는 경우가 많습니다. 그러나 영상 편집은 버튼 한 번으로 끝나는 촬영이나 녹화와 달리, 많은 시간과 노력이 필요합니다. 그래도 너무 걱정하진 마세요. 영상 편집 자체의 원리는 생각보다 쉽습니다. 우선 여기서는 영상 편집 과정과 원리에 대해 배우고 자세한 실습은 다음 장부터 진행해 볼게요.

▶ 동영상 구성 요소 살펴보기

잘 편집된 동영상이 어떻게 구성돼 있는지 알아볼게요. 눈에 보이는 요소가 많은 영상이라도 쪼개 보면 의외로 간단합니다. 구조는 콘텐츠의 성격마다 조금씩 다르지만, 기본적인 형태는 비슷합니다. 필요한 동영상을 알맞게 잘라 넣은 후 자막과 이미지를 그 위에 올리고 오디오를 뒤에 깔아 주는 식이죠.

실사 콘텐츠

워터마크 & 제목		
자막	자막	자막
동영상 1	동영상 2	동영상 3
효과음	효과음	효과음
배경음악		

〈파뿌리〉 채널의 실사 콘텐츠

5개의 트랙이 모여 〈파뿌리〉 채널의 동영상이 완성됩니다.

애니메이션 콘텐츠

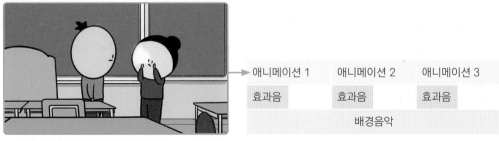

애니메이션 1	애니메이션 2	애니메이션 3
효과음	효과음	효과음
배경음악		

〈꿀팁한입〉 채널의 애니메이션 콘텐츠

3개의 트랙이 합쳐져 〈꿀팁한입〉 채널의 애니메이션이 완성됩니다.

강의 콘텐츠

〈Creator Jwanneu〉 채널의 포토샵 강의 콘텐츠

3개의 트랙이 모여 〈Creator Jwanneu〉 채널의 강의 콘텐츠가 완성됩니다.

▶ 영상 편집 과정 이해하기

마치 레고 블록을 조립하는 것과 비슷하지 않나요? 콘텐츠의 뼈대가 되는 동영상을 가운데에 놓고 필요한 자막, 이미지, 음악 등의 요소를 위아래로 하나씩 붙여 나가는 식입니다. 콘텐츠의 종류는 다양하지만, 재료와 방식은 비슷합니다. 따라서 어떤 영상이든 영상 콘텐츠를 만들 때는 일반적으로 아래와 같은 다섯 단계를 거칩니다.

| 1단계
동영상 클립
조절하기 | 2단계
그래픽 효과
넣기 | 3단계
자막 넣기 | 4단계
오디오 넣기 | 5단계
동영상 파일로
저장하기 |

1단계 동영상 클립 조절하기

동영상 파일을 불러와 불필요한 부분을 제거하고 필요한 부분만 남기는 작업입니다. 고정적으로 사용하는 인트로, 아웃트로 영상이 있다면 앞뒤에 붙입니다. 필요한 영상 클립을 차례대로 나열하고 나면 영상의 재생 시간이 확정됩니다. 그러니 내가 목표한 재생 시간이 있다면 그 시간을 고려해 클립을 조절하는 게 관건입니다.

2단계 그래픽 효과 넣기

| 인트로 | 클립 1(확대) | 클립 2(2배속) | 클립 3 | 장면
전환 | 클립 4(느리게) | 아웃트로 |

그래픽 효과는 크게 두 가지 유형으로 나뉩니다. 첫 번째 유형은 클립 자체에 입히는 그래픽 효과입니다. 슬로모션이나 2배속 재생과 같은 속도 조절 효과를 말해요. 두 번째 유형은 클립과 클립 사이에 입히는 장면 전환 효과입니다. 파워포인트에서 슬라이드가 바뀔 때 적용하는 애니메이션 효과라고 이해하면 쉽습니다.

3단계 자막 넣기

	자막	자막			자막	
인트로	클립 1(확대)	클립 2(2배속)	클립 3	장면 전환	클립 4(느리게)	아웃트로

자막은 동영상 클립 위에 배치합니다. 영상에 자막이 얹어져 있듯, 동영상 클립 위에 자막을 얹어 놓는다고 생각하면 됩니다. 우리가 콘티에 작성해 봤던 대사와 자막도 이 과정에서 구현되겠네요.

4단계 배경음악과 효과음 넣기

	자막	자막			자막	
인트로	클립 1(확대)	클립 2(2배속)	클립 3	장면 전환	클립 4(느리게)	아웃트로
	효과음	효과음			효과음	
	배경음악					

배경음악과 효과음 등의 오디오 소스를 넣는 작업입니다. 오디오 소스는 자막과는 반대로 동영상 클립의 아래쪽에 깔립니다. 배경음악과 효과음은 장면의 분위기를 좌우하고 상황을 극대화하는 데 큰 역할을 합니다. 자막이 나타나는 타이밍에 맞춰 적절한 효과음을 넣어 주면 금상첨화입니다. 시청자들의 눈과 귀를 집중시킬 수 있답니다.

5단계 동영상 파일로 저장하기
여러 개의 비디오, 오디오, 그래픽 요소를 결합해 단 하나의 동영상 파일로 합치는 단계입니다. 이렇게 만들어진 최종 동영상 파일을 유튜브에 업로드하는 것이죠.

▶ 동영상을 콘텐츠로 만드는 2가지 비밀

우리가 시간 가는 줄 모르고 예능 프로그램에 빠져드는 이유는 뭘까요? 단순히 영상 클립을 잘 자르고 붙였기 때문일까요? 그것만으로는 부족합니다. 우리의 눈과 귀를 사로잡는 콘텐츠의 비밀은 바로 '자막'과 '오디오'에 있습니다. 유튜브 콘텐츠도 마찬가지입니다. 일반 동영상이 인기 콘텐츠가 되는 데도 자막과 오디오의 힘이 큽니다.

노잼을 꿀잼으로 만드는 자막의 힘

'무한도전'을 자막 없이 보면 어떤 느낌일지 상상해 보셨나요? 제가 다니고 있던 직장에 김태호 PD가 강연을 온 적이 있습니다. 강연이 시작되자마자 자막이 있고 없는 두 가지 버전의 무한도전 영상을 보여 주며 '자, 어떠세요?' 하던 모습이 꽤 인상 깊게 남아 있어요. 자막이 없는 영상은 멤버들의 말소리가 모두 겹쳐 내용이 잘 들리지 않고, 웃음 포인트도 찾을 수 없었으며, 영상이 끝날 때쯤엔 지루함까지 느껴졌습니다. 자막이 있는 영상은 신기하게도 멤버들의 말소리가 정확하게 들리고 웃음 포인트도 찾을 수 있더군요. 어떤 부분에 집중해야 하는지 자막이 알려 줬기 때문이지요. 밑도 끝도 없는 이 영상에 '흐름'을 만들어 주는 큰 역할을 하고 있었습니다.

무한도전의 무편집본과 편집본 캡처 이미지. 같은 영상이지만 자막과 효과음이 더해진 편집본이 무편집본에 비해 집중도가 훨씬 높습니다.

자막은 또 하나의 작가이자 진행자입니다. 이야기를 덧붙여 재미를 더해 주고 상황을 설명해 흐름을 정돈해 주기도 하지요. 자막의 내용을 사용하는 건 어렵지 않습니다. 만화책을 한번 떠올려 볼까요? 강아지가 꼬리를 흔드는 장면에 '살랑살랑'이라는 글자가 들어가 있습니다. 자막의 형태는 활자로 장면을 설명하는 만화책과 비슷합니다. 아이가 골똘히 생각 중인 장면에 '고민 중...'이라는 글자를 넣거나 비가 쏟아지는 장면에 '시원하게 내리는 빗줄기'라는 글자를 넣어 보세요. 이어지는 장면들에 집중도를 높여 시청을 지속시킬 수 있습니다. 모바일 동영상을 시청하는 사람들 중 80%가 음소거 환경에서 시청하고 있기 때문에 자막은 꼭 챙겨야 할 요소 중 하나입니다.

자막을 내레이션처럼 활용해 이야기를 이끌어 가는 〈윤식당〉

〈어서와~ 한국은 처음이지?〉는 거의 모든 대사와 상황 설명을 자막으로 처리합니다.

콘텐츠의 분위기 메이커, 배경음악과 효과음

한 TV 프로그램에서 공포 영화에 발랄한 배경음악을 깔아 영화의 분위기를 180도 바꾸는 실험을 한 적 있습니다. 무서운 걸 못 보는 저도 아무렇지 않게 시청할 수 있더라고요. 그만큼 배경음악은 영상 콘텐츠의 분위기를 좌우하는 데 있어 영상 자체보다 훨씬 중요한 역할을 합니다. 뻔한 '동영상'을 이야기가 있는 '콘텐츠'로 변신시켜 주기도 하고요. 유튜브에 '브금의 중요성'이라고 검색해 보세요. 공포 영화가 코믹 영화가 되고, 비욘세의 매력적인 춤도 재미난 율동으로 바꿔 버리는 배경음악의 마술을 확인할 수 있답니다. 매 상황마다 적절한 배경음악을 활용해 콘텐츠의 재미를 더욱 극대화하세요.

첨단 기술을 자랑하는 로봇 소개 영상이 어떻게 바뀌었는지 확인해 보세요.

효과음도 마찬가지입니다. 〈김메주와 고양이들〉 채널에서도 고양이들의 톡톡 튀는 행동에 항상 효과음을 넣고 있는데요. 영상과 일치된 장면에서의 효과음은 몰입도를 높여 주고, 상황을 이해하는 데 도움을 줍니다. tvN 드라마 〈응답하라〉 시리즈에서 '민망한 순간'에 적절히 튀어나오던 염소 소리는 효과음 활용의 좋은 예라고 할 수 있습니다.

Q 운영 중인 채널을 소개해 주세요.

A 파뿌리는 옥탑방 두 자취생의 짠내 나지만 유쾌한 일상을 보여 드리는 채널입니다. 자취생의 시각으로 음식 제품을 리뷰하는 '1분 리뷰', 페이크 다큐 형식으로 짠내 나는 옥탑방의 자취생활을 보여 주는 '옥탑 라이프' 시리즈가 주력 콘텐츠입니다.

Q 동영상 편집은 따로 배웠나요?

A 인터넷에서 강좌를 보고 독학했습니다. 필요한 기법이 있을 때마다 강좌를 보고 적용하는 식으로 계속 배우고 있습니다. 영상 편집 실력은 아직 부족하다고 생각해요. 사용하고 싶은 기법이 있어도 그 기법을 뜻하는 용어를 몰라 검색으로도 못 찾아서 시간을 허비할 때도 많습니다.

Q 동영상을 세련되게 편집하는 나만의 노하우가 있다면?

A 세 가지가 있어요. 첫째, TV에서 하는 예능 프로그램의 자막을 비슷하게라도 따라 해 보려고 노력합니다. 둘째, 다른 유튜버 영상을 보면서 편집점과 편집 효과 등을 많이 참고하고 있어요. 셋째, 영상 편집 못지않게 음악과 효과음을 적절히 사용하는 게 무척 중요하더라고요. 이 부분에 많은 신경을 쓰고 있습니다.

▶ 내게 맞는 영상 편집 프로그램 선택하기

편집 프로그램의 종류

영상 편집엔 어떤 프로그램을 사용하는 게 좋을까요? 초보자가 가장 고민하는 지점이기도 합니다. 영화 채널을 운영하는 '발없는새'님은 어느 인터뷰에서 "예나 지금이나 윈도우 무비 메이커를 쓴다."라고 밝혔습니다. 영상을 보면 알겠지만, 이 정도 퀄리티의 영상도 무료 프로그램만으로 구현할 수 있습니다.

무료 프로그램	애플 아이무비(맥 전용), 곰믹스, 뱁믹스 등
유료 프로그램	프리미어 러시, 프리미어 프로, 파이널컷 프로(맥 전용), 곰믹스 프로, 베가스 프로 등

무료 또는 유료로 사용할 수 있는 영상 편집 프로그램

어떤 프로그램이 가장 좋은지 묻는 분이 많지만 좋다, 나쁘다로 쉽게 결정하기는 어려워요. 왜냐하면 내가 만들고 싶은 콘텐츠의 품질, 작업 방식, 경제적 여건 등과 같은 다양한 조건을 고려해야 하기 때문입니다. 결국 이런 조건들을 종합해 내게 맞는 툴을 선택해야 합니다.

그동안 프리미어 프로를 사용하다가 컴퓨터를 맥으로 바꾸면서 현재는 파이널컷 프로를 사용하고 있습니다. 저뿐만 아니라 크리에이터 대부분이 프리미어 프로 또는 파이널컷 프로로 콘텐츠를 제작하고 있어요. 두 프로그램 모두 기능이 강력하고 안정적이어서 콘텐츠 제작 분야에서 많이 사용하고 있습니다.

	장점	단점	요금
프리미어 프로 (어도비)	• 강력한 기능 • 한글 지원 • 어도비 포토샵, 애프터 이펙트 등과 연동 • 윈도우, 맥 호환 가능 • 부담스럽지 않은 초기 비용	• 비교적 느린 렌더링 속도	• 월정액 (월 3만 800원)
파이널컷 프로 (애플)	• 쉬운 인터페이스 • 빠른 렌더링 속도 • 기본 제공 효과 풍부	• 맥 전용	• 구매(약 45만 원)
베가스 프로 (소니)	• 쉬운 인터페이스 • 빠른 렌더링 속도 • 단일 프로그램으로 작업 가능 (다른 프로그램과 연동할 필요 없음)	• 한글 자막 입력 기능이 불안정	• 다양한 요금제 (에디트 19만 원, 수트 약 30만 원, 포스트 약 50만 원)
곰믹스 (곰 랩)	• 저렴하고 가벼움	• 구현할 수 있는 기능이 제한적 • 클립 조절이 매끄럽지 않음	• 구매(6만 9,000원)

유료 영상 편집 프로그램의 장단점

유료 프로그램과 무료 프로그램의 결정적 차이

유료 프로그램은 무료 프로그램에 비해 그래픽 효과도 많고, 옵션도 디테일하게 설정할 수 있는 등 장점이 많지만, 결정적인 차이는 사용할 수 있는 '트랙'을 마음껏 추가할 수 있다는 점입니다. 트랙은 영상 편집을 할 때 비디오, 자막, 오디오 등 영상 소스를 쌓는 한 줄 한 줄을 말해요. 앞에서 동영상을 콘텐츠로 만드는 두 가지 비밀은 '자막'과 '오디오'에 있다고 배웠습니다. 자막과 오디오가 다양할수록 콘텐츠는 풍성한 맛을 냅니다. 그러려면 기본적으로 자막과 오디오를 담는 '트랙 수'가 많아야 해요. 그런데 대부분의 무료 프로그램은 트랙 수가 비디오 1개, 오디오 1개, 자막 1개로 제한돼 있습니다.

'곰믹스 무료 버전'은 비디오, 오디오, 자막/이미지 이렇게 총 3개 트랙만 이용할 수 있습니다.

트랙을 추가할 수 없으면 어떻게 될까요? 곰믹스 무료 버전을 예로 들어 볼게요. 오디오 트랙 수가 1개뿐이라 효과음과 배경음악을 겹쳐 넣을 수 없어요. 효과음을 넣지 못해 만족스럽지 못한 콘텐츠를 만들거나 효과음을 넣기 위해 배경음악을 포기해야 하는 상황이 생기겠네요. 자막도 트랙을 2개 이상 사용할 수 없기 때문에 화면 모서리에 콘텐츠 제목을 계속 띄워 놓고, 중간중간 추가 자막을 넣는 것도 불가능합니다. 이처럼 트랙 수가 한정적이면 표현할 수 있는 범위도 줄어들고 편집 역시 단조로워질 수밖에 없습니다.

크리에이터의 역량은 편집력과 비례한다

물론 편집의 단순함을 강점으로 삼는 콘텐츠도 있습니다. 하지만 "단순함이란 궁극의 정교함이다."라는 말처럼 고수가 아니라면 단순한 영상만으로 콘텐츠의 품질을 높이기가 쉽지는 않습니다. 무료 프로그램은 경제적 부담 없이 입문할 수는 있다는 게 가장 큰 장점이지만, 사용할수록 제한된 기능에 갈증을 느끼게 될 것입니다. 내가 원하는 효과를 내려면 시간이 많이 걸릴 수도 있어요. 찍는 데는 10분이 걸리고 편집하는 데는 10시간이 걸릴지도 모를 일입니다.

장기적으로 보면 좋은 편집 도구를 다룰 줄 아는 역량을 키우는 게 크리에이터로서 성장하는 길이라고 생각해요. 따라서 우리는 유료 프로그램인 프리미어 프로로 콘텐츠 제작 방법을 배울 예정입니다. 이 프로그램으로 좋은 콘텐츠를 빠르게 만드는 방법을 배워 볼 거예요. 우선 무료 체험 기간을 사용해 프리미어 프로가 내게 잘 맞는 툴인지 연습해 보는 건 어떨까요?

🗨️ 인터뷰 - 코너

Q 운영 중인 채널을 소개해 주세요.

A 너프건(장난감 총)으로 콘텐츠를 만들고 있는 크리에이터 '코너'라고 합니다. 이 채널은 장난감 자체를 좋아하는 제가 직접 산 장난감들을 리뷰하거나 직접 갖고 노는 모습을 보여 주는 채널입니다. 현재는 너프건이라는 장난감으로 콘텐츠를 만들고 있지만, 앞으로 종합 장난감 채널로 성장하는 게 저의 목표입니다.

Q 어떤 편집 프로그램을 사용하고 있나요?

A 편집 프로그램은 주로 프리미어 프로와 애프터 이펙트를 사용하고 있습니다. 컷 편집과 자막은 프리미어에서 작업하고 있고, 특수 효과가 필요한 부분만 애프터 이펙트에서 작업하고 있습니다. 섬네일를 만들 때는 포토샵을 사용해 만들고 있습니다.

Q 동영상을 촬영하고 콘텐츠를 만드는 데 어느 정도의 시간이 소요되나요?

A 보통 영상을 촬영하는 시간은 2시간 정도 소요됩니다. 제 경우에는 애프터 이펙트로 효과를 입히기 때문에 편집 시간이 많이 걸리는 편이에요. 리뷰 영상이나 상황극 영상을 편집하는 데 보통 6시간, 길게는 8시간까지도 걸립니다. 영상에 디테일을 줄수록 편집 시간이 많이 소요됩니다.

04-5 동영상 파일 관리하기

동영상 파일은 사진 파일과 달리 크기가 굉장히 큰 편이라 일반적인 컴퓨터 하드디스크의 용량으로는 부족할 수 있습니다. 이럴 때는 외부 저장 장치를 이용해 파일을 보관할 것을 추천해요. 촬영 영상 파일이 쌓이면 초보자의 고민이 하나 더 늘어나는데, 그것은 바로 동영상 파일을 '잘' 관리하는 방법입니다. 관리를 잘하지 않으면 필요한 영상을 제때 찾지 못해 난감해지는 일이 많거든요. 업로드가 끝난 동영상도 다음 콘텐츠 제작에 다시 사용될 수 있으므로 반드시 따로 보관해 두는 것을 잊지 마세요.

▶ 외장하드 또는 클라우드 활용하기

외장하드는 컴퓨터에 연결해 추가로 사용할 수 있는 휴대용 저장 공간입니다. 대용량 USB라고 생각하면 쉽습니다. 반면, 클라우드는 기기가 아닌 웹에 마련된 대용량 저장 공간입니다. 외장하드처럼 따로 들고 다니지 않아도 인터넷이 연결된 곳이면 어디서든 파일을 넣고 꺼낼 수 있어요. 클라우드 서비스를 제공하는 사이트에서 계정을 만들면 저장 공간이 바로 만들어집니다. 기본적인 무료 용량을 제공하고 월 이용료에 따라 용량을 늘릴 수 있습니다. 각각의 장단점은 아래의 표에 정리해 뒀어요.

구분	외장하드	클라우드
특징	컴퓨터 외부에서 추가로 사용할 수 있는 휴대용 하드디스크	웹으로 이용하는 개인용 저장 공간
장점	· 외장하드 구입 이후 추가 비용 없음 · 오프라인에서도 사용 가능	· 인터넷이 연결된 곳이면 어디서든 이용 가능 · 분실 위험 없음
단점	충격에 약함, 분실 위험	용량에 따른 월 지출, 오프라인 사용 불가
비용(1TB 기준)	6만 원~	월 9,000원~
추천	씨게이트, 도시바, WD, 삼성, LG 등	드롭박스, 구글 드라이브, 네이버 마이박스 등

외장하드와 클라우드를 활용한 파일 보관 방법 비교

클라우드 서비스는 제공 사이트별로 무료 용량과 월 요금에 차이가 있습니다. 가장 많이 사용하는 클라우드 서비스는 드롭박스, 구글 드라이브, 네이버 마이박스, 원드라이브입니다.

구분	무료 제공 용량	가장 저렴한 요금제
드롭박스	2GB	월 9.99달러 (2TB)
구글 드라이브	15GB	월 2,400원 (100GB)
네이버 마이박스	30GB	월 1,650원 (80GB)
원드라이브	5GB	월 2,900원 (100GB)

각 서비스에서 제공하는 전용 프로그램(탐색기)을 설치하면 윈도우 탐색기와 연결돼 더욱 편리하게 사용할 수 있습니다.

저는 처음엔 외장하드를 사용하다가 혹시 모를 외부 충격으로 인한 파일 손상의 위험이 걱정돼 클라우드로 옮겨 사용하고 있어요. 클라우드 서비스를 고려하고 있다면, 각 서비스마다 일정 용량까지는 무료로 제공하고 있으니 서비스를 어느 정도 이용해 보고 나서 내게 맞는 곳을 선택하면 됩니다. 입문자라면 무료 제공 용량이 가장 많고, 요금제 옵션도 다양한 네이버 마이박스를 추천해요.

▶ 효과적인 파일 분류 방법

콘텐츠가 늘어날수록 파일의 개수도 점점 늘어나기 마련입니다. 초반부터 파일 정리를 잘해두면 앞으로의 파일 관리도 더욱 편해질 겁니다. 나름의 노하우로 만들어진 저의 분류 방법을 소개합니다. 자신에게 더 편하거나 익숙한 방법이 있을 테니 읽고 참고해 보세요.

에피소드별 분류

촬영한 파일은 에피소드별로 폴더를 만들어 분류하고 있습니다. 에피소드의 키워드만 검색하면 파일을 쉽게 찾을 수 있습니다. 빠른 시일 내에 만들 콘텐츠는 중요도순으로 앞머리에 번호를 매겨 위쪽에 정렬합니다.

에피소드별로 분류한 화면

편집을 완료한 후 업로드까지 마친 최종 영상은 [업로드 완료] 폴더로 옮기고 폴더명 앞머리에 회차를 기입하고 있습니다. 폴더 안에는 원본 동영상 파일, 완성된 콘텐츠 파일, 섬네일을 한꺼번에 모아 보관합니다.

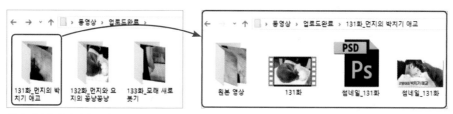

관련 파일을 한꺼번에 모아 보관합니다.

촬영 날짜별 분류

촬영한 날짜별로 분류하는 방법도 있습니다. 날짜 기록이 중요한 성장 일기나 프로젝트성 콘텐츠는 이 방법이 적합합니다. 하루에 두 가지 이상의 콘텐츠를 촬영할 경우, 날짜별 폴더 안에 다시 콘텐츠 제목별 폴더를 만들어 분류하면 됩니다.

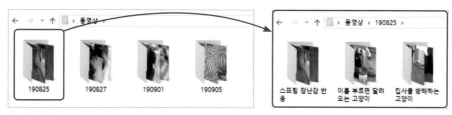

날짜 폴더 안에서도 주제별로 분류하세요.

이렇게 콘텐츠 촬영 방법, 편집의 원리, 파일 관리 방법까지 자세히 알아봤습니다. 다음 장부터는 본격적으로 영상을 편집하는 방법을 배워 볼게요.

콘티 만들기 & 콘텐츠 분석하기

• 실습 파일: 콘티.hwp, 콘텐츠_분석.hwp

콘티 만들기

본격적으로 콘텐츠를 만들기 전에 콘텐츠에 관한 아이디어를 짜고 콘티를 그려 봅시다. 내가 담고 싶은 장면을 간단한 스케치로 남겨 보세요. 콘티는 많을수록 좋습니다. 콘티를 여러 개 만들었다면 업로드 예정일을 기준으로 하나씩 콘텐츠를 만들어 나가세요.

콘텐츠 제목	1. 새식구 등장! 설움받았자 아기고양이 요지가 왔어요!
	2. 아기고양이 분양 받아 오는 날
	3. 현지집 아기고양이 요지를 소개합니다!

콘텐츠 내용	요지 분양 과정, 현지, 용지, 용지와 첫 대면 반응, 요지의 적응기
촬영장소	야외, 집	촬영방법	스마트폰 촬영
업로드 예정일	2017년 1월 1일	비고	요지 프로필 간단히 넣기

콘텐츠 분석하기

최근에 재미있게 시청한 콘텐츠가 있거나 비슷하게 만들고 싶은 콘텐츠가 있다면 구성 요소를 하나씩 분석해 봅시다. 영상 클립은 몇 개나 되고 어떤 효과를 적용했는지, 어떤 상황에 어떤 자막을 썼는지, 효과음이나 배경음악에는 어떤 특징이 있는지 등 전에는 보이지 않던 것들을 파악해 보면서 앞으로 내가 만들 영상의 꼴도 가늠해 보세요.

🎬 콘텐츠 분석하기

채널명	
콘텐츠 제목	
영상 길이	

Step 1 구성 요소 나눠 보기

비디오

Step 2 스타일과 특징 파악하기

촬영법	흐름 편집	자막	효과음 & 배경음악

05

프리미어 프로로 고퀄리티 영상 만들기

좋은 연장이 반드시 좋은 목수를 만드는 것은 아니지만, 좋은 목수라면 좋은 연장을 찾기 마련입니다. 저 역시 프리미어 프로를 한 번도 다뤄보지 않은 초보였어요. 하지만 지금은 프리미어 프로만의 강점을 잘 활용해 고품질 영상을 만들고 있습니다. 나만의 영상 콘셉트가 잡히면 같은 패턴을 반복하기 때문에 생각만큼 많은 기술을 요구하지 않습니다. 이번 장에서는 콘텐츠 하나를 뚝딱 만들어 낼 수 있는 프리미어 프로의 핵심 기능만 콕콕 짚어 속성으로 알려 드릴게요.

05-1 프리미어 프로 시작하기

▶ 프리미어 프로, 초보자가 사용하기에 어렵지 않나요?

영상 제작 프로그램이라고 하면 가장 먼저 떠오르는 프로그램이 있나요? 수많은 프로그램이 있지만, 가장 많이 사용되는 프로그램은 단연 '프리미어 프로'입니다. 프리미어 프로는 그래픽 소프트웨어 전문 회사인 어도비(Adobe)에서 제공하는 비디오 편집 프로그램입니다. 예전에는 전문가만 다루는 프로그램이라는 인식이 강했지만, 지금은 취미로 동영상을 만드는 사람들도 프리미어 프로를 애용할 만큼 대중화됐습니다. 유튜브 크리에이터들이 가장 많이 사용하는 프로그램도 역시 프리미어 프로입니다.

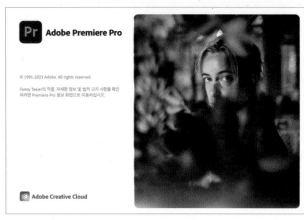

어도비 프리미어 프로 실행 화면

프리미어 프로가 이렇게 대중화된 데에는 3가지 이유가 있습니다. 첫째, 뛰어난 기능입니다. 지난 33년간 발전의 발전을 거듭한 편집 기능은 매우 독보적이라 할 수 있지요. 둘째, 쉽고 편리한 UI입니다. 프리미어 프로는 제품을 업그레이드할 때마다 사용자 편의성에서 늘 좋은 평가를 받고 있습니다. 화면 구성도 간단하고 직관적이라 한 번만 적응하면 어떤 방식으로 작업해야 하는지 금방 이해할 수 있습니다. 셋째, 가격 부담을 줄인 월 구독 방식입니다. CC 버전 이전에는 제품을 한 번 구매해 평생 사용하는 방식이었어요. 일반인이 구매하기에는 부담스러운 가격이었죠. 지금은 월 3~4만 원으로 사용할 수 있기 때문에 누구나 부담 없이 시작해 볼 수 있어요.

유튜브를 시작하기 전, 저 역시 프리미어 프로를 한 번도 다뤄보지 않았던 초보였습니다. 프리미어 프로를 처음 켜 보고 동영상 몇 개를 열어둔 채 물음표를 마구마구 떠올리곤 했어요. 지금 생각해 보면, 마치 처음 자전거를 배울 때와 비슷했던 것 같아요. 처음 배울 땐 누구나 핸들이 흔들리다 넘어지곤 하잖아요. 하지만 몸에 익은 순간 쉽게 탈 수 있지요. 지금부터 배울 내용도 여러분에게 자전거의 보조 바퀴와 같은 역할을 할 거라 믿어요.

프리미어 프로에서 가장 기본이자 자주 사용하는 기능만 모았습니다. 여기서 소개하는 기능만 익혀 두면 짧은 콘텐츠 하나는 뚝딱 만들 수 있을 거예요. 실습은 체험판(7일간 사용)으로도 진행할 수 있습니다.

하면 된다! } 프리미어 프로 체험판 설치하기

1 어도비 코리아 웹 사이트(www.adobe.com/kr)에 접속합니다. 어도비 사의 프로그램을 사용하기 위해서는 어도비 계정이 필요합니다. 계정이 없다면 먼저 회원 가입을 하세요. 회원 가입 후 상단 메뉴에서 [크리에이티비티 및 디자인 → Premirer Pro → 무료 체험판]을 클릭하고 설치 파일을 내려받으세요.

[프리미어 프로 설치 권장 사양]
운영체제 | Windows 10(64비트) V22H2 이상, macOS 몬터레이 버전 12 이상
메모리 | RAM 8GB (16GB 이상 권장)
여유 공간 | 8GB 이상의 하드 디스크 여유 공간

2 내려받은 Premiere_Pro_Set-Up.exe 파일을 실행하면 '크리에이티브 클라우드' 데스크톱 앱이 먼저 설치됩니다. 크리에이티브 클라우드는 모든 제품을 한데 묶어 놓은 패키지 서비스예요. 여기서 어도비의 프로그램 중 원하는 것만 골라 설치할 수 있는 식이죠. 아래 그림처럼 [시험 사용]을 클릭하면 프리미어 프로가 설치됩니다.

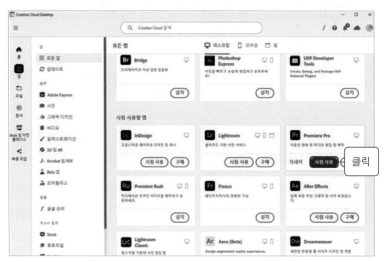

CC 데스크톱 앱

05-2 나만의 작업 환경 설정하기

프리미어 프로에는 기능이 많다고 했죠? 하지만 보통의 유튜버들은 이 기능을 모두 사용하진 않습니다. 따라서 불필요한 기능은 숨기고, 자주 사용하는 기능만 보이도록 화면을 미리 정리해 두면 편합니다. 이처럼 작업 화면을 간결하게 만들면 몸도 편하지만 눈에 거슬리지 않으니 사실 마음이 더 편해요.

하면 된다! } 프리미어 프로 실행하고 패널 이해하기

1 프리미어 프로를 실행하면 아래와 같은 화면이 가장 먼저 나타납니다. 여기서 [새 프로젝트]를 클릭하세요.

2 [프로젝트 이름]에 프로젝트명을 입력하고, [프로젝트 위치]의 [위치 선택...]을 클릭해 프로젝트를 저장할 위치를 지정한 후 [만들기]를 클릭합니다.

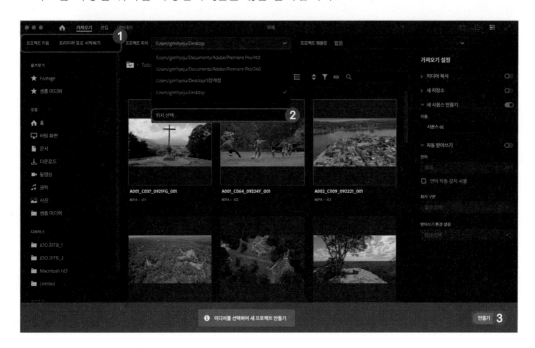

☑ 프리미어 프로의 작업 화면이 열렸습니다. 먼저 화면 맨 위에 있는 주소창을 확인하세요. prproj라는 낯선 확장자가 보입니다. 이 확장자는 방금 우리가 만든 프로젝트 파일을 의미해요. '프로젝트'는 동영상 작업 파일을 포함한 비디오, 오디오, 이미지, 자막 등의 소스를 모아 두는 창고 역할을 합니다. 이곳에서 편집이 끝나면 최종 동영상 파일(.mp4)을 출력할 수 있답니다.

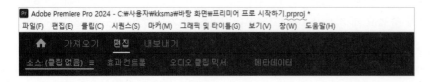

☑ 프리미어 프로의 기본 작업 화면은 크게 4개 영역으로 구분돼 있어요. 각 영역은 특정 기능을 담당하는 여러 '패널'의 합으로 구성돼 있습니다.

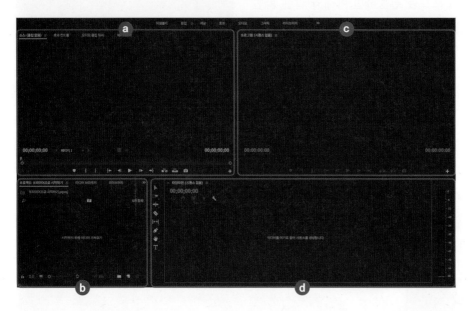

ⓐ 영역을 보면 [소스], [효과 컨트롤], [오디오 클립 믹서], [메타 데이터]라는 패널이 탭 메뉴로 들어가 있고, ⓑ 영역에는 [프로젝트], [미디어 브라우저], [라이브러리] 등의 패널이 있습니다. ⓒ 영역에는 [프로그램], ⓓ 영역에는 [타임라인]이라는 패널이 각각 하나씩 들어가 있네요. 패널 이름만 들어도 머리가 아프죠? 하지만 우리는 꼭 필요한 기능만 사용할 겁니다. 사용하지 않는 기능은 아예 눈에 안 보이도록 닫아 버리자고요.

하면 된다! ┤ 불필요한 패널 삭제하고 나만의 작업 환경 저장하기

1 먼저 **ⓐ** 영역에서는 [효과 컨트롤]만 남겨 두고 전부 삭제할 겁니다. 삭제할 패널을 마우스 오른쪽 버튼으로 클릭한 후 [패널 닫기]를 클릭하세요. **ⓑ** 영역도 같은 방법으로 [프로젝트], [효과] 패널만 남겨 두고 모두 삭제하세요.

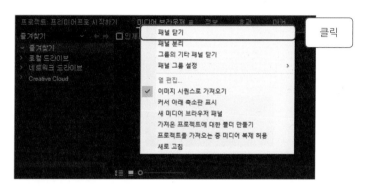

2 **ⓒ** 영역의 [프로그램] 패널과 **ⓓ** [타임라인] 패널은 가장 많이 사용하는 매우 중요한 패널이기 때문에 손대지 않아도 됩니다. 그러면 최종적으로 총 5개 패널만 사용하는 작업 환경으로 바뀌었습니다. 각 패널이 어떤 순서로, 어떤 기능을 하는지 이해하는 것이 중요해요.

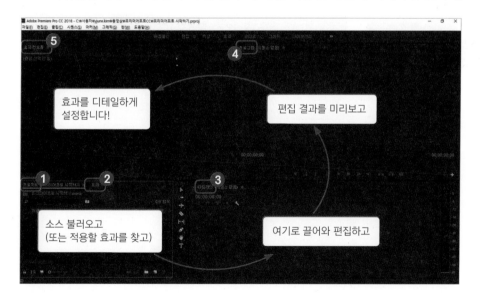

> **❶ 프로젝트 패널:** 시퀀스와 비디오, 오디오, 이미지, 자막 등 각종 소스 파일을 보관합니다.
> **❷ 효과:** 타임라인에 올려놓은 소스에 적용할 효과(화면 전환, 보정 등)를 고를 수 있습니다.
> **❸ 타임라인:** 프로젝트 패널에서 가져온 소스를 배치하며 편집합니다.
> **❹ 프로그램:** 타임라인에 놓인 소스가 어떻게 재생되는지 미리볼 수 있습니다.
> **❺ 효과 컨트롤:** 소스에 적용한 효과, 자막에 넣은 효과를 상세하게 조정할 수 있습니다.

❸ 작업 환경을 한 번만 저장해 놓으면 어떤 프로젝트에서든 쉽게 불러와 사용할 수 있습니다. 상단 메뉴에서 [창 → 작업 영역]을 클릭한 후 [새 작업 영역으로 저장...]을 클릭합니다.

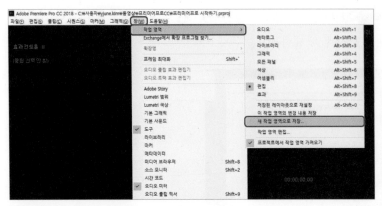

[창] 메뉴에서는 패널을 띄우거나 닫을 수 있습니다.

❹ 이름을 입력한 후 [확인] 버튼을 클릭합니다. 그러고 나면 상단 영역에 [나만의 작업 환경] 메뉴가 추가된 것을 확인할 수 있는데요. 여기서 다양한 작업 환경을 고를 수 있습니다. 또는 [창 → 작업 영역]에서도 선택할 수 있어요.

작업 환경을 선택할 수 있는 패널입니다. [마우스 오른쪽 버튼 → 패널 닫기]를 클릭하면 사라집니다.

05-3 동영상 자르고 붙이기

콘텐츠를 제작할 때 가장 먼저 하게 될 작업은 동영상 클립 편집입니다. 찍어 둔 동영상 클립을 가져와 필요한 부분만 자르고, 붙이고, 원하는 위치에 배치하는 작업이지요.

▶ 동영상을 만드는 요소와 구조 이해하기

본격적인 실습에 앞서 먼저 우리가 만들 영상을 확인해 볼게요. 초콜릿 장난감을 본 아이의 반응을 찍어 제작한 28초짜리 콘텐츠인데요. 유튜브의 실사 콘텐츠 중 가장 일반적인 유형입니다. 편안한 마음으로 감상해 보세요.

후니의 선택은?

눈 깜짝할 사이에 끝났죠? 혹시 이 동영상에 어떤 요소들이 쓰였는지 발견하셨나요? 위의 콘텐츠는 아래와 같은 구조로 만들어졌습니다.

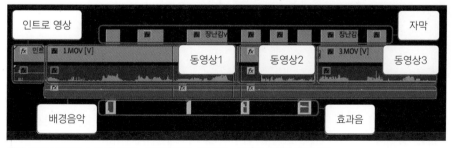

메인 동영상 클립을 놓은 후 위에는 자막을 얹고, 아래에는 음악을 덧붙여 만듭니다.

인트로 영상으로 시작해 영상 위에 자막, 배경음악과 효과음을 적절히 버무려 제작한 콘텐츠입니다. 더 자세히 분석해 보면 인트로 영상 1개, 동영상 클립 3개, 배경음악 1개, 효과음 4개를 사용했고, 자막은 상황과 분위기를 이끌기 위해 각 장면마다 들어가 총 8개를 사용했네요. 요소는 많지만, 방식은 간단해요. 블록처럼 하나씩 쌓고, 적절한 위치에 배치하기만 하면 되거든요. 핵심은 고품질의 콘텐츠를 만들려면 단순히 촬영한 동영상만 있어서는 안 된다는 거예요. 위에서 살펴봤듯이 자막, 음악 그리고 인트로 영상처럼 여러 요소가 더해져야 합니다.

지금부터 진행할 실습은 앞에서 공부한 것처럼 기본적인 영상 제작 순서를 따릅니다. 이 과정을 잘 익혀 둬야 작업 시간을 아낄 수 있으니 다시 한 번 기억해 두세요.

하면 된다! } 시퀀스 만들고 동영상 클립 배치하기

1 방금 만든 '프로젝트'라는 창고 안에 새 '시퀀스'를 만들어 볼게요. 여기서 시퀀스는 영상을 굽는 빵틀이라고 생각하면 됩니다. 이 틀 안에 영상, 자막, 음악을 담고 구워 최종 동영상 파일을 출력하는 것이죠. 프로젝트 패널 아래의 [새 항목] 버튼을 클릭한 후 [시퀀스]를 클릭합니다.

▶ 한 프로젝트 안에 여러 개의 시퀀스를 생성할 수도 있습니다.

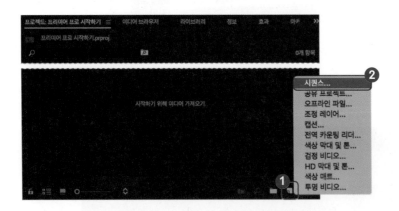

2 [새 시퀀스] 창이 열립니다. 작업할 동영상의 사이즈를 선택하면 되는데요. 유튜브에 일반적으로 쓰이는 사이즈인 Full HD(1080p)로 설정하겠습니다. [HD 1080p 23.976 fps]를 선택한 후 시퀀스 이름을 입력하고 [확인]을 클릭하세요.

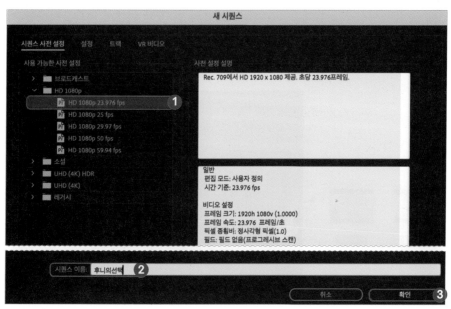

프레임 속도란 1초에 담긴 화면의 수를 말합니다. 가장 일반적인 프레임 속도는 29.97(30)인데요. 1초에 약 30장의 사진을 연속해서 본다고 이해하면 됩니다.

❸ 새로운 시퀀스가 만들어지면서 프로젝트 공간 안에 시퀀스가 생기고, 비어 있던 타임라인도 활성화됐네요.

시퀀스를 만들면 타임라인이 활성화됩니다. 꼭 기억하세요!

4 그럼 편집에 쓸 동영상을 불러올게요. 프로젝트 패널의 빈 공간 위에서 더블클릭하면 가져오기 창이 나타납니다. 동영상 파일을 모두 선택한 후 [열기]를 클릭하세요. 또는 동영상 파일을 그대로 프로젝트 패널 위에 드래그해도 됩니다.

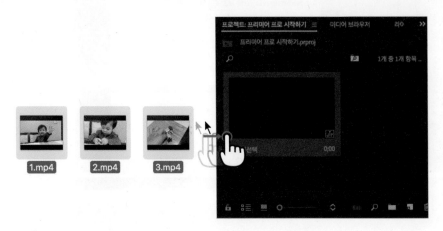

5 '프로젝트'에 불러온 동영상 소스를 타임라인 중에서 V1 트랙 위에 끌어다 놓으세요. 타임라인 위에 동영상이 순서대로 얹어집니다. 이렇게 타임라인에 동영상을 배치하면서 본격적인 편집 작업을 시작하는 겁니다.

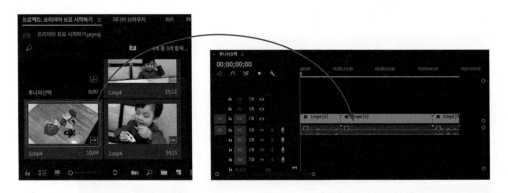

하면 된다! ▷ 동영상 클립 자르고, 붙이고, 순서 바꾸기

1 타임라인에서 [Spacebar]를 눌러 보세요. 편집 기준선(파란색 막대)이 시간에 따라 움직이면서 동영상이 재생됩니다. 이때 동영상이 재생되는 영역은 오른쪽 상단의 프로그램 패널입니다. 다시 [Spacebar]를 누르면 그대로 정지됩니다.

2 타임라인의 구조를 간단히 살펴볼게요. 타임라인은 여러 개의 트랙으로 나뉘어 있어요. 이 트랙 위에 동영상, 자막, 오디오 소스 등을 블록처럼 쌓고 배치하게 됩니다. V1~V3은 동영상 트랙으로, 동영상 및 자막, 이미지가 배치됩니다. 포토샵의 레이어 개념처럼 제일 위에 있는 트랙이 동영상에서도 가장 위에 얹어져 보입니다. A1~A3는 오디오 트랙으로, 배경음악이나 효과음이 배치됩니다.

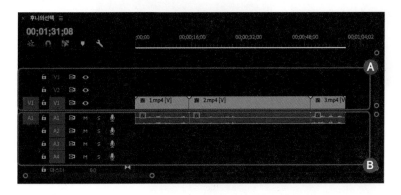

3 동영상 클립의 위치는 드래그로 움직일 수 있습니다. 단, 클립의 순서를 바꿀 때 주의해야 할 점이 있어요. 예를 들어, 제일 뒤에 있는 3번 영상을 2번 영상 앞으로 이동한다고 가정했을 때 그냥 드래그만 하면 3번 영상이 2번 영상 위를 덮습니다. 2번 영상의 앞부분이 사라

지는 것이죠. 영상의 길이를 그대로 유지하면서 순서를 바꾸려면 Ctrl을 누른 채 드래그해야 합니다. 동영상 클립을 1, 2, 3 순서대로 배치해 보세요.

▶ Alt를 누른 채 드래그하면 클립이 복사됩니다.

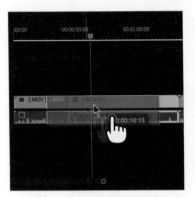
드래그하면 덮어 사용하기가 돼요.

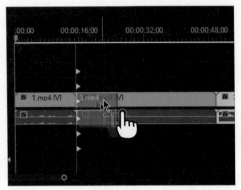
Ctrl을 누른 채 드래그하면 새로운 선이 하나 나타납니다.

④ 1번 동영상에서 뜸 들이는 앞부분을 삭제해 볼게요. 타임라인 패널 왼쪽에 있는 도구 상자에서 [자르기 도구] ◈를 선택하고 동영상을 잘라 낼 부분 위에서 클릭하세요. 저는 약 17초 위치에서 잘라 냈습니다.

▶ 단축키도 있습니다. 자를 부분 위에 편집 기준선을 가져온 후 Ctrl + K를 누릅니다.

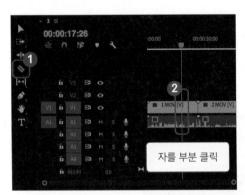

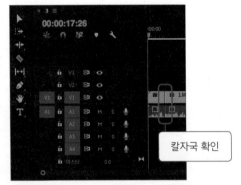

⑤ 도구 상자에서 [선택 도구] ▶를 누르고 잘린 앞부분을 선택해 Del을 누르면 지울 수 있습니다.

⑥ 그 상태에서 Spacebar 를 눌러 편집 중인 동영상을 재생해 볼게요. 지워진 앞부분은 검은색 화면으로 나타납니다. 앞부분의 클립이 지워지면서 빈 공간이 생긴 것인데요. 이 빈 공간은 없애야겠죠? 빈 공간 위에 마우스 오른쪽 버튼을 클릭한 후 [잔물결 삭제]를 클릭합니다.

⑦ 영상의 일부만 삭제하는 방법을 하나 더 알려 드릴게요. 클립의 양쪽 끝에 마우스 커서를 올려놓으면 마우스 커서 모양이 바뀝니다. 이때 드래그하면 앞부분이나 뒷부분을 잘라 낼 수 있어요. 이와 같은 방법으로 2번 영상의 뒷부분을 삭제해 보세요.

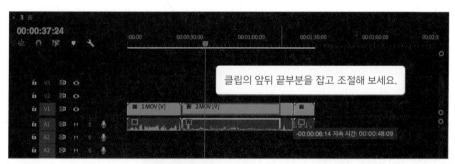

잔물결이 남죠? 6번과 같은 방법으로 잔물결도 삭제해 주세요.

여기까지가 가장 기본적인 영상 편집 방법이에요. 필요한 영상 클립을 자르고 붙이는 거죠. 모든 콘텐츠는 이렇게 타임라인 안에서 동영상 클립을 자르고, 이동시키면서 컷 편집이 이뤄집니다.

🎤 **김메주의 라이브 톡!** **언제 어떻게 컷을 잘라야 할지 모르겠어요!**

대사가 많은 장면은 핵심만 남기고 과감하게 삭제하세요. 대사가 늘어지면 쉽게 지루해집니다. 대사가 없는 장면이라면 5초 이하의 짧은 컷을 다양하게 보여 주세요. 한 장면만 계속 보면 집중도가 떨어지기 마련입니다. 긴 한 컷을 5초 이하의 짧은 컷으로 쪼갠 후 교차하며 보여 주는 것이 좋습니다.

05-4 가장 자주 쓰는 3가지 효과 넣기

컷 편집이 끝나면 필요한 부분에 다양한 효과를 넣는 작업이 진행됩니다. 프리미어 프로가 제공하는 효과는 많지만, 여기서는 유튜브용 콘텐츠에 가장 자주 사용하는 ① 슬로모션 & 패스트모션, ② 리플레이, ③ 장면 전환 효과를 배워 볼게요.

▶ 자주 사용하는 효과 ① 슬로모션 & 패스트모션

슬로모션과 패스트모션은 동영상 클립의 재생 속도를 조절해 느리게 재생하거나 빠르게 재생하는 것을 말합니다. 어떤 경우에 사용하는 것이 좋을까요? 속도가 빨라 자칫 놓칠 수 있는 장면을 꼭 보여 주고 싶거나 중요한 구간을 강조하고 싶을 때는 슬로모션, 제작 과정과 설치 과정 또는 일출이나 일몰처럼 긴 시간을 압축해 보여 주고 싶을 때는 패스트모션이 유용합니다.

하면 된다! } 긴 시간을 압축하는 패스트모션 효과 주기

1 아이가 초콜릿을 먹는 2번 동영상의 속도를 빠르게 조절해 볼게요. 이 작업 역시 타임라인에서 이뤄집니다. 2번 동영상 클립을 마우스 오른쪽 버튼으로 클릭한 후 [속도/지속 시간]을 클릭합니다.

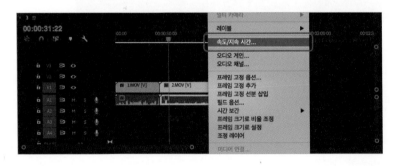

2 속도 100%는 기본값입니다. 100 이하로 입력하면 '느리게', 100 이상으로 입력하면 '빠르게'로 이해하면 쉽습니다. 패스트모션 효과를 입히려면 150~200% 정도가 적당해요. 여기서는 '200'을 입력하고 [확인]을 클릭합니다.

50% 느리게

150% 빠르게

🔳 타임라인을 확인하세요. 속도를 빠르게 조절하니 클립의 재생 시간이 그만큼 짧아지면서 클립 길이도 줄어든 모습을 확인할 수 있습니다. 중간에 생긴 빈 공간은 앞 실습에서 배웠던 [잔물결 삭제]를 이용해 삭제하세요. 빈 공간을 클릭하고 Del 을 눌러도 삭제됩니다.

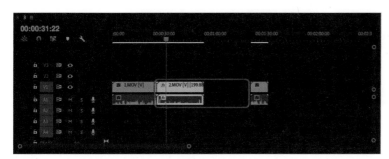

영상의 길이가 10초일 때 이 영상의 속도를 50%로 설정하면 5초, 150%로 설정하면 15초가 됩니다.

▶ 자주 사용하는 효과 ② 리플레이

리플레이는 짧은 장면을 2번 이상 반복해 보여 주는 효과입니다. 명장면이나 순간 포착 장면을 다시 한 번 보여 줄 때 제격이랍니다. 반복해 재생되는 영상에는 앞에서 배운 슬로모션을 적용해도 좋아요. 긴장감을 살짝 높일 수 있거든요.

하면 된다! } 명장면 두 번 반복해 재생하기

🔳 우선 클립을 좀 더 세밀하게 보기 위해 타임라인 작업창을 확대해 볼게요. 타임라인 패널 하단에 있는 스크롤의 끝을 잡고 드래그하면 타임라인 비율을 확대, 축소할 수 있습니다. 내 가 작업하기 편한 비율로 조절해 사용하면 됩니다. 1번 동영상 클립의 끝부분이 잘 보이게 확대하세요.

▶ 타임라인의 화면 비율은 Backspace 왼쪽에 있는 ＋, － 로도 조절할 수 있습니다.

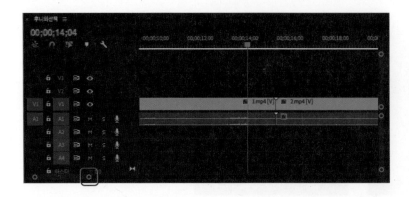

2 아이가 장난감을 가리키려다 초콜릿을 가리키는 짧은 순간을 리플레이해 보겠습니다. 키보드의 좌우 방향키를 눌러 편집 기준선을 반복 재생할 구간의 시작점에 위치시킵니다. 이어서 **[자르기 도구]** 로 잘라 내세요.

> ▶ 편집 기준선의 위치는 키보드의 좌우 방향키로 한 프레임씩 세밀하게 조정할 수 있어요.

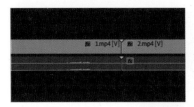

자르기 전

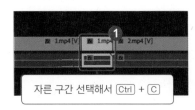

자르기 후

3 **[선택 도구]** 로 리플레이할 클립을 선택한 후 Ctrl + C (복사) → Ctrl + Shift + V (삽입하기)를 누릅니다. Ctrl + V만 누르면 뒤 영상에 덮어 사용하기가 됩니다. 이렇게 복사한 구간이 한 번 더 삽입되면서 리플레이 효과를 구현할 수 있습니다.

> ▶ 클립을 복사한 후 Ctrl + Shift + V 를 누르면 뒤에 있는 영상을 밀어내면서 그 자리에 삽입됩니다.

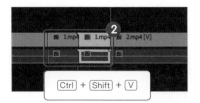

자른 구간 선택해서 Ctrl + C

Ctrl + Shift + V

4 (Spacebar)를 눌러 동영상을 재생하면서 편집한 내용을 확인합니다. 이렇게 구간을 복사해 두 번 이상 배치하는 방법으로 리플레이 장면을 간단하게 만들 수 있습니다.

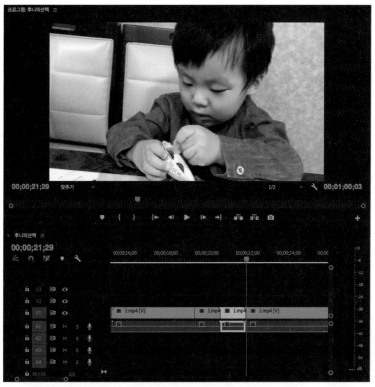

미리보기 화면이 제대로 보이지 않는다면 131쪽을 참고하세요.

▶ 자주 사용하는 효과 ③ 화면 전환

다음 장면으로 넘어갈 때 또는 장면의 끝에 여러 가지 전환 효과를 사용하면 보다 풍부한 연출이 가능합니다. 단, 모든 클립 사이에 전환 효과를 반드시 넣어야 하는 것은 아니에요. 다음 주제로 넘어가거나 화제가 바뀔 때 사용하는 것이 좋습니다. 아래 표는 가장 많이 사용하는 화면 전환 효과입니다. 실습을 통해 각각의 효과를 직접 비교해 볼게요.

디졸브	페이드인, 페이드아웃되면서 차분하고 자연스러운 분위기 연출 **에** 3시간 경과 후
밀기	화제 전환, 다음 날 등 활기찬 분위기 연출 **에** "그럼 이제 고양이의 반응을 한번 볼까요?"
조리개	조금 빠르고 유쾌한 분위기 연출 **에** 목욕을 끝내고 변신 완료!

화면 전환 효과와 상황별 쓰임

하면 된다! } 디졸브 효과로 부드럽게 화면 전환하기

1 프로젝트 패널에서 [효과] 탭을 클릭한 후 [비디오 전환]을 클릭합니다. 프리미어 프로가 제공하는 다양한 전환 효과가 펼쳐집니다.

2 [디졸브 → 교차 디졸브]를 클릭한 채 2번 영상과 3번 영상 사이로 드래그한 후 마우스에서 손을 떼면 효과가 적용됩니다. 비디오 전환 효과는 해당 클립의 앞뒤 또는 두 클립 사이에 넣을 수 있습니다.

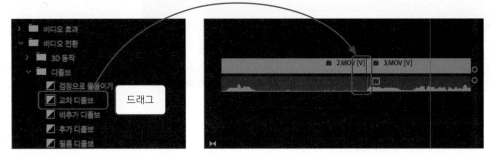

3 Spacebar를 눌러 동영상을 재생하면서 편집한 내용을 확인합니다. 지금 사용한 교차 디졸브 외에도 적용할 수 있는 효과는 다양합니다. [밀기 → 밀기], [조리개 → 조리개 원형]도 자주 사용하는 효과 중 하나입니다. 하나씩 적용해 보면서 방법을 익혀 보세요.

[밀기 → 밀기] 뒤의 영상이 앞의 영상을 밀어내면서 화면을 전환합니다.

[조리개 → 조리개 원형] 효과 원이 커지면서 화면을 전환합니다.

▶ 미리보기 화면이 매끄럽지 않아요

컴퓨터 사양이 좋다면 상대적으로 미리보기 영상이 끊기는 일이 적지만, 편집을 하다 보면 미리보기 화면에 버퍼링이 생기는 경우가 있어요. 미리보기 영상이 매끄럽지 않으면 편집이 잘됐는지, 효과가 제대로 작동하는지 분간하기 어렵습니다.

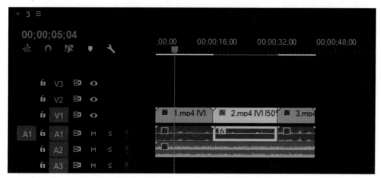

미리보기할 때 끊김 현상이 발생하는 구간은 빨간색으로 나타납니다.

미리보기 화질 수준 바꾸기

이를 해결하는 데에는 두 가지 방법이 있습니다. 먼저 간단한 방법부터 알려 드릴게요. 미리 보기 화면 바로 아래에 있는 [1/2]이라고 적힌 버튼을 클릭하세요. 미리보기 화면의 화질 수준을 선택하는 메뉴입니다. 화질 수준을 낮추면 버퍼링이 줄어듭니다. 버퍼링을 완벽하게 없앨 수 있는 방법은 아니지만, 편집 결과를 확인할 수 있을 만큼은 부드러워질 거예요. 빠르고 쉽게 사용할 수 있는 방법입니다.

원본의 화질에 따라 선택할 수 있는 옵션은 다를 수 있습니다.

미리보기 화면 렌더링하기

두 번째 방법은 버퍼링을 완벽하게 해결할 수 있는 방법입니다. 바로 렌더링인데요. 렌더링은 편집한 소스를 모아 하나의 영상으로 출력하는 기능을 말해요. 미리보기용 영상을 미리만든다고 이해하면 됩니다.

Enter 를 누르면 렌더링이 진행됩니다.   렌더링이 완료되면 빨간색 구간이 초록색으로 바뀝니다.

미리보기 렌더링 파일 삭제하기

렌더링을 하면 버퍼링 현상을 깔끔하게 해결할 수 있지만, 단점도 하나 있어요. 별도의 영상파일을 만드는 일이기 때문에 컴퓨터의 용량을 많이 잡아먹는다는 거죠. 따라서 편집을 완료한 후에는 미리보기용 렌더링 파일을 꼭 삭제하는 것이 좋아요. 렌더링 파일을 삭제하려면 [시퀀스 → 렌더링 파일 삭제]를 클릭하면 됩니다.

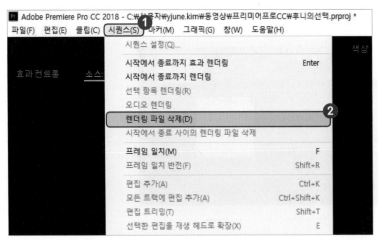

작업이 끝난 후에는 [시퀀스] → [렌더링 파일 삭제]를 클릭해 렌더링 파일을 삭제하세요.

05-5 쉽고 빠르게 자막 넣기

컷 편집과 효과 작업이 끝났으니 이젠 자막을 넣을 차례입니다. 자막은 '동영상'을 '콘텐츠'로 만들어 주는 마법과 같은 힘을 갖고 있습니다. 이번에는 영상 속에 자막을 넣고 스타일을 적용하는 방법을 배워 볼게요.

▶ 어떤 경우에 사용하면 좋을까?

자막의 역할은 무척 다양합니다. 그만큼 활용도가 높지요. 자막만 들어가도 콘텐츠가 꽤 그럴듯해 보입니다. 어떤 상황에서, 어떻게 사용하면 좋은지 자막의 쓰임을 살펴볼게요.

〈파뿌리〉 채널

① 현재 상황을 간결하게 설명할 때
지금 어떤 상황이 벌어지고 있는지, 핵심만 간결하게 자막으로 전달합니다.

〈김메주와 고양이들〉 채널

② 늘어지는 대사를 한 줄로 요약할 때
인터뷰 형식의 콘텐츠를 제작하다 보면 답변이 한없이 길어질 때가 있어요. 이럴 때 자막을 사용하면 이해도 잘되고, 긴 시간 동안 집중할 수 있습니다.

JTBC 〈효리네 민박〉 캡처 화면

③ 이야기를 이끌어 갈 때
장소가 바뀌거나, 다른 인물이 등장하거나, 이야기의 화제가 바뀌었을 때 장면 전환 효과와 함께 사용하면 좋습니다.

〈김메주와 고양이들〉 채널

④ 특정 상황에 주목이 필요할 때

화면 안에서 강조해야 할 부분을 가리키는 등 특정 위치, 특정 상황, 특정 인물에 시선을 유도할 때 사용합니다. 특히, 유머러스한 상황을 연출할 때 유용해요.

〈김메주와 고양이들〉 채널

⑤ 행동이나 감정을 표현할 때

'충격', '공포', '뜨끔' 등 시선을 끄는 단어를 사용하거나 의성어와 의태어를 사용하면 좋아요.

〈예씨〉 채널

⑥ 대사를 그대로 전달할 때

인물의 대사를 고스란히 자막으로 옮기는 방법입니다. 손은 많이 가지만 음소거 환경의 시청자를 고려한다면 꼭 필요합니다.

〈김메주와 고양이들〉 채널

⑦ 상황에 맞는 유머러스한 멘트를 넣을 때

예능에서 많이 보는 자막입니다. 비유나 과장된 표현으로 재미있게 연출해 보세요.

하면 된다! } 대사를 자막으로 넣고 서식 바꾸기

1 1번 영상 클립 초반에 엄마의 '짜자잔'이라는 대사에 맞춰 자막을 넣어 볼게요. 우선 타임라인의 편집 기준선을 자막 넣을 위치로 가져옵니다. 자판의 방향키를 사용하면 세밀하게 조정할 수 있습니다.

2 도구 상자에서 [문자 도구] **T**를 누른 후 프로그램 패널의 영상 위에 그대로 클릭하면 텍스트를 입력할 수 있습니다. 엄마의 대사인 '짜자잔'이라는 글을 넣어 볼게요.

프리미어 프로 CC 2017.1 버전 이상일 때만 가능합니다. 이전 버전에서는 [파일] → [새로 만들기] → [레거시 제목]을 눌러 생성합니다.

③ 편집 기준선의 위치에 맞춰 ⓐ 자막 소스가 생겼네요. 동시에 왼쪽 위 ⓑ [효과 컨트롤] 패널도 활성화됐습니다.

④ [효과 컨트롤] 패널에서 글꼴, 색상, 꾸밈 효과 등을 넣을 수 있습니다. 우선 효과를 설정할 텍스트를 블록으로 선택한 후 [효과 컨트롤] 안의 [텍스트 → 소스 텍스트]에서 여러 가지 효과를 줄 수 있습니다.

5 여기서는 [글꼴]은 배달의 민족 주아체, [크기]는 193, [색상]은 흰색, [선]은 검은색 13 그리고 [어두운 영역]의 불투명도는 65%로 설정했어요.

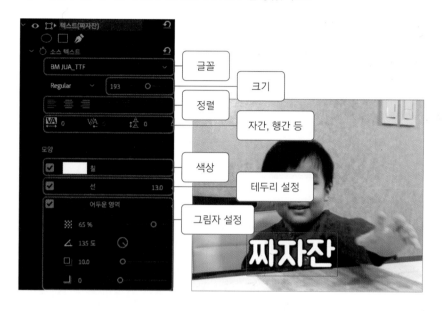

6 텍스트 설정이 끝나면 도구 상자의 [선택 도구] ▶로 돌아옵니다. 그럼 자막을 나타내던 빨간색 선이 파란색 선으로 바뀌면서 이동 및 사이즈 조절을 할 수 있게 됩니다. 자막을 끌어 원하는 위치로 이동하세요. 모서리를 잡고 늘리거나 줄일 수도 있습니다.

7 자막 소스의 양쪽 끝을 잡고 자막이 노출되는 시간도 조절하세요. (Spacebar)를 눌러 동영상을 재생하면서 편집한 내용을 확인합니다.

8 이어서 두 번째 자막을 만들어 볼게요. 만들었던 자막을 복제해 그대로 사용하면 편합니다. 색상, 테두리, 그림자 등의 효과를 설정한 그대로 사용하면서 텍스트만 바꿀 수 있거든요. (Alt)를 누른 채 타임라인 위의 자막 소스를 잡고 끌면 똑같은 자막 소스가 하나 더 만들어집니다. 프로그램 위에서 해당 자막을 더블클릭하면 텍스트를 바로 수정할 수 있습니다.

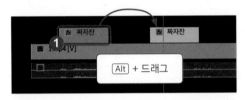

9 자막도 타임라인 위로 올라오면 동영상 클립을 편집한 방법과 똑같아요. 따라서 앞에서 배운 효과도 동일하게 적용할 수 있습니다. 실습 영상을 확인하면서 나머지 자막도 자유롭게 만들어 보세요.

자막1	짜자잔~
자막2	킨더조이네~
자막3	장난감 vs 초콜릿, 후니의 선택은?
자막4	먹보 인증!
자막5	장난감은 거들떠보지도 않네요.

🎙️ **김메주의 라이브 톡!**　　**자막의 가독성을 높이려면?**

자막이 배경에 묻혀 잘 보이지 않는 경우, 두께가 두꺼운 글꼴을 사용하고 테두리나 그림자 효과를 넣으면 가독성을 높일 수 있어요. 두꺼운 폰트는 무료 폰트 중 배달의 민족 '도현체', '주아체', 티켓몬스터 '티몬체'를 추천합니다. 자막 텍스트의 색상이 흰색일 경우, 반대 색상인 검은색으로 테두리와 그림자를 넣어 보세요. 대비되는 색상의 테두리와 그림자를 넣으면 가독성은 높아집니다.

자막이 배경에 묻혀 잘 보이지 않습니다.

두꺼운 티몬체로 설정하고 검은색 테두리, 그림자를 추가해 가독성을 높였습니다.

05-6 배경음악과 효과음 넣기

자, 이제 편집의 마지막 단계입니다. 자막 넣는 작업까지 마쳤다면 콘텐츠의 분위기를 좌지우지할 배경음악과 효과음을 넣어 볼게요. 오디오를 넣는 방법 역시 앞에서 해 본 방법과 크게 다르지 않답니다. 힘을 내서 마지막 편집 단계를 끝내 볼게요.

▶ 배경음악은 언제 사용하면 좋을까?

평범한 동영상에 배경음악 하나만 깔아도 분위기가 확 달라집니다. 여행 동영상을 만드는 유튜브 크리에이터는 음악을 먼저 골라 놓고 거기에 맞춰 영상을 찍는다고 해요. 그만큼 배경음악이 중요하다는 얘기겠지요. 의도하는 분위기가 있다면 그에 맞는 배경음악을 넣는 것이 중요합니다. 만약, 촬영한 동영상에 잡음이 많다면 기존 오디오를 없애고 배경음악을 덧입히는 것도 한 가지 방법입니다.

하면 된다! } 동영상에 배경음악 넣고 볼륨 조절하기

1 우선 사용할 오디오 파일을 불러올게요. 프로젝트 빈 공간 위에서 더블클릭하면 가져오기 창이 나타납니다. [05장] 폴더에서 실습 파일을 선택해 [열기]를 클릭하세요. 오디오 파일을 그대로 프로젝트 위에 드래그해도 됩니다.

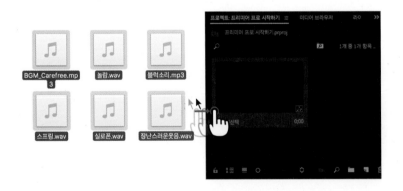

2 배경음악을 먼저 넣어 볼까요? 프로젝트에 있는 BGM.mp3를 선택해 타임라인의 A2 트랙에 끌어다 놓으세요. 아이가 초콜릿 앞에서 즐거워하는 모습을 최대한 드러내기 위해 밝

고 귀여운 느낌의 배경음악을 골랐습니다. 의도하는 분위 기에 꼭 맞는 배경음악 선택은 필수랍니다.

◐ 실습 파일을 확인하세요. 네 가지 무료 배경음악을 제공합니다.

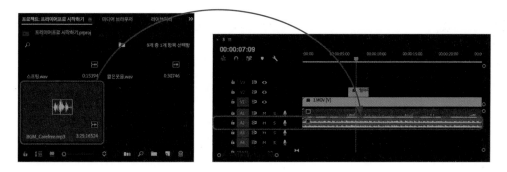

❸ Spacebar를 눌러 오디오가 재생되는 것을 확인하세요. 배경음악 볼륨이 너무 크다면 동 영상 사운드가 더 잘 들릴 수 있도록 배경음악의 볼륨을 줄여 볼게요. 오디오 클립 위에서 마우스 오른쪽 버튼을 클릭하고 [오디오 게인...]을 클릭합니다.

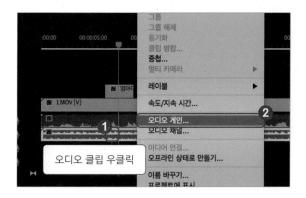

❹ 오디오 볼륨을 조절할 수 있는 [오디오 게인] 창이 나타납니다. [게인 조정]에 '-20'을 입 력하고 [확인]을 클릭하세요. 볼륨을 확대하려면 1 이상의 숫자, 축소하려면 마이너스(-)를 넣은 숫자를 입력하면 됩니다.

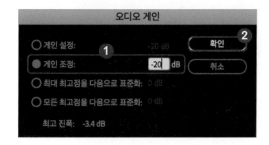

⑤ 볼륨을 나타내는 파장이 줄어든 것을 확인할 수 있습니다. (Spacebar)를 눌러 확인하세요. 재생과 수치 조정을 반복하면서 적당한 볼륨을 찾는 것이 중요합니다.

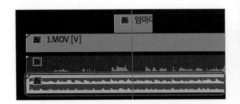

⑥ 2번 동영상은 재생 속도를 200%로 설정했기 때문에 대화 소리도 2배로 빨라진 상태입니다. 저는 생동감이 느껴져 그대로 두는 편이지만, 만약 이런 소리가 불편하면 동영상에 들어간 사운드를 음소거할 수도 있습니다. 음소거할 트랙에서 [트랙 음소거] M 버튼을 누르면 됩니다.

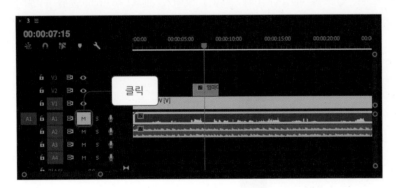

⑦ 이번엔 동영상 길이에 맞게 배경음악의 길이를 조절해 볼게요. 동영상 클립을 자르는 과정과 똑같습니다. 타임라인 패널 왼쪽에 있는 도구 상자에서 [자르기 도구] ◈를 선택하고 잘라 낼 부분 위에서 클릭하세요.

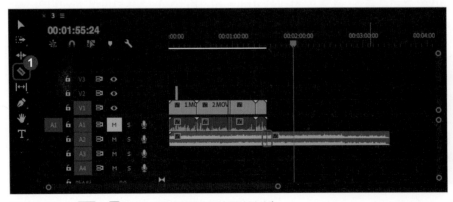

자르기 단축키는 (Ctrl) + (K)입니다. 파란색 막대가 놓인 곳이 잘려요.

8 도구 상자의 [선택 도구] 를 누른 후 오디오의 잘린 부분을 선택하고 [Del]을 눌러 삭제합니다.

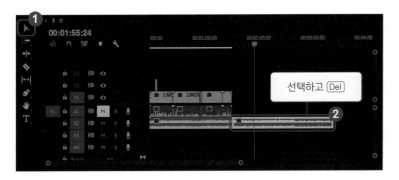

효과음을 넣어 보자

배경음악이 깔린 상태에서 중간중간 효과음까지 더해지면 금상첨화입니다. 대부분 자막이나 그림이 나타날 때 효과음을 함께 사용합니다. 그래야만 시청자의 이목을 더욱 끌 수 있거든요. 효과음의 종류도 천차만별이라 상황에 맞는 효과음을 잘 골라야 해요. 저는 인물의 감정을 표현하거나 유머를 더할 때 자주 사용합니다.

하면 된다! } 자막 등장 타이밍에 효과음 맞춰 넣기

1 프로젝트 패널에 있는 '실로폰.wav' 파일을 타임라인의 A3 트랙에 끌어다 놓습니다. 타임라인에 있는 소스는 기본적으로 자석 효과가 있어서 다른 소스의 시작점에 딱 맞게 들어갑니다. 여기서도 자막 시작에 맞춰 효과음을 넣었어요. 자막과 효과음 두 소스의 시작점이 일치하면 자막이 나오는 타이밍에 효과음이 동시에 흐르게 되겠죠?

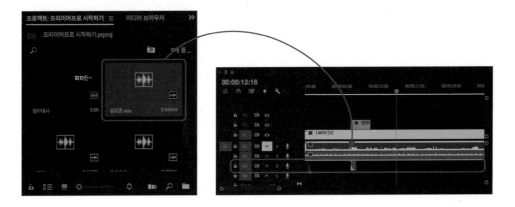

2 같은 효과음을 한 번 더 넣으려면 [Alt]를 누른 채 타임라인 위의 효과음을 잡고 끌어 보세요. 하나 더 복제된 효과음 소스를 배치하면 됩니다.

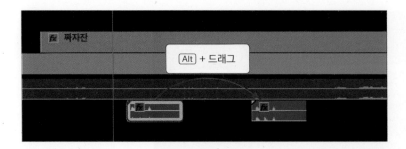

3 나머지 자막에도 어울리는 효과음을 입혀 보세요. 여기서는 '장난감 vs 초콜릿, 후니의 선택은?'이라는 자막에는 '블록 소리' 효과음, '먹보 인증'이라는 자막에는 '놀람' 효과음을 입혀 재미를 더했습니다.

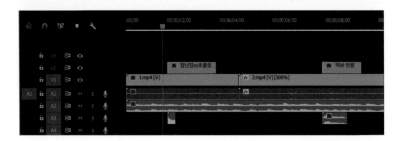

05-7 동영상 파일로 내보내기

컷을 편집하고 효과, 자막, 오디오를 배치하는 것으로 편집 작업은 끝납니다. 이제 최종 파일을 뽑아내야겠죠? 최종 파일은 MP4 형식으로 내보내게 됩니다. MP4는 적은 용량으로도 높은 품질을 구현하고 PC, 모바일 등 여러 기기에서 재생할 수 있어 널리 쓰이는 파일 형식입니다.

하면 된다! } MP4 형식으로 최종 영상 내보내기

1 상단의 탭에서 [내보내기]를 클릭합니다. 또는 단축키 Ctrl + M 을 누르세요.

2 [내보내기] 페이지가 나타납니다. 뭔가 복잡해 보이지만 우리는 파일 이름과 사전 설정 딱 두 가지만 정하면 됩니다. 파일 이름과 저장할 위치를 설정하고 [사전 설정]은 [고화질 1080p HD]로 선택합니다. 모든 설정이 끝나면 [내보내기]를 클릭하세요.

H.264가 바로 MP4 파일 형식입니다. 앞으로 계속 선택하게 될 테니 기억해 두세요.

3 [인코딩 중] 창에 남은 예상 시간이 나오면서 인코딩이 시작됩니다. 인코딩이 완료되면 지정한 폴더에 MP4 파일이 생성됩니다. 이로써 콘텐츠 제작이 끝났습니다. 끝으로 프로젝트 파일(.prproj)도 꼭 잊지 말고 저장해 두세요.

05-8 인트로 영상 만들기

동영상 클립 자르고 붙이기, 자막 넣기, 오디오 넣기까지 콘텐츠 제작 과정을 모두 마쳤습니다. 그런데 한 가지가 비어 있어요. 바로 인트로 영상입니다. 이번 절에서는 나만의 인트로 영상을 만드는 법을 소개할게요. 한 번 만들어 두면 실제 작업할 때는 이미 만들어 놓은 인트로 영상을 불러와 타임라인 제일 앞에 배치하기만 하면 됩니다.

▶ 인트로 영상, 꼭 필요할까?

물론 인트로 영상을 사용하지 않는 채널도 있습니다. 아무런 예고 없이 바로 본론으로 들어가기도 하고, 하이라이트 영상을 짧게 만들어 제일 앞부분에 배치하기도 합니다. 그렇지만 특히 초보 크리에이터에게 인트로 영상을 적극 권장하는 이유가 있어요. 쉽게 말하면 투자 대비 효과가 높다고나 할까요? 인트로 영상은 딱 한 번 만들어 두면 계속 반복해 사용할 수 있습니다. 그리고 유튜브의 콘텐츠를 다른 곳에 공유했을 때 시청자에게 어떤 채널인지 알릴 수 있어서 시청자가 내 콘텐츠를 더 강하게 기억할 수 있답니다.

〈김메주와 고양이들〉 채널의 인트로 영상 캡처

〈셜록현준〉 채널의 인트로 영상 캡처

나만의 인트로 영상을 갖는 4가지 방법

그런데 한 가지 문제가 있어요. 인트로 영상을 제작할 때는 프리미어 프로가 아니라 애프터 이펙트라는 별도의 프로그램을 주로 사용합니다. 애프터 이펙트는 도형이 움직이고, 그림이 튀어나오는 등의 모션 그래픽 효과를 만드는 프로그램이에요. 프리미어 프로보다 수준이 높아 이러한 모션 그래픽 영상만 전문으로 다루는 직업도 있습니다. 애프터 이펙트는 이 책의 범주를 넘어서기 때문에 이 책에서 다루지는 않아요. 그렇지만 방법은 있어요! 나만의 인트로 영상을 가질 수 있는 몇 가지 방법을 소개할게요.

하나, 애프터 이펙트 인트로 템플릿 사용하기

VELOSOFY(velosofy.com)에서는 인트로 영상을 쉽게 만들 수 있도록 '애프터 이펙트 템플릿'을 제공합니다. 애프터 이펙트를 실행하고 글자만 바꿔 넣으면 쉽게 완성할 수 있어요. 애프터 이펙트를 조금 다룰 줄 안다면 나만의 개성을 살릴 수 있지만, 그렇지 않다면 나만의 고유한 인트로 영상을 만들기는 어렵습니다. 또한 내 채널의 분위기와 딱 맞는 인트로 영상을 찾기도 쉽지 않을 거예요. 웹 사이트를 둘러보고 마음에 드는 인트로 영상이 있다면, 애프터 이펙트 체험판을 내려받아 제작해 보는 것도 좋습니다.

▶ 애프터 이펙트 외에도 소니 베가스, 시네마 4D, 블렌더, 포토샵 등 다양한 템플릿을 무료로 내려받을 수 있습니다.

velosofy.com

둘, 인트로 영상 제작 의뢰하기

약간의 비용을 들여 해결할 수 있는 방법입니다. 전문가에게 인트로 영상 제작 의뢰를 맡기는 것이죠. 특히, 개인의 재능을 판매 또는 구매하는 곳인 '재능마켓'에 인트로 영상을 제작해 주는 디자이너가 많습니다. 재능마켓은 '크몽'과 '사람인 긱'이 대표적입니다. 내가 원하는 분위기와 스타일을 의뢰해 맞춤형으로 제작할 수 있어요. 비용, 노력 대비 멋진 인트로 영상을 갖고 싶다면 검토해 보는 것도 좋습니다.

'인트로 영상'을 검색해 보세요. 원하는 대로 인트로를 만들어 줄 전문가를 찾을 수 있습니다.

셋, 파워포인트로 만들기

파워포인트 문서를 동영상으로 저장할 수 있다는 사실을 알고 계시나요? 파워포인트를 잘 다루신다면 이 방법도 추천해요. 먼저, 슬라이드 크기를 원하는 유튜브 화면의 크기로 맞춥니다. 글, 그림, 도형 등의 개체를 넣고 애니메이션 효과를 적용해 인트로 효과를 만듭니다. 마지막으로 [다른 이름으로 저장]을 클릭하고 파일 형식을 MP4로 바꿔 저장하는 식이에요.

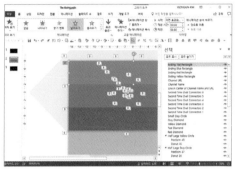

애니메이션 효과를 적용해 인트로 영상을 만듭니다. [홈] → [편집] → [선택] → [선택 창]을 열어 두면 개체를 선택할 때 편리해요.

유튜브에서 'powerpoint intro template'을 검색해 보세요.

좀 더 쉽게 만들 수 있는 방법도 있습니다. 유튜브에서 'powerpoint intro template'을 검색해 보세요. 동영상 소개 정보를 보면 무료로 수정해 사용할 수 있는 ppt 템플릿도 함께 공유하고 있습니다. 파워포인트라서 수정하기는 쉽지만, 애니메이션 효과에 손을 대면 조금 복잡해지기 때문에 처음에는 도형의 모양, 색상, 글자의 위치 등을 바꿔 사용해 보세요.

넷, 프리미어 프로로 직접 만들기

그렇지만 위에서 소개한 방법들은 초보 크리에이터에게 권하지는 않아요. 초보 크리에이터에게 가장 필요한 건 '시행착오를 경험하는 절대적인 시간'입니다. 그 시간의 양을 저는 콘텐츠가 100개 쌓이는 시간이라고 생각해요. 그때가 돼야 남과 다른 내 채널만의 고유한 특징이 무엇인지 명확해지거든요. 그렇게 내 채널의 색깔이 잡혔을 때, 이후에 인트로 영상에 과감히 투자하는 게 더 좋다는 거죠. 그럼 인트로 영상을 사용하지 말아야 할까요? 그렇진 않아요. 간단한 인트로 영상은 우리가 지금까지 배운 프리미어 프로의 기능만 활용해도 만들 수 있거든요. 지금부터 프리미어 프로의 효과를 써서 가장 쉽게 인트로 영상을 만드는 방법을 알려 드릴게요.

하면 된다! } 화면 전환 효과로 초간단 인트로 영상 만들기

1 2초짜리 인트로 영상을 직접 만들어 볼게요. 프리미어 프로를 실행한 후 단축키 Ctrl +
Alt + N을 누르고, [확인]을 클릭해 새로운 프로젝트를 여세요.

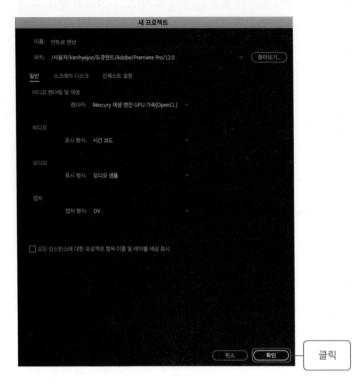

2 새 시퀀스 단축키인 Ctrl + N을 누른 후 Full HD(1080p) 사이즈의 새로운 시퀀스를 여
세요.

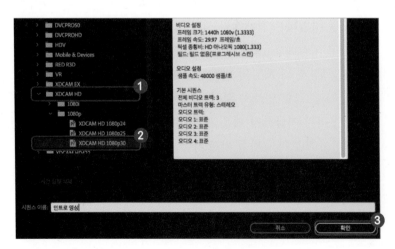

3 프로젝트 패널에 인트로_배경.jpg, 인트로_로고.png 파일을 불러옵니다. 그중 인트로_
배경.jpg 파일을 V1 트랙에 올리고, 2초간 재생되도록 길이를 조절하세요.

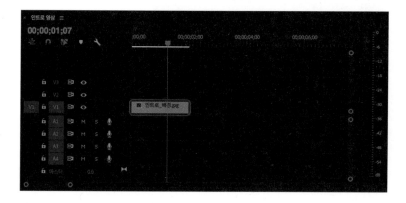

4 인트로_로고.png 파일을 V2 트랙에 올리고, 1.5초간 재생되게 조절합니다. 인트로_배
경.jpg 이미지보다 0.5초 정도 뒤에 나와야 합니다.

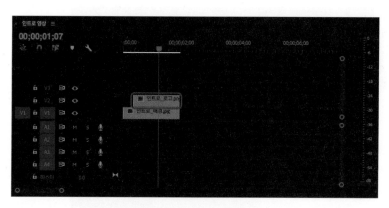

5 이어서 비디오 전환 효과를 넣어 볼게요. [조리개 → 조리개 원형]을 드래그해 인트로_로
고.png 파일의 시작점에 놓습니다.

6 인트로_로고.png가 나타나는 시점에 맞춰 블록 소리.mp3 효과음을 삽입합니다.

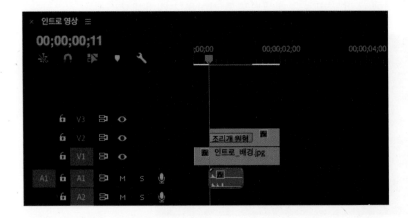

7 내보내기 단축키인 [Ctrl] + [M]을 눌러 MP4 파일로 최종 내보내기를 완료합니다. 인트로 영상의 프로젝트 파일도 저장해 둡시다.

하면 된다! ┃ 인트로 영상 삽입하고 콘텐츠 최종 완성하기

1 Ctrl + O를 눌러 기존에 콘텐츠를 제작하던 프로젝트 파일(.prproj)을 다시 불러온 후 프로젝트 패널에 인트로 영상을 가져옵니다.

2 프로젝트 패널에 있는 인트로 영상을 타임라인의 제일 앞으로 드래그합니다. 이때 반드시 Ctrl을 누른 채 드래그하세요. 그래야만 기존 영상을 뒤로 밀어내고, 그 자리에 정확하게 삽입됩니다. Ctrl을 누르지 않으면 기존 영상을 덮어 버려요.

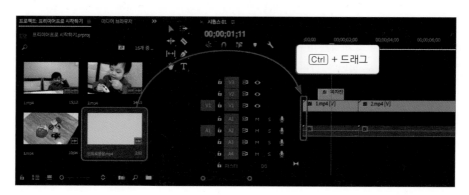

3 인트로가 들어간 최종 영상을 확인한 후 내보내기하면 콘텐츠가 완성됩니다.

재미를 더하는 예능 자막 만들기

• **실습 파일**: 자막1~자막19.psd, 예능자막_폰트안내.jpg

프리미어 프로의 강점은 포토샵과도 호환이 가능하다는 점입니다. 포토샵은 프리미어 프로에 비해 자막을 훨씬 풍부하게 꾸밀 수 있으니 자막에 좀 더 욕심을 내고 싶다면 포토샵을 이용해도 좋아요. 글꼴은 목소리와 같다고 하죠? 자막의 글꼴, 크기, 색상을 분위기에 맞게 사용하는 것이 중요합니다. 아래와 같은 예능 자막을 응용해서 자신만의 개성을 담은 자막을 만들어 보세요.

전부 무료 폰트만 사용했어요. 추천 무료 글꼴 및 내려받기 방법은 196쪽을 확인하세요.

• **방법**

1. 프로젝트 패널에 영상 소스를 불러오듯 PSD 파일을 불러옵니다.

2. 자막이 들어갈 위치에 맞춰서 타임라인에 드래그합니다.

3. 텍스트 내용을 바꾸거나 자막의 서식을 바꾸고 싶으면 타임라인의 자막 소스 위에서 마우스 오른쪽 버튼을 클릭 후 [원본 편집]을 클릭합니다. 그러면 포토샵이 실행되면서 자막 소스의 원본 파일이 열립니다. 내용을 수정하고 [Ctrl] + [S]를 눌러 저장해 주세요. 프리미어 프로에도 그대로 적용됩니다.

4. 자막 위치를 이동하거나 크기를 바꾸고 싶다면 프로그램 패널에서 자막을 더블클릭하세요.

섬네일 만들기

여러분은 유튜브에서 영상을 고를 때 무엇을 가장 먼저 보나요?
바로 섬네일일 것입니다. 섬네일은 시청자가 가장 먼저 보게 되는 내 콘텐츠의 얼굴입니다. 콘텐츠를 볼지 말지를 고민하는 기준, 채널의 분위기를 형성하는 요소 역시 섬네일입니다.

06-1 섬네일을 눈에 띄게 만드는 방법

▶ 섬네일이 왜 중요할까?

'섬네일'은 동영상을 보기 전에 영상의 내용을 파악할 수 있도록 유튜브 재생 목록에서 바로 확인할 수 있는 이미지입니다. 보통 동영상을 대표하는 화면을 캡처해 섬네일로 활용하는데, 수많은 영상 사이에서 '내 영상도 한번 보세요.' 하며 사용자에게 어필하기 위해서는 여기에 좀 더 공을 들일 필요가 있습니다.

유튜브 홈 화면. 수많은 콘텐츠 사이에서 섬네일 하나로 시청자의 기대감을 자극할 수 있어야 합니다.

유튜브를 둘러보는 사용자는 섬네일을 가장 먼저 보고 카피를 읽은 후 마음에 들면 클릭합니다. 콘텐츠가 아무리 재미있어도 섬네일에서 시청자가 흥미를 느끼지 못하면 시청의 기회 역시 줄어들겠죠. 아이디어 스케치를 몇 장씩 그려보고 제목도 여러 개 뽑아 보면서 어떻게 하면 콘텐츠의 내용에서 벗어나지 않고도 시청자가 흥미를 느낄 수 있을지 고민해야 합니다.

채널의 동영상 목록에 보이는 섬네일   추천 동영상 목록에 보이는 섬네일

▶ 섬네일을 눈에 띄게 만드는 방법

섬네일이 너무 심심해도, 너무 복잡해도 시선을 끌기 어렵습니다. 시청자가 스크롤을 내렸다 잠시 멈추는 그 순간을 사로잡을 수 있어야 하니까요. 순간을 사로잡지 못하면 스크롤은 계속 내려가고, 내 콘텐츠는 화면 위로 사라지겠죠. 아래는 잘못 만든 섬네일의 3가지 유형입니다.

게으름형	유튜브가 골라 주는 자동 섬네일
자아도취형	핵심을 알 수 없고 '나에게만' 재미있어 보이는 섬네일. 중요한 것은 '나의 재미'가 아니라 '시청자의 재미'라는 사실!
구구절절형	텍스트가 많고 작아져 잘 읽히지 않는 섬네일. 특히, 모바일에서는 더더욱 화면이 작아지니 유의!

잘못 만든 섬네일 유형

그렇다면 잘 만든 섬네일은 어떤 모습을 하고 있을까요? 눈에 띄는 섬네일을 만들기 위해 어떤 요소에 중점을 둬야 할지 한번 살펴볼게요.

하나, 이미지로 시선 끌기

눈에 띄는 섬네일을 만들기 위해 잊지 말아야 할 것은 '이미지로 시선 끌기'입니다. 시선을 끄는 데에는 여러 가지 방법이 있습니다. 〈김메주와 고양이들〉 채널처럼 반려동물이 주인공인 콘텐츠에서는 아주 귀여운 고양이 사진으로 시선을 끌 수 있겠죠. 다음 이야기가 궁금해지는 사진을 사용하는 방법도 있고 화제의 인물을 등장시키는 방법도 있습니다. 큰 인기를 끌었던 액체괴물 콘텐츠의 괴상한 모습 또한 사용자의 눈길을 끌기에 충분했지요. 오늘 만든 콘텐츠에서 시선을 끌 만한 요소는 어떤 것인지 고민해 보는 건 어떨까요?

〈캐리TV 장난감친구들〉 채널의 액체괴물 콘텐츠 섬네일　　　〈SBS TV 동물농장×애니멀봐〉 채널의 강아지 콘텐츠 섬네일

섬네일에 사용할 이미지를 만드는 데에는 크게 2가지 방법이 있어요.
가장 일반적인 방법은 콘텐츠 속 하이라이트 장면을 캡처하는 것이고, 두 번째 방법은 캡처이미지뿐 아니라 여러 개의 이미지를 합치고 배경을 넣는 등의 후작업을 거쳐 재가공하는 거예요. 콘텐츠 속의 장면만으로는 효과적으로 표현하기 힘들 때 여러 이미지를 배치해 새로운 섬네일을 만들 수도 있습니다.

캡처한 화면을 섬네일로 만든 〈파뿌리〉 채널　　　이미지를 재가공해 섬네일을 만든 〈코리안브로스〉 채널

어떤 이미지를 사용하든 3가지만 유의하세요.
첫째, 콘텐츠를 대표할 수 있고 순간적으로 시선을 끌 수 있어야 합니다. 둘째, 카피가 들어갈 위치를 고려해 여백의 위치도 확인하세요. 셋째, 복잡하지 않고 단순해야 이미지나 카피에 집중하게 만들 수 있습니다.

둘, 궁금하게 만들기

두 번째는 '카피를 활용해 궁금하게 만들기'입니다. 시선을 끄는 이미지에 적절한 카피가 더해지면 금상첨화이지요. '낯선 사람을 본 고양이의 반응은?', '고양이에게 채소를 먹이면?' 이런 식으로 궁금증을 증폭시키는 카피는 '한번 볼까?'하는 호기심을 이끌어 낼 수 있습니다. 사람들이 평소에 궁금할 것 같은 주제를 카피로 만들어 보세요. 〈김메주와 고양이들〉 채널의 인기 콘텐츠 대부분도 궁금증을 유발하는 카피를 활용하고 있습니다. 물론 카피를 활용하는 것이 절대적인 방법은 아닙니다. 카피 없이 이미지만으로 만들었던 섬네일이 10만 조회수를 기록한 경우도 있으니까요. 하지만 초보 크리에이터가 이미지 하나로 콘텐츠의 매력을 온전히 어필하기란 쉽지 않답니다. 적절한 카피는 이미지를 도와 내 콘텐츠의 매력을 알리는 데 도움이 될 거예요.

〈김메주와 고양이들〉 채널의 '베스트 10' 섬네일

눈길을 끄는 카피에는 몇 가지 유형이 존재합니다. 첫 번째 유형은 대표 키워드만 강조하는 것입니다. 제목 중에서 핵심 단어만 크고 굵게 강조합니다. 카피가 꼭 문장일 필요가 없는 경우도 있어요. 대표 키워드만으로도 공감을 얻거나 호기심을 자극하는 제목을 만들 수 있답니다.

〈이승인〉 채널

〈데이브〉 채널

두 번째 유형은 직접 궁금증을 유발하는 것이에요. 예를 들어, "~하면?", "~했을 때 반응", "~한 세 가지 이유"처럼 표현할 수 있습니다. 구체적인 숫자를 언급하는 것도 콘텐츠를 선택하게 만드는 요령이 될 수 있어요.

〈솜이네 곰이탱이여우〉 채널 　　　　〈꼬부기아빠〉 채널

여기서 주의해야 할 점은 단지 시선을 끌기 위해 내용과 전혀 상관없는 이미지나 낚시성이 짙은 카피를 사용해서는 안 된다는 것입니다. 당장은 조회수에 도움이 될지 모르지만, 기대에 비해 실망이 크면 구독자가 '싫어요'를 누를 가능성이 높아집니다. '좋아요'와 '싫어요'는 콘텐츠의 품질을 평가하는 척도 중 하나로, '싫어요' 수가 심각하게 많다면 품질이 낮은 콘텐츠로 평가되면서 노출 빈도에서 불리해질 수 있습니다. 게다가 유튜브는 구독자와의 관계가 매우 중요한 플랫폼입니다. 억지성 콘텐츠로 신뢰를 주지 못하면 크리에이터로서 롱런하기는 힘들겠죠?

▶ 인기 많은 콘텐츠에는 이유가 있다

내 콘텐츠가 어느 정도 쌓이고 데이터도 누적되면 콘텐츠들의 섬네일을 다시 살펴보며 분석해 보는 것도 좋습니다. 〈김메주와 고양이들〉 채널의 인기 콘텐츠 섬네일을 모아 분석해 본 결과, 사람과 고양이가 함께 등장하는 이미지, 막내 고양이 요지의 땡그란 눈이 잘 포착된 이미지가 눈길을 끈다는 걸 알 수 있었습니다. 분석 결과를 다음 콘텐츠의 섬네일을 만들 때 활용하면 또 다른 인기 콘텐츠를 만들어 낼 수 있겠지요.　　🅒 구체적인 분석 방법은 12장에서 배울 수 있습니다.

내가 유튜브를 이용하면서 어떤 섬네일에 눈길이 갔는지, 실제로 제목 요소보다 이미지를 먼저 보게 되는지 한번 확인해 보는 것도 좋아요. 모바일을 이용하면서 들렀던 포털 사이트나 쇼핑몰에 나타나는 배너들도 눈여겨보세요. 어떻게 하면 눈에 띄면서도 핵심을 최대한 잘 나타낼 수 있을지 전문가의 연구와 고심 끝에 나온 이미지이니 참고하면 분명 도움이 될 겁니다.

06-2 픽슬러로 섬네일 만들고 업로드하기

▶ 픽슬러란?

'픽슬러(Pixlr)'는 별도의 설치 없이 웹에서 이용할 수 있는 무료 포토샵입니다. 포토샵을 이용하면 매우 풍부한 비주얼의 섬네일을 만들 수 있습니다. 하지만 포토샵은 유료 프로그램이므로 현재 포토샵 사용자가 아니라면 무료 웹 포토샵인 픽슬러를 대체 프로그램으로 적극추천합니다.

픽슬러 메인 화면

> ○ 기능은 제한적이지만 그림판으로도 섬네일을 만들 수 있습니다. 궁금한 분들은 이지스퍼블리싱 홈페이지(www.easyspub.com) 자료실에서 학습 파일을 내려받은 후 '맞춤 섬네일_그림판.pdf' 파일을 확인하세요.

▶ 픽슬러는 그림판의 확장판!

평소 포토샵이 어렵게만 느껴졌다면 아래의 실습을 천천히 따라 해 보세요. 픽슬러는 어려운 프로그램이 아니랍니다. 그림판의 확장판이라고 생각하면 쉽게 다가갈 수 있을 거예요. 백지에 글과 이미지를 넣어 작업하는 맥락은 같지만, '레이어'라는 특별한 기능을 활용해 보다 편하게 작업할 수 있다는 것이 큰 차이점입니다. 레이어의 개념은 실습 중간에 상세히 소개하겠습니다. 우선 픽슬러의 기본적인 기능을 배워 봅시다.

하면 된다! 〉무료 웹 포토샵, 픽슬러로 섬네일 만들기

1 픽슬러 홈페이지((https://pixlr.com/kr)에 접속하고 [Pixlr Editor]를 클릭합니다.

2 왼쪽에 보이는 [신규 생성]을 클릭해 새 파일을 만듭니다. 여러 프리셋 중 [Thumb 720p]를 선택하고 파일명도 입력한 후 [생성]을 클릭합니다.

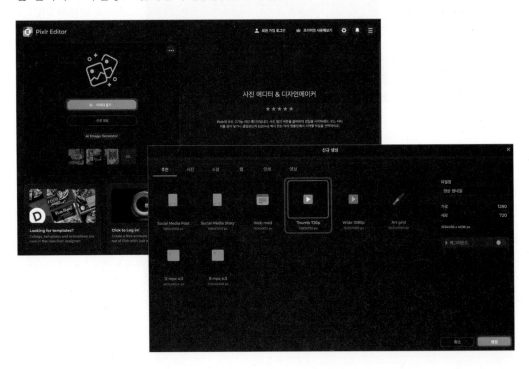

3 빈 캔버스가 생성됐습니다. 화면 오른쪽에 보이는 [레이어들] 창에서 ⊞ 버튼을 클릭한 후 [이미지]를 클릭해 사용할 이미지를 불러옵니다.

4 불러온 이미지가 캔버스에 추가되었습니다. 이미지 크기를 조절하고 싶다면 이미지를 클릭한 뒤 모서리에 보이는 꼭짓점을 드래그하면 됩니다.

5 이미지 두 개를 활용해 여행 브이로그 느낌의 섬네일을 만들어 볼게요. 위와 같은 방법을 반복해 이미지를 하나 더 추가한 후 나란히 배열해줍니다.

6 이번에는 텍스트를 입력해 볼게요. 마찬가지로 [레이어들] 창에서 ⊕ 버튼을 클릭한 후 [텍스트]를 클릭합니다. 그럼 샘플 글씨가 들어간 글 상자가 나타납니다. 이곳에 원하는 내용을 입력합니다. 입력을 마치면 글 상자 바깥 영역 아무 곳이나 클릭하세요.

7 여기까지 끝낸 후 오른쪽의 [레이어들] 창을 한번 확인해 보 세요. [레이어들] 창에서는 레이어를 확인하고 컨트롤할 수 있 습니다. 지금까지 작업한 배경, 이미지, 텍스트가 목록처럼 차 례대로 쌓여 있는 것이 보여요. [레이어들] 창에 보이는 배경, 사진, 텍스트라는 각 요소가 하나의 레이어입니다. 다시 말해 하나의 레이어는 셀로판 종이 한 장이라고 생각하면 이해하기 쉽습니다. 이 레이어가 겹쳐서 하나의 최종 이미지가 보이는

것이지요. 한번 완성하면 다시 수정할 수 없는 그림판과 달리, 레이어는 각각 선택해 수정, 이동하고 효과도 입힐 수 있어 편리합니다.

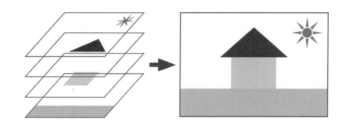

8 [레이어들] 창에 보이는 레이어 목록 중 가장 위에 있는 'KYOTO TRAVEL'(텍스트 레이어) 을 선택해 여러 가지 효과를 넣어 보겠습니다. 텍스트가 작고 흰색이라 잘 보이지 않기 때문 에, 텍스트에 적절한 효과를 적용해서 가독성을 높여야 합니다.

9 우선 아까 만들었던 글상자를 더블클릭해서 텍스트 입력 모드로 돌아갑니다. 텍스트를 블록 설정한 다음 화면 상단의 바에서 폰트를 골라 볼게요. 픽슬러의 기본 폰트는 모두 영문 폰트뿐이므로 한글 폰트는 따로 추가해야 합니다. 폰트 목록 하단의 [로컬 글꼴을 추가하십시오]를 클릭하고 폰트 파일을 선택하면 목록에 해당 폰트가 추가됩니다.

10 폰트를 지정했다면 계속해서 색상, 규격, 스타일 등을 설정합니다. 다음 그림과 같이 설정값 그대로 설정해 보세요. 물론 원하는 대로 직접 지정해도 좋습니다. 저는 'DADDY DAY' 폰트를 사용했고, 칠하기는 '흰색'으로 지정했습니다.

⑪ 글상자를 클릭한 채 이동하면 텍스트의 위치를 바꿀 수 있고, 글상자 양쪽의 파란 선을 드래그하면 글상자의 영역을 조절할 수 있어요. 글상자를 자신이 원하는 위치로 이동해 줍니다.

⑫ 이렇게 하면 사진 붙여넣기와 텍스트 입력 작업이 끝납니다. 이제 그림 파일로 저장해 볼게요. 오른쪽 하단의 [저장] 🔽 아이콘을 클릭합니다.

⑬ 파일명을 지정한 후 JPG 파일 형식으로 저장하면 됩니다. [퀄리티]는 기본 설정인 90%로 지정돼 있는데, 이 수치가 낮을수록 화질이 떨어지고 파일 용량 또한 작아집니다. 80~100%로 맞추고, 유튜브의 섬네일 최대 용량인 2MB 이하로 저장합니다.

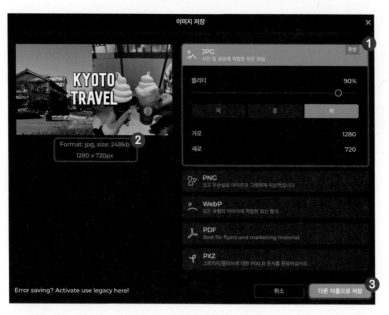

 김메주의 라이브 톡!   섬네일을 계속 사용할 수 있나요?

파일 형식을 PXZ로 저장하면 '레이어'들이 모두 그대로 보존돼 있는 원본 파일이 저장됩니다. 언제든지 다시 열어 수정할 수 있으므로 PXZ 파일도 따로 저장해 두는 것을 권장해요. '맞춤 미리보기_유형 1.pxd' 파일처럼 몇 가지 유형으로 분류해 놓고, 템플릿처럼 꺼내 사용하면 편리합니다. 포토샵에서 동일한 개념의 원본 파일은 PSD라는 파일 형식을 갖습니다. 포토샵용 PSD 파일은 픽슬러에서도 열 수 있지만(제한적), PXZ 파일은 픽슬러에서만 열 수 있습니다.

▶ 섬네일 업로드하기

2장에서 업로드한 동영상이 있었죠? 지금은 유튜브가 자동으로 골라 준 섬네일로 설정돼
있을 거예요. 이번엔 섬네일도 한번 바꿔 볼게요. 단, 섬네일을 업로드하려면 내 채널의 '썸
네일' 기능이 활성화돼 있어야 합니다.

하면 된다! } 동영상에 섬네일 업로드하기

1 YouTube 스튜디오 메뉴에서 [콘텐츠]를 클릭한 후 편집할 동영상의 [세부정보] 아이콘을
클릭합니다.

2 수정 화면이 나타나면 [섬네일 업로드]를 클릭해 이미지를 업로드합니다.

▶ [섬네일 업로드] 버튼이 보
이지 않는다면 02-2절을 참
고해 기능을 활성화하세요.

스티커 효과 & 입체 효과 만들기

섬네일은 동영상을 볼지 말지를 결정하게 하는 가장 중요한 요소입니다. 지금까지 배운 방법만으로 아래와 같은 섬네일을 만들어 보세요. 여러 예제들을 따라 만들어 보는 것도 픽슬러를 빠르게 익힐 수 있는 좋은 방법입니다.

섬네일 예제

• 실습 1. '스티커 효과' 만들기

① 텍스트를 입력하고 [스타일 → 아웃라인]으로 검은색 테두리를 넣으세요.

② 검은색 사각형을 만듭니다.

③ 사각형을 텍스트 뒤로 이동합니다.

• 실습 2. '입체 효과' 만들기

① 텍스트를 입력하고 [스타일 → 아웃라인]으로 흰색 테두리를 넣으세요.

② [스타일 → 그림자]를 추가해 텍스트에 흰색 그림자를 더하세요(불투명도 100, 블러는 0).

저작권 바로 알고
영상, 음악, 자막 사용하기

폰트를 멋모르고 썼다가 어마어마한 합의금을 물었다는 이야기 들어보셨나요? 저작권을 제대로 이해하지 못하면 이보다 더한 문제를 겪을지도 모릅니다. 그만큼 우리는 저작권에 예민해질 필요가 있어요. 나의 저작물이 소중한 만큼 다른 사람의 저작물도 보호돼야 한다는 인식도 반드시 필요하고요. 콘텐츠 생산자가 되려면 최소한의 저작권법은 꼭 알아 둬야 합니다. 법이라는 말만 들어도 머리가 지끈거리는 분들을 위해 속성 저작권법 강의를 준비했습니다.

※ 07장 내용을 미리 읽고 감수해 주신 법무법인 동인의 이동국 변호사님께 감사드립니다.

07-1 세계 최고 인기 유튜버, 왜 저작권 경고를 받았나?

▶ 저작권법에 한방 먹은 게임 왕

2016년 가장 많은 수익을 낸 유튜버이자 구독자 1억 명의 게임 리뷰 채널을 운영하고 있는 퓨디파이는 미국의 캠포 산토(Campo Santo)라는 게임 회사가 저작권을 문제 삼자 해당 게임 영상을 전부 내립니다. 이 사건을 통해 저작권의 중요성과 올바른 적용법을 알아볼게요. 미국의 저작권법은 국내 저작권법과 비슷해서 국내법으로도 퓨디파이 사건을 충분히 해석할수 있습니다.

사건의 전말은 이렇습니다. 2017년 9월 9일, 퓨디파이는 배틀그라운드 게임을 생방송으로 진행하다 흑인 비하 발언을 합니다. 자신의 실수를 깨닫고 상황을 수습하는 모습도 그대로 영상에 담겼습니다. 그러나 논란을 피하진 못했습니다. 다음날, 언론과 유튜버들이 퓨디파이를 강하게 비난합니다.

퓨디파이는 배틀그라운드 게임을 생방송으로 중계하는 도중 흑인 비하 발언을 합니다.

이에 더해, 캠포 산토의 공동 창업자인 숀 배너먼(sean vanaman)은 미국의 저작권법인 디지털 밀레니엄 저작권법(DMCA)에 근거해 퓨디파이가 올린 자신의 게임, 파이어워치(Firewatch) 영상을 전부 내리게 하고 향후에도 자신의 게임을 콘텐츠로 만드는 일을 허락하지 않겠다고 공개 발표합니다.

퓨디파이는 대중에게 자신의 말실수를 사과하는 영상을 올렸지만, 논란은 쉽게 사그라들지 않았습니다.

캄포 산토의 공동 창업자 숀 배너먼은 트위터에서 퓨디파이를 공개 비난하며 저작권 침해 신고를 하겠다고 발표했습니다.

게임 스트리머가 게임 회사로부터 콘텐츠 제작 불가를 통지받은 것은 몹시 수치스러운 일이었겠죠. 하지만 저작권 침해가 미치는 파장은 그 이상입니다. 유튜브 규정상 저작권 침해 신고가 타당할 경우, 해당 저작물은 삭제되고 유튜버에게는 '저작권 위반 경고'가 붙는데, 이경고를 세 차례 받으면 채널이 사라지고, 업로드한 동영상이 전부 삭제되기 때문입니다. 퓨디파이는 캄포 산토가 유튜브에 저작권 침해 신고를 하기 전에 관련 영상을 스스로 내렸습니다. 법적으로 소송하면 자신이 이길 수 있지만 개발자의 입장을 이해하고 존중하기 때문에 캄포 산토의 요구를 수용했다고 말하면서요. 하지만 가장 큰 이유는 혹시 모를 저작권 위반 경고를 피하기 위해서였겠죠?

그런데 왜 그동안은 아무런 문제가 없다가 게임 회사의 갑작스런 태도 변화 때문에 저작권 침해가 된 것일까요? 그럼 나머지 게임 콘텐츠나 다른 게임 유튜버들은 어떻게 되는 걸까요? 이런 궁금증을 풀려면 저작권에 관련된 몇 가지 핵심 개념을 꼭 알아야 합니다.

▶ 저작권법을 이해하는 5단계 솔루션

1단계. 저작물과 2차적 저작물 구분하기

쉽게 말해, 2차적 저작물은 원래 있던 저작물을 이용해 다시 창작하는 것을 말합니다. 예를 들어, 인기 웹툰이 드라마나 영화로 제작되면 이것도 2차적 저작물입니다. 경연 프로그램에서 자주 나오는 편곡한 노래들도 2차적 저작물입니다. 원저작물에 창작적 요소가 추가되면 2차적 저작물로 인정받을 수 있습니다. 만약, 그렇지 않으면 표절이 되는 거고요.

▶ 저작물을 2차적 저작물과 구분할 때는 원저작물이라고 부릅니다.

다시 퓨디파이 사건으로 돌아와 볼게요. 여기서는 캄포 산토가 만든 파이어워치라는 게임이 원저작물이고, 파이어워치를 플레잉하며 만든 게임 리뷰 콘텐츠가 2차적 저작물이 됩니다. 그런데 문제는 2차적 저작물을 '만들 수 있는 권리'가 누구에게 있느냐는 겁니다. 퓨디파이 사건을 이해하는 핵심도 바로 여기에 있습니다.

원저작물: 파이어워치 게임

2차적 저작물: 파이어워치 플레잉 영상

2단계. 2차적 저작물을 만들 수 있는 권리는 누구에게 있나

저작권은 말 그대로 저작물에 대해 저작자가 갖는 '권리'입니다. 그런데 저작권에서의 권리
는 하나가 아니에요. 즉, 다양한 '권리'의 집합체가 바로 저작권입니다. 크게 '저작인격권'과
'저작재산권'으로 나눌 수 있는데, 우리가 눈여겨볼 부분은 '저작재산권'입니다.

저작권	저작인격권	공표권, 성명 표시권, 동일성 유지권
	저작재산권	복제권, 공연권, 공중 송신권, 전시권, 배포권, 대여권, 2차적 저작물 작성권

저작권법 제11조~제13조, 제16조~제22조 참조

저작권은 '○○할 수 있는 권리'라고 이해하면 됩니다. '복제'할 수 있는 권리, '배포'할 수 있
는 권리처럼요. 그렇다면 2차적 저작물 작성권은 2차적 저작물을 작성할 수 있는 권리를 말
하겠죠? 즉, 2차적 저작물을 만들 수 있는 권리도 원저작자에게만 주어집니다. 그러니까 세
계 최대 유튜버이든, 초보 유튜버이든 파이어워치 게임으로 2차적인 콘텐츠를 만들 수 있는
권리는 오로지 원저작자인 캄포 산토에게만 있는 것이죠.

3단계. 저작권에는 특별한 공생 관계가 있다

그럼 궁금한 점이 하나 생깁니다. "유튜브에 있는 수많은 게임 콘텐츠는 전부 원저작자의 2
차적 저작물 작성권을 침해한 걸까요?" 몇 가지 예외 상황을 제외하면, 저작물을 사용해도
된다는 저작자의 이용허락 없이는 전부 저작권 침해가 맞   ▶ 가장 중요합니다. 원저작자의 이용허락
습니다.   은 4단계, 예외의 경우는 5단계에서 소개
           할게요.

재미있는 사실은 자신의 권리를 침해당했어도 저작권자가 적극적으로 대응하지 않는 경우
가 많다는 사실입니다. 저작권을 문제 삼아 유튜버에게 피해를 보상받는 것보다 유튜버를 통
해 얻는 홍보 효과가 더 크기 때문입니다. 대부분의 게임 회사도 이와 같은 이유로 2차적 저
작물 생산을 묵인 또는 권장합니다. 이렇듯 원저작자와 2차적 저작물 작성자는 유튜브라는
플랫폼에서 특별한 공생 관계로 살아갑니다. 캄포 산토와 퓨디파이도 처음엔 그랬던 것이죠.

그래도 유튜버 입장에서 불안함이 없는 것은 아닙니다. 칼자루는 게임 회사가 쥐고 있기 때문이죠. 게임 회사는 지금의 관계가 자신들에게 불리해진다면 언제든지 문제를 제기할 겁니다. 그렇다면, 게임 유튜버는 계속 게임 회사의 눈치를 보며 크리에이터 활동을 해야 할까요?

4단계. 저작재산권의 이용허락을 받는다

저작물을 당당하게 사용할 수 있는 몇 가지 방법이 있습니다. 첫 번째는 원저작자에게 이용허락을 받는 방법입니다. 법으로 보장해 주는 가장 안전하고 확실한 방법입니다. 내가 어떤 저작물을 사용하고 싶다면, 원저작자에게 당신의 저작물을 이용하고 싶다는 의사를 밝히고 허락을 받으면 됩니다. 참 쉽죠?

제46조(저작물의 이용허락)

① 저작재산권자는 다른 사람에게 그 저작물의 이용을 허락할 수 있다. ② 제1항의 규정에 따라 허락을 받은 자는 허락받은 이용 방법 및 조건의 범위 안에서 그 저작물을 이용할 수 있다. ③ 제1항의 규정에 따른 허락에 의하여 저작물을 이용할 수 있는 권리는 저작재산권자의 동의 없이 제3자에게 이를 양도할 수 없다.

저작권법 제46조

②는 원저작자가 이용 방법 및 이용 조건을 지정할 수 있다고 말합니다. '링크만 남기면 자유롭게 써도 됩니다.'라고 안내된 무료 음원을 본 적이 있나요? 원저작자가 출처 표기라는 이용 방법을 지정해 이용허락을 알린 것입니다.

원저작자에게 이용허락을 요청했다고 해서 무조건 쓸 수 있는 것은 아니에요. '이용허락'의 가장 큰 특징은 모든 걸 원저작자가 결정한다는 겁니다. 저작권법은 원저작자가 이용허락을 승인 또는 거부할 어떤 기준도 제시하고 있지 않습니다.

5단계. 인용 또는 공정한 이용에 맞게 사용한다

저작권법에는 원저작자의 권리를 제한하는 몇 가지 예외 상황이 있습니다. 원저작자의 이용허락 없이도 법이 제시한 예외 상황에 해당한다면 저작물을 사용할 수 있습니다.

제23조(재판절차 등에서의 복제)	제30조(사적 이용을 위한 복제)
제24조(정치적 연설 등의 이용)	제31조(도서관 등에서의 복제 등)
제24조의2(공공저작물의 자유이용)	제32조(시험 문제로서의 복제)
제25조(학교교육 목적 등에의 이용)	제33조의2(청각장애인 등을 위한 복제 등)
제26조(시사보도를 위한 이용)	제34조(방송 사업자의 일시적 녹음·녹화)
제27조(시사적인 기사 및 논설의 복제 등)	제35조의2(저작물 이용 과정에서의 일시적 복제)
제28조(공표된 저작물의 인용)	제35조의3(저작물의 공정한 이용)
제29조(영리를 목적으로 하지 아니하는 공연·방송)	제36조(번역 등에 의한 이용)

국내 저작권법에서 원저작자의 저작재산권이 제한되는 경우

원저작자의 저작재산권이 제한되는 경우는 16개이지만, 2차적 저작물을 만들고 싶은 크리에이터가 주목할 조항은 제28조와 제35조의3입니다. 먼저 제28조를 볼게요.

제28조(공표된 저작물의 인용)

공표된 저작물은 보도·비평·교육·연구 등을 위하여는 정당한 범위 안에서 공정한 관행에 합치되게 이를 인용할 수 있다.

보도·비평·교육·연구라고 하니 기사나 논문에서 글과 그림을 인용한 사례가 떠오릅니다. 〈쥐픽쳐스〉 채널은 유튜브에서 10대를 위한 뉴스 콘텐츠를 주로 제공합니다. 보도·비평·교육이라는 목적에 부합하니 인용이 자유로운 편이죠. 하지만 꼭 좁게 생각할 필요는 없어요. 보도·비평·교육·연구 '등'이라고 열어 뒀기 때문에 다양한 콘텐츠는 물론 영리 목적으로도 인용은 할 수 있습니다. 중요한 건 방법입니다. 해석의 여지는 남아 있지만, '정당한 범위'와 '공정한 관행'에 따른다면 인용이 허락되는 범위는 넓어질 수 있어요.

제35조의3(저작물의 공정한 이용)

① … 저작물의 통상적인 이용 방법과 충돌하지 아니하고 저작자의 정당한 이익을 부당하게 해치지 아니하는 경우에는 저작물을 이용할 수 있다.
② 저작물 이용 행위가 제1항에 해당하는지를 판단할 때에는 다음 각 호의 사항 등을 고려하여야 한다.
1. 이용의 목적 및 성격
2. 저작물의 종류 및 용도
3. 이용된 부분이 저작물 전체에서 차지하는 비중과 그 중요성
4. 저작물의 이용이 그 저작물의 현재 시장 또는 가치나 잠재적인 시장 또는 가치에 미치는 영향

대부분의 2차적 저작물은 '공정한 이용'에 근거하고 있습니다.

다음은 '공정한 이용'입니다. ①에 명기한 것처럼 원저작자의 이익을 부당하게 해치지 않는다면 공정한 이용이라고 볼 수 있습니다. 원저작자의 이익을 부당하게 해쳤다, 아니다의 판단은 ②에서 네 가지 기준으로 설명합니다. 이 부분도 해석의 영역이지만 네 가지 조항을 종합적으로 살펴 원저작자의 이익을 부당하게 해치지 않는다면 공정한 이용이라고 보고 2차적 저작물을 만들 수 있습니다.

퓨디파이가 저작권 침해에서 벗어나려면 '인용(제28조)'이나 '공정한 이용(제35조의3)'이었다는 사실을 증명해야 할 겁니다. 여러분은 어떻게 생각하세요? 퓨디파이가 만든 콘텐츠는 인용이나 공정한 이용이 될 수 있을까요? 제 생각에는 아무리 넓게 해석해도 인용이라고 보긴 어려워 보입니다. 내 생각, 내 주장을 하기 위해 남의 것을 잠시 끌어온 것이 아니라 영상의 시작부터 끝까지 게임이 주인공이니까요. 결국 퓨디파이는 '공정한 이용'에 매달릴 수밖에 없지 않을까요?

▶ 퓨디파이는 저작권 권고를 벗을 수 있을까?

미국의 게임 전문 미디어인 폴리곤(polygon.com)에서도 이 사건을 무게 있게 다뤘습니다. 퓨디파이가 '공정한 이용'임을 입증하기 위해 변호인을 고용해 이의 신청을 할 가능성도 있다고 말합니다. 아마도 퓨디파이의 게임 콘텐츠가 그 저작물의 현재 시장 또는 잠재적인 시장의 가치에 긍정적인 영향을 미쳤다고 주장할 것입니다.

찬반 논쟁이 뜨겁지만, 적어도 숀 배너먼의 생각은 다른 것 같습니다. 그는 인종차별주의자가 자신의 게임을 하는 것은 자신의 브랜드 이미지를 훼손하고 더 나아가 게임 산업에도 큰 해를 끼친다고 주장했으니까요.

크리에이터들은 원저작자에 의해 이렇게 제약받을 수 있다는 사실이 불편할 겁니다. 퓨디파이도 게임 유튜버들의 콘텐츠는 법적으로 회색지대에 놓여 있으며, 공정 이용을 어겼다는 점에 대해 억울함을 호소했습니다. 저작권이란 게 저작자와 저작물을 보호하기 위한 법안이다 보니 저작자에게 유리하게 해석될 수밖에 없지만, 콘텐츠 시대를 맞아 향후에도 계속 곱씹어 볼 사건이 될 것 같습니다.

ⓒ 물론 퓨디파이의 케이스는 특수한 경우입니다. 유튜브 생태계는 원저작자와 2차적 저작물 생산자의 관계가 매우 우호적이니까요.

▶ 저작물을 안전하게 이용하는 3가지 방법

지금까지 퓨디파이 사건을 통해 저작권을 단계적으로 살펴봤습니다. 요약하면, 크리에이터가 저작물을 안전하게 이용할 수 있는 방법은 3가지입니다. 첫째, 원저작자에게 이용허락을 받습니다. 물론 원저작자가 요구하는 이용 범위와 조건을 잘 이행해야 합니다. 둘째, 인용합니다. 셋째, 공정하게 이용합니다. 이때는 원저작자의 정당한 이익을 부당하게 해치지 않도록 주의해야 합니다. 한 가지만 더 추가하면, 인용이나 공정한 이용일 때는 다른 사람의 저작물이란 사실을 누구나 알 수 있도록 출처를 반드시 표기해야 합니다.

크리에이터가 저작물을 올바르게 사용하는 방법	관련 법률	출처 표기
첫째, 원저작자에게 이용허락을 받습니다.	제46조	저작자의 요구 사항일 경우
둘째, 인용합니다.	제28조	필수
셋째, 공정하게 이용합니다.	제35조의3	필수

출처 표기는 제37조에 따른 법적 의무사항입니다.

07-2 이럴 땐 이렇게! 알쏭달쏭 저작권 상담소

크리에이터가 가장 궁금해하는 질문만 모았습니다. 답을 찾아가면서 상황마다 저작권법이 어떻게 적용되는지 복습해 봅시다. 핵심은 같습니다. 저작물은 이용허락을 받거나, 인용하거나, 공정한 이용에 준해 사용해야 합니다.

▶ 가장 궁금한 저작권 질문 베스트 8

Q1 출처만 밝히면 마음껏 써도 되나요?

출처 표기는 매우 중요합니다. 저작권법 제37조에 따른 법적 의무사항이기 때문입니다. '인용'이나 '공정한 이용'을 했다면 반드시 출처를 남겨야 해요. 유튜브에서는 출처를 영상 안에 넣거나 설명란에 표기합니다. 하지만 출처를 남겼다고 해서 저작자의 권리를 가져올 수 있는 것은 아닙니다.

예를 들어, 어느 블로거가 인용 목적으로 출처를 밝히고 책 한 권을 전부 블로그에 올렸다고 생각해 봅시다. 이런 경우는 아무리 출처를 밝혔어도 저작권 침해가 됩니다. 인용이 의미가 있으려면, 인용한 부분을 빼거나 다른 것으로 대체해도 그 자체로 의미가 있어야 합니다. 인용을 뺐을 때 볼 게 없다고 판단되면, 그것은 인용한 것이 아니라 전문을 허락 없이 게재한 것에 불과합니다.

Q2 광고를 달지 않고 비영리 목적이면 자유롭게 쓸 수 있지 않나요?

저작권법은 기본적으로 '영리'와 '비영리'를 구분하지 않아요. 따라서 비영리 목적이라고 해도 타인의 저작물을 함부로 쓴다면 이 역시 저작권 침해가 됩니다. 한편, 유튜브에 올라간 모든 영상은 광고 유무와 관계없이 잠재적으로 상업적 용도를 내포하고 있으니 주의하세요.

Q3 인터넷에서 무료로 내려받은 폰트를 내 영상에 쓸 수 있을까요?

무료 폰트라도 저작자가 규정한 '사용 범위'가 존재합니다. 폰트, 개발사마다 사용 범위를 조금씩 다르게 규정하고 있으니 폰트마다 사용 범위를 반드시 확인해야 합니다. 예를 들어, 경기도 고양시의 '고양체'는 개인적으로 쓰면 무료지만, 영리 목적에는 이용을 제한하고 있습니다. 만약, 내가 만들 영상이 상업적이라면 고양체는 사용할 수 없습니다. 사용 범위를 꼭 확인한 후 사용하세요.

▶ 상업적으로 이용할 수 있는 대표 폰트는 194쪽에서 확인할 수 있어요.

Q4 멜론에서 구매한 음원을 내 영상에 쓸 수 있을까요?

멜론이나 벅스 같은 음원 서비스에서 유료로 내려받은 음악은 내 콘텐츠에 쓸 수 있을까요? 내 돈을 주고 구매한 상품이니 내 마음대로 써도 된다고 생각하기 쉽지만, 결론부터 말씀드리면 쓸 수 없습니다. 그 이유는 음원 자체를 구매한 게 아니라 음원을 들을 수 있는 서비스를 구매한 것이기 때문입니다.

Q5 영화 콘텐츠를 만드는데, 영화 예고편 정도는 마음껏 써도 되죠?

예고편도 엄연한 저작물입니다. 따라서 저작권법을 따라야 합니다. 배급사로부터 이용허락을 받거나 인용 또는 공정한 이용의 범위 내에서 사용하세요. 영화 콘텐츠도 게임 콘텐츠와 마찬가지로 원저작자와 긴밀한 공생 관계를 유지하는 대표적인 분야입니다. 단, 원저작자에게 피해를 입히는 콘텐츠는 문제가 될 수 있습니다.

Q6 음악은 30초만 넘기지 않으면 되지 않나요?

인터넷에 흔히 퍼져 있는 "30초 이내는 허용된다.", "10초 이내는 저작권 침해가 아니다." 등의 주장은 근거 없는 말에 불과합니다. 모두 이용허락, 인용, 공정한 이용 범위 내에서만 허락됩니다.

Q7 유튜브에 음원을 올리는 사람들도 많던데요?

'1시간 반복 듣기'나 '공부할 때 듣기 좋은 음악 30곡'과 같은 콘텐츠는 2차적 저작물이 될 수 있을까요? 원저작자의 이용허락을 받지 않았다면 원칙적으로는 저작권 침해가 맞습니다. 하지만 유튜브는 원저작자에게 신고만 할 뿐, 판단은 원저작자에게 맡깁니다. 신고를 받은 원저작자는 해당 동영상을 차단하거나 수익을 공유하는 등 처리 방법을 선택할 수 있습니다. 아래 콘텐츠는 음원 저작권 소유자의 판단에 따라 '저작권 소유자가 수익을 창출함'이라는 정책이 적용됐습니다. 이때는 수익 창출 불가 아이콘이 나타나고, 해당 영상에서 발생하는 수익은 모두 원저작자에게 갑니다.

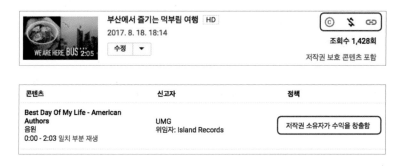

Q8 2차적 저작물을 이용하려면 이용허락은 원저작자에게 받나요, 2차적 저작물 작성자에게 받나요?

저작권법에 따라 2차적 저작물도 독자적인 저작물로서 똑같이 보호받습니다. 그러니까 2차적 저작물이라고 해서 아무나 마음껏 갖다 쓸 수 있는 건 아니에요. 이와 같은 경우에는 원저작자와 2차적 저작물 작성자 모두에게 이용허락을 받아야 합니다.

> 🎤 **김메주의 라이브 톡!** | **저작권 상담을 받고 싶다면?**
>
> 법령은 국가법령정보센터(www.law.go.kr)에서 확인할 수 있고, 저작권 관련 도움은 한국저작권위원회(www.copyright.or.kr)에서 받을 수 있습니다. 직접 질문을 남기거나 저작권상담센터에서 상담 이슈 내용과 상담 사례를 확인해 보세요.

▶ 유튜브가 저작권과 콘텐츠를 관리하는 방법

실시간 콘텐츠 자동 식별 기술, 콘텐츠 ID

저작권은 유튜브에서 매우 중요한 주제입니다. 따라서 여러 기술을 적용해 콘텐츠와 저작권을 관리하고 있어요. 대표적인 기술이 콘텐츠 ID(contents identification, CID)입니다. 이 기술은 콘텐츠가 유튜브에 등록될 때마다 데이터베이스에서 관리하고 있는 원저작물과 비교한 후 해당 콘텐츠의 유통 여부와 수익 구조 등을 저작권자가 직접 선택할 수 있는, 일종의 '저작물 관리 시스템'입니다.

유튜브 저작권 안내 영상

유튜브가 콘텐츠 ID라는 기술을 사용해 저작물을 관리하는 이유는 단순히 불법 콘텐츠를 차단하기 위해서가 아닙니다. 저작권 소유자와 2차적 저작물 생산자 사이에 새로운 형태의 협업을 제안하기 위함이에요.

가장 대표적인 예가 '커버(cover) 영상'입니다. 내가 좋아하는 아티스트의 노래와 춤을 따라 만든 영상은 크리에이터는 물론, 원저작자에게도 더 많은 수익과 홍보의 기회를 제공합니다. 따라서 유튜브는 콘텐츠 ID로 찾아낸 결과를 원저작자에게 통보만 할 뿐, 모든 판단을 저작권자에게 맡깁니다. 신고 내용을 검토한 원저작자는 동영상을 차단하는 것 외에도 다양한 방법으로 자신의 저작권을 활용할 수 있습니다.

차단	문제의 콘텐츠를 시청할 수 없도록 차단합니다. 국가별로 부분 차단할 수 있습니다.
음소거	동영상에 저작권을 보호받는 음악이 사용된 경우, 음소거할 수 있습니다.
플랫폼 선택	저작권 소유자는 콘텐츠가 표시되는 기기, 앱 또는 웹 사이트를 제한할 수 있습니다.
수익 창출	광고가 없는 비상업적 목적의 콘텐츠라면 광고를 게재하고 원저작자가 수익을 가져갑니다.
수익 공유	경우에 따라, 원저작자와 크리에이터가 수익을 배분할 수 있습니다.
추적	판단을 보류하고 신고받은 콘텐츠의 시청률 통계 정보를 계속 추적합니다.

저작물 소유자가 신고를 받은 후 취할 수 있는 옵션들

유튜브 음악 정책 확인하기

콘텐츠 ID는 주로 유튜브와 파트너십을 맺은 미디어 회사나 메이저 음반 회사가 이용하고 있어요. 내가 사용하고 싶은 저작물이 해당 회사에도 수익 창출과 홍보 기회가 된다면 해당 회사에서 저작물을 적극 활용해 콘텐츠를 만들어 볼 수 있습니다. 가장 활용도가 높은 저작물은 '음악'입니다. 유튜브는 음악에 한해 별도의 정책을 안내하고 있어요. 이러한 음악을 내 영상에 사용한 경우 '저작권 안내'가 고지되고 해당 음악에 대한 음악 정책을 확인할 수 있어요.

콘텐츠 ID에 등록된 음악을 사용한 영상을 내 채널에 업로드하면 얼마 지나지 않아 저작권 안내 문구가 대시보드에 뜹니다. 이와 동시에 안내 메일이 함께 도착할 거예요. 저작권 안내 문구 아래의 [옵션 보기]를 클릭하면 해당 음악의 수익은 누가 가져가는지, 내 채널에 미치는 영향과 수익 창출 여부 등을 확인할 수 있습니다.

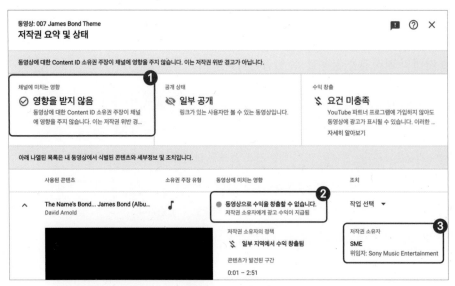

영화 〈007〉 시리즈의 OST인 데이비드 아널드(David Arnold)의 'The Name's Bond... James Bond' 음원에 대한 안내

❶ 이 음원을 사용할 경우 다행히 채널에 아무런 영향을 주지 않습니다. 하지만 강한 정책이 설정된 음원을 사용했을 때는 '경고'가 주어지기도 합니다. '경고'를 세 번 받으면 채널이 정지되기까지 하니 무료 음원 을 사용할 것을 추천해요.

❷ 내 채널에서는 수익 창출이 되지 않으며 저작권 소유자에게 광고 수익이 지급된다고 안내되어 있어요.

❸ 이 음악의 저작권은 '소니 뮤직'에게 있어요.

저작권을 미처 확인하지 않고 사용했나요? 다행히도 이 페이지에서 이후 작업을 진행할 수 있어요. 해당 음악을 사용한 부분만 음소거를 하거나 유튜브에서 제공하는 무료 음악으로 대체하는 방식이죠. [작업 선택]을 클릭해서 원하는 조치를 선택해 진행하면 됩니다.

내 콘텐츠를 지키는 강력한 방법, 콘텐츠 침해 신고

문제는 악의적인 이용입니다. 콘텐츠를 무단으로 도용해 수익을 빼앗거나 불쾌감을 주는 패러디 콘텐츠에는 강력한 조치가 필요합니다. 콘텐츠 ID가 저작자와 크리에이터에게 새로운 협업 방식을 제안하는 제도라면, 콘텐츠 침해 신고는 콘텐츠 시장을 저해하는 나쁜 콘텐츠를 걸러내기 위한 제도입니다.

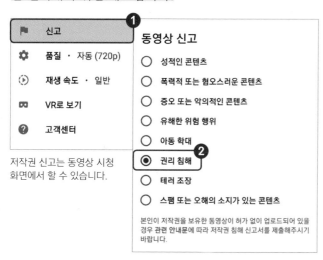

저작권 신고는 동영상 시청 화면에서 할 수 있습니다.

07-3 크리에이티브 커먼즈 라이선스란?

▶ 이용허락을 묻지 않고 저작물 이용하기

이 조건이면 마음껏 써도 좋아요!

저작권법이란 게 참 까다롭습니다. 저작권법을 잘 지키고 싶으면 저작권자를 찾아 이용허락을 받아야 하고, 인용인지 공정한 이용인지 따지다 보면 시간도, 노력도 많이 듭니다.

크리에이티브 커먼즈 라이선스(creative commons license, CCL)는 저작물 사용에 있어서 이런 불편함을 해결하기 위해 탄생한 국제적인 운동이자 약속 기호입니다. 미국에서 시작해 현재 전 세계 80여 개 국가에서 사용하고 있습니다.

크리에이티브 커먼즈
(creativecommons.org)

방법은 이렇습니다. 자신의 저작물에 이용허락 조건을 함께 안내하는 겁니다. 창작자(저작자)가 자신의 저작물에 이용 조건을 미리 달아 놓으면, 이용자는 저작자를 찾고, 이용허락을 받고, 사용 범위를 협의하는 시간과 노력을 아낄 수 있습니다. 저작물을 이용하는 걸 무조건 막는 것이 아니라 일정 조건을 걸고 누구나 쉽게 저작물을 쓰게 하는 게 CCL의 핵심입니다.

한국저작권위원회가 운영하고 있는 공유마당도 이런 취지를 담고 있습니다. 문화체육관광부, 국립중앙도서관, 한국미술협회와 같은 공공기관의 저작물뿐 아니라 저작권 보호 기간이 만료된 저작물, 저작권이 기증된 저작물을 CCL에 근거해 자유롭게 이용할 수 있습니다.

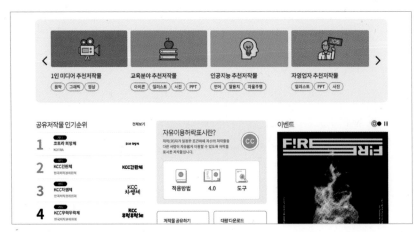

공유마당(gongu.copyright.or.kr)

이용허락 조건과 CC 라이선스

CC 저작물에는 네 가지 이용허락 조건을 적용해 여섯 가지 형태의 라이선스를 만들 수 있습니다. 이용허락 조건은 저작자 표시(attribution), 비영리(noncommercial), 변경 금지(no derivative works), 동일 조건 변경 허락(share alike)입니다. 문자로 표기할 때는 제일 앞에 크리에이티브 커먼즈의 약자인 CC를 적고, 뒤에 BY, NC, ND, SA라는 이용 조건의 약어를 붙입니다.

라이선스	이용 조건	문자 표기
	저작자 표시 저작자의 이름, 저작물의 제목, 출처 등 저작자에 관한 표시를 해 줘야 합니다.	CC BY
	저작자 표시 - 비영리 저작자를 밝히면 자유로운 이용이 가능하지만, 영리 목적으로 이용할 수 없습니다.	CC BY-NC
	저작자 표시 - 변경 금지 저작자를 밝히면 자유로운 이용이 가능하지만, 변경 없이 그대로 이용해야 합니다.	CC BY-ND
	저작자 표시 - 동일 조건 변경 허락 저작자를 밝히면 자유로운 이용이 가능하고 저작물의 변경도 가능하지만, 2차적 저작물에는 원저작물에 적용된 것과 같은 라이선스를 적용해야 합니다.	CC BY-SA
	저작자 표시 - 비영리 - 동일 조건 변경 허락 저작자를 밝히면 자유로운 이용이 가능하고, 저작물의 변경도 가능하지만, 영리 목적으로 이용할 수 없고 2차적 저작물에는 원저작물과 동일한 라이선스를 적용해야 합니다.	CC BY-NC-SA
	저작자 표시 - 비영리 - 변경 금지 저작자를 밝히면 자유로운 이용이 가능하지만, 영리 목적으로 이용할 수 없고 변경 없이 그대로 이용해야 합니다.	CC BY-NC-ND

동일 조건 변경 허락이란, 2차적 저작물 창작을 허용하되, 2차적 저작물에 원저작물과 동일한 라이선스를 적용해야 한다는 의미입니다(출처: 사단법인 코드(cckorea.org)).

퍼블릭 도메인

내 저작물을 아무런 조건 없이 전 세계 누구나 사용하게 하고 싶다면, 퍼블릭 도메인을 적용해 공개할 수 있습니다. 이는 저작물에 대한 모든 권리를 포기한다는 의미이며, CC0로 표기합니다. 공공의 이익을 위해 저작 재산권을 완전히 포기한 저작물이거나 저작 재산권이 아예 소멸된 저작물도 이에 해당합니다. 저작물 이용자의 입장에서 볼 때 저작자를 표기할 필요 없이 가장 자유롭게 쓸 수 있는 저작물입니다.

▶ CCL 저작물 검색하기

공유마당

공유마당은 CCL 기반의 콘텐츠를 한 자리에서 검색할 수 있는 CCL 콘텐츠 검색 서비스입니다. 사용자들이 많이 사용하는 사진, 음악, 폰트 등의 저작물을 검색할 수 있습니다.

네이버, 다음 이미지 검색

키워드를 넣고 이미지를 검색한 후 검색 조건 설정에서 CC 라이선스를 선택할 수 있습니다. 특별히 국내 실정에 맞는 무료 사진이 필요하다면 이와 같은 방법으로 '네이버'와 '다음'을 활용해 보세요.

 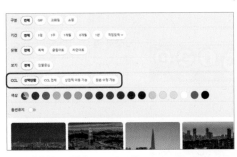

네이버 이미지 검색([옵션 → CCL])　　　　다음 이미지 검색([옵션 → CCL])

07-4 꿀팁 대방출! 100% 무료 소스 사이트 추천

무료 소스는 평소에도 꾸준히 수집하는 게 좋습니다. 좋은 소스를 발견하면 내려받고, 분위기나 목적에 맞게 폴더별로 보관하세요. 이름만 보고도 어떤 소스인지 단번에 알 수 있도록 파일명도 바꿉니다. 무료 소스를 수집하는 것만큼이나 무엇이 어디에 있는지 쉽게 찾을 수 있도록 잘 관리하는 것도 중요해요.

지금부터는 저작권 걱정 없는 이미지, 영상, 배경음악, 효과음, 폰트 소스를 구하는 방법을 소개합니다. 사이트 순서는 개인적인 추천 순서이므로 참고하세요.

▶ 저작권 걱정 없는 무료 이미지 찾기

추천1 픽사베이(Pixabay)

고해상도의 무료 이미지를 제공하는 사이트입니다. 이미지들은 대부분 저작권자의 승인 없이 개인적인 용도나 상업적인 용도로 사용할 수 있습니다. 기본적으로는 링크 및 출처를 표기할 필요가 없지만 경우에 따라서는 표기를 해야 하거나 별도의 사용 제한이 있을 수 있으므로 이미지 상세 보기 오른쪽의 '라이선스' 정보를 확인하는 것이 좋습니다.

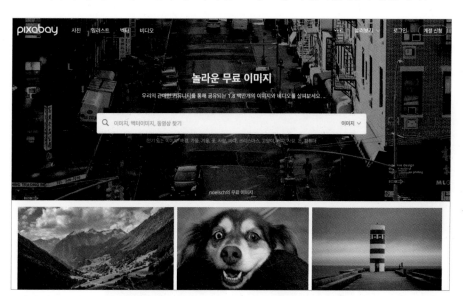

픽사베이(www.pixabay.com/ko)

추천 2 **언스플래시**(Unsplash)

고해상도의 감성적인 이미지가 많습니다. 인물, 사물, 풍경, 날씨, 자연, 동물, 비즈니스 등 분류 주제가 다채롭고 행복(happy), 슬픔(sad), 기쁨(joy) 등 감정을 담은 키워드로도 검색이 잘 됩니다. 이곳의 모든 사진은 별도의 로그인 없이 상업적 목적으로 마음껏 사용할 수 있습니다. 출처 표기를 권장하지만, 필수 조항은 아닙니다. 일부 사진은 유료 구독을 해야 사용할 수 있습니다.

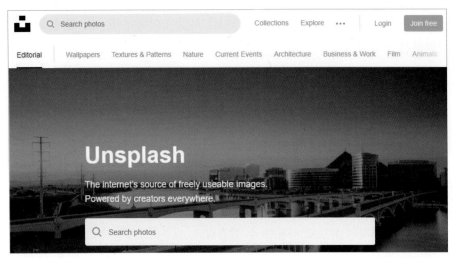

언스플래시(unsplash.com)

추천 3 **펙셀스**(Pexels)

고해상도의 다양한 이미지를 제공하는 사이트입니다. 이곳의 모든 사진 역시 별도의 로그인 없이 상업적 목적으로 사용할 수 있습니다. 이미지뿐만 아니라 영상도 찾을 수 있어 편리합니다.

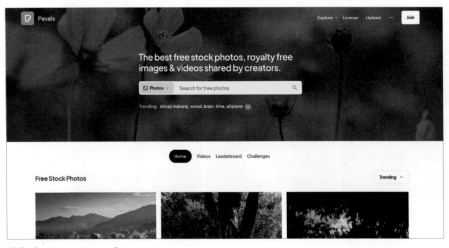

펙셀스(www.pexels.com/)

▶ 저작권 걱정 없는 무료 영상 찾기

추천1 비디보(Videvo)

'editorial use only'라는 표기만 없다면 라이선스 규정을 준수하는 조건에서 영리 목적으로 이용할 수 있습니다. 대부분 저작권 표시만 지키면 이용하는 데 문제는 없어요. 카테고리와 키워드가 잘 분류돼 있어 영상을 찾기도 편리합니다. 일부 영상은 유료 구독을 해야 사용할 수 있습니다.

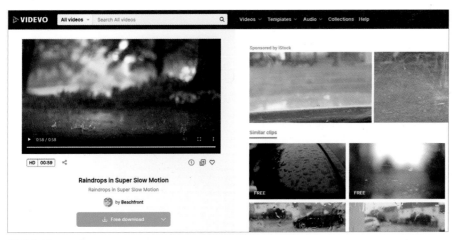

비디보(videvo.net)

추천2 마즈와이(Mazwai)

감성적인 영상이 많습니다. 영상 대부분이 한 편의 영화처럼 영상미가 매우 뛰어나요. 출처만 밝히면 영리 목적으로도 사용할 수 있습니다.

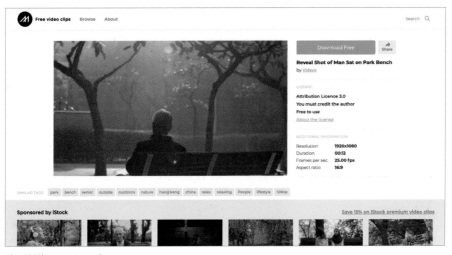

마즈와이(mazwai.com)

▶ 저작권 걱정 없는 무료 배경음악 찾기

추천1 유튜브 오디오 보관함

유튜브가 제공하는 수백 개의 무료 음원을 내려받을 수 있습니다. 유튜브 크리에이터를 위해 유튜브가 직접 공개한 음원인 만큼 저작권 걱정 없이 자유롭게 사용할 수 있습니다. 가끔 '저작자 표시' 아이콘(ⓒ)이 있는 음원도 있지만, 대부분은 출처 표기를 생략해도 되기 때문에 사용하기가 편리합니다.

[Youtube 스튜디오] → [오디오 보관함]에서 확인할 수 있습니다.

저작자 표시가 있는 음원은 반드시 저작자 표시 문구를 표기해야 합니다.

유튜브 오디오 보관함이 매력적인 이유는 내 콘텐츠의 분위기에 딱 맞는 음악을 손쉽게 고를 수 있다는 점입니다. 장르별, 악기별, 분위기별로 검색해 보며 알맞은 음악을 찾으세요. 특히 재생 시간은 꼼꼼히 살펴보는 것이 좋습니다. 내 콘텐츠의 재생 시간과 비슷한 음원을 사용하면 좋겠죠?

추천 2 Audio Library 채널

〈Audio Library〉 채널은 다양한 음원 사이트에 있는 무료 음원을 골라 소개해 주고 있습니다. 대부분 CC-BY 라이선스를 따릅니다. 영상 소개란에서 내려받을 수 있는 링크 주소와 출처 표기 방법을 확인하세요. 재생 목록을 아티스트나 분위기별로 정리해 놓았기 때문에 음악을 찾기도 쉽습니다.

유튜브에는 Audio Library 외에도 무료 음원을 소개하는 채널이 아주 많습니다. ncs, no copyright music, no copyright bgm, copyleft, music by cc 등을 검색해 보면서 남에겐 비밀로 하고 싶은 나만의 채널을 찾아보세요.

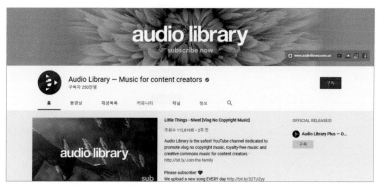

〈Audio Library〉 채널에서 검색하거나 재생 목록을 적극 활용하세요.

추천 3 사운드클라우드(Soundcloud)

'유튜브의 오디오 버전'이라는 비유처럼 방대한 음원을 즐길 수 있는 웹 사이트입니다. 하지만 모든 음원을 내려받아 사용할 수 있는 것은 아니에요. 따라서 아티스트가 지정한 라이선스를 꼭 확인해야 합니다. 내 콘텐츠 분위기와 딱 맞는 나만의 아티스트를 찾는다면 개성 있는 콘텐츠를 만드는 데 도움이 될 거예요.

사운드클라우드(soundcloud.com/). MBB의 음원은 CC-BY 라이선스만 지키면 자유롭게 사용할 수 있습니다.

추천 4 벤사운드(Bensound)

홈페이지 상단의 [ROYALTY FREE MUSIC]으로 들어갑니다. [DOWNLOAD] 버튼을 누르면 구매하지 않아도 CC-BY 라이선스만 따르면 자유롭게 사용할 수 있습니다. 재미있고, 귀엽고, 활기찬 음악이 많아요.

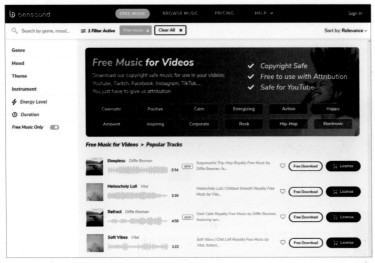

벤사운드(www.bensound.com)

추천 5 HYP MUSIC

〈HYP MUSIC〉 채널은 10년 넘게 작곡가로 활동한 HYP가 순수 창작곡을 저작권 없이 무료로 배포하는 채널입니다. 유튜브 콘텐츠를 제작할 때 사용하면 좋은 배경음악을 주로 제공합니다. 크리에이터는 분위기나 장르에 맞는 곡을 쉽게 고를 수 있습니다. 링크를 타고 채널 운영자의 블로그로 넘어가면 무료 음원을 내려받을 수 있습니다.

유튜브 〈HYP MUSIC〉 채널. 한국을 대표하는 음원 채널을 목표로 성장하고 있습니다.

추천 6 인컴피티치(Incompetech)

상단 메뉴에서 [Royalty-Free Music]을 선택하면 1,200개가 넘는 무료 음원이 나타납니다. 음원의 재생 시간, 분위기, 장르, 키워드 등 검색 필터를 잘 활용하면 내가 원하는 곡을 쉽고 빠르게 찾을 수 있습니다. 단, 출처 표기가 필요합니다.

	Tempo	Genre	Length
Sergio's Magic Dustbin	204 bpm	Soundtrack	2:31
Mesmerizing Galaxy	124 bpm	Electronica	1:32
Lord of the Rangs	104 bpm	World	2:34
Galactic Rap	120 bpm	Electronica	2:22
Equatorial Complex	0 bpm	Electronica	3:00
Cloud Dancer	214 bpm	Electronica	3:40
Brain Dance	124 bpm	Electronica	3:35
Vibing Over Venus	94 bpm	Jazz	6:51
Southern Gothic	126 bpm	Contemporary	2:27
Morning	60 bpm	Contemporary	2:33
Evening	101 bpm	Contemporary	3:06
Goblin Tinker Soldier Spy	101 bpm	World	2:16
Paradise Found	105 bpm	World	3:07
Magic Escape Room	82 bpm	Silent Film Score	14:23
I Got a Stick Arr Bryan Teoh	121 bpm	Funk	0:31
I Got a Stick Feat James Gavins	121 bpm	Funk	0:31
Boogie Party	178 bpm	Rock	4:32
Journey To Ascend	116 bpm	World	3:39
Ethereal Relaxation	0 bpm	World	28:06
Space Jazz	89 bpm	Jazz	6:10
Adventures in Adventureland	135 bpm	Soundtrack	4:21
Fox Tale Waltz Part 1	186 bpm	Classical	7:09
Fox Tale Waltz Part 1 Instrumental	186 bpm	Classical	7:09
Starting Out Waltz Vivace	186 bpm	Contemporary	2:54

검색 기능을 사용하세요!

인컴피티치(incompetech.filmmusic.io)

▶ 저작권 걱정 없는 무료 효과음 찾기

추천 1 효과음 연구소

일본 웹 사이트입니다. 다른 외국 웹 사이트도 많지만, 이곳에서 제공하는 효과음이 국내 정서와 잘 어울리는 것 같아 추천합니다. 이 웹 사이트의 가장 큰 특징은 출처를 표기하지 않고도 쓸 수 있다는 점이에요. 미리 듣기를 해 보면 효과음이 굉장히 익숙할 겁니다. 효과음 하나하나가 버릴 것 없이 정말 좋아요. 특히, '연출·애니메이션', '버튼 시스템 소리'가 자막을 띄우거나 상황을 연출할 때 매우 유용합니다.

크롬 웹 브라우저라면 효과음 연구소(soundeffect-lab.info)에 접속해 마우스 오른쪽 버튼을 누르고 [한국어로 번역]을 클릭합니다.

추천 2 유튜브 오디오 보관함

유튜브 오디오 보관함에는 무료 음악 외에도 무료 효과음을 제공합니다. 효과음 연구소가 가장 유용한 연출 효과음만 엄선해 놓은 사이트라면, 유튜브 오디오 보관함은 일단 효과음 수가 많아요. 따라서 카테고리와 검색 기능을 잘 활용해야 합니다. 또한 효과음 소재가 다양하기 때문에 아이디어만 있다면 재미있는 연출이 가능합니다. 예를 들어, 절망하는 장면에 천둥 소리를 넣는다거나 화를 내는 장면에 개가 짖는 소리를 넣어 재미있게 연출해 볼 수 있겠죠?

오디오 보관함			
무료 음악　음향 효과　별표표시			
보관함 검색 또는 필터함			
사운드 효과	길이	카테고리	추가된 날짜 ↓
Kids Playing	3:34	현장음	2014년 7월
Kids Playing	3:52	현장음	2014년 7월
Kids Playing	3:37	현장음	2014년 7월
Factory Background	0:38	현장음	2014년 7월
Truck Driving in Parking Structure	3:01	교통수단	2014년 7월
Truck Driving in Parking Structure	3:01	교통수단	2014년 7월
Truck Driving in Parking Structure	3:01	교통수단	2014년 7월
Truck Driving in Parking Structure	3:01	교통수단	2014년 7월
Truck Driving in Parking Structure	3:01	교통수단	2014년 7월
Straw Squeak	0:14	만화	2014년 7월

유튜브 오디오 보관함에서 [음향 효과] 탭을 누르세요.

추천3 기타 해외 사이트

CC 라이선스가 적용된 효과음을 내려받을 수 있는 해외 웹 사이트는 많습니다. 효과음의 종류가 많아 일일이 듣기는 어렵지만, 필요한 효과음이 있다면 그때그때 영문 키워드로 검색해 보는 것을 추천해요. CC 라이선스도 꼭 확인하세요.

프리사운드(freesound.org)

사운드 바이블(soundbible.com)

ZAPSPLAT(zapsplat.com)

사운드 제이(soundjay.com)

▶ 저작권 걱정 없는 무료 폰트 찾기

추천 1 대표적인 한글 무료 글꼴

서체 전문 기업은 유료 글꼴이 많지만, 일반 기업이나 공공기관에서 홍보용으로 배포한 글꼴은 대부분 영리 목적으로 이용할 수 있습니다. 다만, 네이버 소프트웨어가 아니라 별도의 웹 사이트에서 내려받아야 하는 경우가 많아요. 대표적인 무료 글꼴은 아래와 같습니다. 〈김메주와 고양이들〉 채널에서 애용하는 글꼴은 별도로 표기해 뒀으니 참고하세요.

고도몰	구글	부산시청	야놀자
고도체	(BEST) noto sans cjk KR 본고딕	부산체	야체
네이버			
(BEST) 나눔고딕, 나눔바른고딕, 나눔명조, 나눔손글씨 붓, 나눔손글씨 펜, 나눔스퀘어, 나눔바른펜, 마루 부리, 클로바 나눔손글씨			
롯데마트	FONCO	서울시	
드림체	독도체	서울남산체, 서울한강체	
제주시		티몬	윤태호
제주고딕체, 제주명조체, 제주한라산체		(BEST) 몬소리체	미생체
아산시	동그라미재단	빙그레	tvN
이순신 돋움체	동그라미재단체	빙그레체	(BEST) 즐거운이야기체
우아한 형제들			
(BEST) 한나체, (BEST) 주아체, (BEST) 도현체, 연성체, 을지로체, 기랑해랑체, 글림체			
고도몰		스웨거	
고도체, godo rounded, 고도 마음체		(BEST) 스웨거체	
포천시청		경기도	
오성과 한음체, 포천 막걸리체		경기천년체	
한국출판인회의	한국청소년활동진흥원	한국수력원자력	
KoPub체	청소년체	한돋움체, 한울림체	

추천하는 한글 무료 글꼴. 네이버 검색창에 글꼴을 검색하면 내려받는 경로를 찾을 수 있습니다.

상업용으로 사용할 수 있는 무료 폰트를 다운로드할 수 있는 사이트입니다. 문장을 입력하면 모든 폰트를 미리 체험해 볼 수 있어 편리합니다. 사용 범위에 대해 지속적으로 업데이트하며 관리 중인 곳이니 믿고 사용해도 좋습니다.

눈누(noonnu.cc/)

세련된 영문 폰트를 내려받을 수 있는 웹 사이트입니다. 일정 비용을 지불하면 폰트 1만 개를 내려받을 수 있습니다. 비용을 지불하지 않고 사용하려면 [DOWNLOAD] 위에 있는 사용 범위를 꼭 확인하세요. 'FREE'라고 적혀 있다면 영리 목적으로도 자유롭게 사용할 수 있습니다.

1001 FREE FONTS(www.1001freefonts.com). 문구, 크기, 색상을 바꿔가며 미리보기를 할 수 있어요.

저작권은 크리에이터의 기본 소양이 됐습니다. 아래 퀴즈를 풀면서 한 번 더 복습해 보세요.

- **문제 1.** 저작물은 출처만 밝히면 자유롭게 이용할 수 있다. (O/X)

- **문제 2.** 비영리 목적이라면 타인의 저작물을 마음껏 이용해도 문제가 없다. (O/X)

- **문제 3.** 인터넷에서 무료로 내려받은 폰트는 내 영상에 사용할 수 있다. (O/X)

- **문제 4.** 멜론에서 구매한 음원도 내 콘텐츠에 사용할 수 있다. (O/X)

- **문제 5.** 음악은 30초만 넘기지 않으면 자유롭게 사용할 수 있다. (O/X)

- **문제 6.** 2차적 저작물을 작성할 수 있는 권리는 누구에게나 있다. (O/X)

- **문제 7.** 저작권자에게 이용허락을 요청했으면 무조건 쓸 수 있다. (O/X)

- **문제 8.** 2차적 저작물을 이용하려면 2차적 저작물 작성자에게만 이용허락을 받으면 된다. (O/X)

- **문제 9.** 인용 또는 공정한 이용이라면 출처를 표기하지 않아도 된다. (O/X)

정답: 모두 X

구독자를 모으는
채널 홍보의 기술

기억에 남는 채널 만들기

유튜브 채널도 하나의 브랜드가 될 수 있어야 합니다. 구독자에게 일관된 메시지와 시각적인 통일감을 끊임없이 전달해 내 채널만의 이미지를 주입하세요. 그래야만 구독자도 내 채널을 더 오래, 더 진하게 기억합니다.

08-1 채널 브랜딩이 중요한 이유

▶ 사람들은 언제 구독을 누를까?

시청자는 '구독' 버튼을 어디서 가장 많이 누를까요? 바로 이곳, 채널의 홈입니다. 여기서 구독 버튼을 누르는 비율이 무려 90% 이상이에요. '이 동영상 재미있긴 한데, 구독을 할까 말까?' 고민하는 시청자는 결국 채널로 들어가 전체적으로 살펴봅니다. 그러므로 채널을 꾸미고 정돈하는 일은 매우 중요합니다.

채널의 홈 화면은 쇼윈도와 같은 역할을 합니다. 매장이 쇼윈도에 있는 상품을 최대한 보기 좋게 진열하고, '우리 가게는 이런 걸 팔고 있어요' 하고 보여 주는 것과 같은 이치죠. 홈 화면에서 여기가 어떤 곳인지 알려 주고, 채널의 매력을 최대한 어필하는 것이 핵심입니다. 블로그로 따지면 프롤로그 화면과 비슷하겠네요.

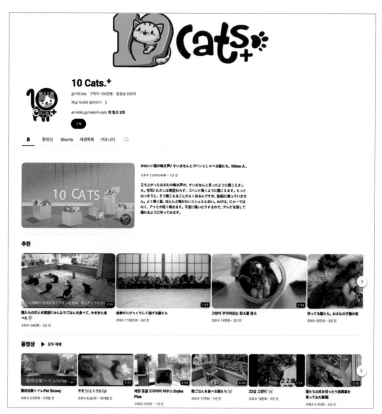

〈10cats〉 채널. 채널의 특징이 무엇인지를 쉽게 알 수 있습니다.

▶ 나만의 분위기를 풍기는 채널을 만들자

다양한 요소가 모두 하나의 '분위기'를 보여 주는 것은 채널의 정체성을 의미합니다. '배너 이미지', '프로필 사진' 등의 이미지 요소를 통일감 있게 구성하면 채널의 정체성 또한 뚜렷해집니다. 예컨대 반복되는 색상을 사용해 채널을 꾸민다거나 로고나 캐릭터를 계속 등장시켜 시각적인 요소의 결을 똑같이 유지하는 것이죠. 그럼 시청자 역시 채널을 하나의 브랜드처럼 인식합니다. 사과 로고를 보면 아이폰을 떠올리는 것처럼요. 이렇게 내 채널의 '이미지'를 시청자에게 각인시키면 기억에 남는 채널을 만들 수 있습니다.

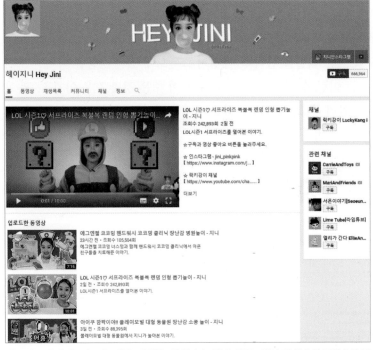

반복되는 색상(핑크색, 하늘색)을 사용한 〈헤이지니〉 채널. 유튜브에서 이 색상의 콘텐츠를 다시 발견한 시청자는 〈헤이지니〉 채널을 떠올릴 가능성이 높습니다.

브랜딩이 어려운 초보자라면 '색상'을 맞추는 것부터 시작하는 것이 좋습니다. 물론 내 채널을 상징하는 로고나 캐릭터가 있다면 지속적으로 노출하는 것이 좋겠지요. 이처럼 내 채널의 특징을 강조할 방법은 많습니다. 하지만 기본은 채널의 첫인상인 홈 화면의 꾸밈 요소를 서로 잘 어우러지게 만드는 것입니다. 다음 절에서는 이 부분에 관해 자세히 살펴볼게요.

08-2 4가지 핵심 요소로 나만의 채널 꾸미기

내 채널에 처음 들어온 시청자에게 이 채널의 콘텐츠가 전문적이고, 영상이 꾸준히 올라올 것 같은 느낌을 준다면 구독할 확률도 높아집니다. 채널 홈에서 가장 중요한 역할을 하는 '배너 이미지', '프로필 사진', '채널 트레일러', '미리보기 이미지'를 하나씩 배워 볼게요.

▶ 배너 이미지

'배너 이미지'는 채널 상단에 큼직하게 보이는 배너입니다. 홈페이지의 메인과 같은 역할을 합니다. 유튜브 안에서 꾸미는 것이 아니라 이미 디자인된 이미지 파일을 업로드하는 방식입니다.

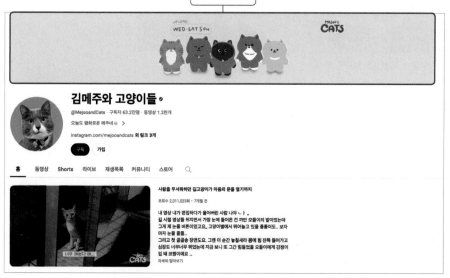

〈김메주와 고양이들〉 배너 이미지. 가장 중요한 홍보 공간이기 때문에 콘텐츠 업로드 시간도 함께 안내하고 있어요.

배너 이미지는 4가지 요소 중 가장 중요한 홍보 공간입니다. 내 채널의 주제, 키워드, 등장인물의 사진 등을 삽입해 핵심 메시지를 반드시 전할 수 있어야 합니다. 채널을 상징하는 로고나 캐릭터를 사용하면 더욱 좋습니다. 대표 색상을 사용해 시각적인 분위기를 드러낼 수도 있습니다.

셀프 인테리어와 라이프스타일 콘텐츠를 전문으로 하는 〈인테리어 하는 날 NAR TV〉입니다.
감성적인 느낌이 물씬 나지요?

71세 크리에이터라는 특징을 잘 살린 〈박막례 할머니〉의 배너 이미지

캐릭터를 활용해 귀엽게 꾸민 〈무결의 VR게임〉의 배너 이미지

엉뚱하고 코믹한 장면을 만화컷으로 재미있게 표현한 〈예씨〉의 배너 이미지

그럼 배너 이미지를 직접 만들어 봐야겠죠? 기기마다 권장하는 크기가 다르지만, 가장 넓은
영역인 TV용 크기를 권장해요. 유튜브의 배너 이미지는 기기에 맞도록 크기가 유동적으로
움직이기 때문입니다. 가장 넓은 TV용으로 만들어 두면 어디서든 이미지 깨짐 현상 없이 잘
보입니다. 단, 데스크톱, 태블릿, 모바일에서는 TV용 배너 이미지의 위와 아래 영역이 잘리
기 때문에 가장 중요한 내용은 가운데 배치해야 합니다.

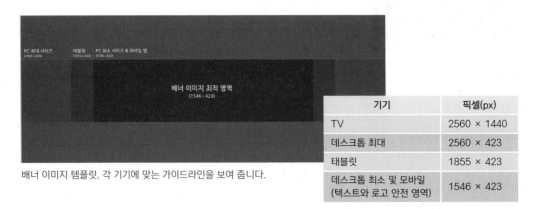

배너 이미지 템플릿. 각 기기에 맞는 가이드라인을 보여 줍니다.

기기	픽셀(px)
TV	2560 × 1440
데스크톱 최대	2560 × 423
태블릿	1855 × 423
데스크톱 최소 및 모바일 (텍스트와 로고 안전 영역)	1546 × 423

하면 된다! } 픽슬러로 배너 이미지 만들어 적용하기

1 픽슬러를 실행해 실습 파일 중 Banner Template.jpg를 여세요. 그런 다음 [레이어들] 창에서 ⊕ 버튼 → [비움]을 클릭해 빈 레이어를 하나 만드세요.

2 새로 만든 빈 레이어(Layer 2)에 색을 채워 볼게요. 먼저 원하는 색을 선택합니다. 그런 다음 도구 상자에서 [칠하기 도구] ◆를 클릭하고 작업 영역 위를 클릭하세요.

3 레이어 창에서 🔘 버튼 → [이미지]를 클릭해 메인으로 사용할 이미지를 불러옵니다.

불러온 이미지의 꼭짓점을 클릭한 후 드래그해서 크기를 조절하고 원하는 위치로 이동합니다.

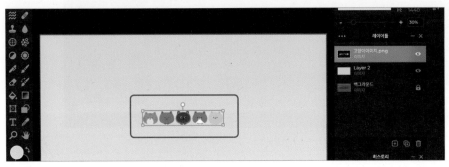

이미지를 불러오면 새로운 레이어가 자동으로 생성됩니다.

4 이번에는 레이어 창에서 🔘 버튼 → [텍스트]를 클릭해 텍스트를 입력합니다. 화면 상단 바의 [스타일]에서 방금 입력한 텍스트를 다양하게 디자인할 수 있어요.

다음 효과를 따라해 보세요.

텍스트에 그림자를 넣었어요.

텍스트에 아웃라인, 구멍내기 효과를 넣었어요.

텍스트에 백그라운드, 구멍내기 효과를 넣었어요.

5 [레이어들] 창의 [백그라운드] 레이어 오른쪽에 보이는 자물쇠 아이콘을 클릭해 주세요. 잠금이 해제되면서 레이어 순서를 바꿀 수 있습니다. 이 [백그라운드] 레이어를 드래그해 레이어의 맨 위로 끌어옵니다. 그러면 가장 아래에 있던 가이드 이미지가 위로 올라옵니다.

자물쇠가 눈 아이콘으로 바뀝니다.

제일 위로 드래그

레이어 개념이 아직 이해되지 않는다면 163쪽을 참고하세요.

6 [백그라운드]의 투명도를 '50'으로 조절합니다. [백그라운드]가 불투명하게 보이면서 방금 작업했던 이미지가 아래에 드러납니다.

7 이 상태에서 이미지와 텍스트가 가이드라인 안에 잘 들어오도록 배치해야 합니다. 우선 [백그라운드] 레이어는 움직이지 않게 다시 [잠금] 상태로 설정합니다. 그래야 뒤에 있는 이미지와 텍스트를 자유롭게 이동할 수 있어요. 왼쪽 도구 상자의 [순서 도구] 🔩를 클릭하고 개체를 드래그해 이동하면 됩니다.

가이드 영역 안에 잘 들어오도록 재배치합니다.

8 배치가 끝나면 레이어 창에서 [백그라운드]의 잠금을 해제한 후 Del 을 눌러 삭제합니다. 상단 메뉴의 [파일 → 저장]을 클릭해 최종 이미지를 JPG 파일로 저장합니다.

백그라운드 삭제

배너 이미지는 6MB 이하만 업로드할 수 있습니다.

9 앞서 만든 배너 이미지를 적용해 볼게요. [내 채널]에 들어가 [채널 맞춤설정]을 클릭합니다. 채널 맞춤설정 화면이 열리면 [브랜딩] 탭 → 배너 이미지의 [업로드]를 클릭해 파일을 업로드하세요.

▶ 프로필 사진

프로필 사진은 기본적으로 배너 이미지와 함께 표시되는데, 추천 채널과 동영상 목록은 물론, 시청자와 댓글을 주고받을 때도 노출됩니다. 프로필 사진은 정사각형 이미지로 업로드하지만, 원형으로 보일 때가 많으므로 잘릴 영역을 고려해 제작해야 합니다.

채널 홈에서는 프로필 사진이 원형으로 나타납니다.

프로필 사진은 유튜브의 많은 곳에 노출됩니다. 대부분은 이미지 크기가 매우 작게 표시되지만, TV와 같이 화면이 넓은 기기에서도 시청할 수 있기 때문에 프로필 사진의 권장 크기인 800×800픽셀을 지키는 것이 좋아요. 애니메이션이 적용된 GIF 파일을 제외한 JPG, GIF, BMP, PNG 파일이면 사용할 수 있습니다.

모바일에서는 프로필 사진이 더욱 작게 보입니다. 텍스트가 많거나 복잡한 이미지는 피하세요. 로고나 콘텐츠에 등장하는 인물 사진을 활용하는 것도 한 가지 방법입니다.

프로필 사진의 좋은 예

글이 많은 이미지　　요소가 너무 많은　　인물의 얼굴이　　복잡한 이미지
　　　　　　　　　　　이미지　　　　　　작은 이미지

프로필 사진의 좋지 않은 예

하면 된다! ┃ 프로필 사진 만들고 업로드하기

기존 사진에서 필요한 부분만 잘라 프로필 사진으로 만드는 방법을 실습해 볼게요. 이번 실습도 픽슬러에서 해결할 수 있습니다.

1 사진을 불러온 후 도구 상자에서 [자르기 도구] ⬚를 클릭합니다. 상단의 옵션에서 [제한: 비율]을 선택하고 넓이와 높이를 1:1로 맞춥니다. 만약, 그림 크기가 너무 크면 [이미지 → Image Size]를 클릭해 크기를 미리 줄여 놓으세요.

2 모서리를 드래그하면서 원하는 비율과 사이즈로 조절 후 `Enter`를 누르세요.

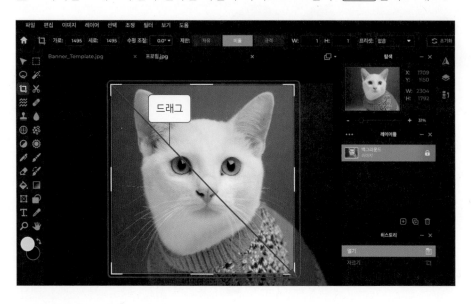

3 프로필 사진이 1:1 비율로 완성되었습니다. [저장]을 클릭해 JPEG 파일로 저장합니다.

4 [YouTube 스튜디오 → 내 채널] 화면에 접속합니다. [프로필 사진]을 클릭하면 [Google 내 정보] 페이지로 이동하는데, 여기서 프로필 사진을 업로드할 수 있습니다.

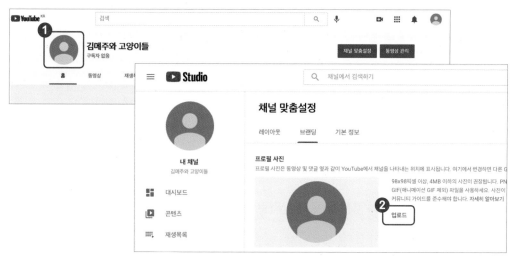

프로필 사진을 바꾸면 구글 메일, 구글 캘린더 등 구글의 모든 서비스에 일괄 적용됩니다.

▶ 채널 트레일러

'채널 트레일러'는 아직 구독하지 않은 시청자가 내 채널에 들어왔을 때 가장 먼저 보게 되는 동영상이자 내 채널의 소개 영상입니다. 채널이 가장 먼저 보여 주고 싶은 모습을 효과적으로 표현할 수 있는 공간이지요.

이미 등록한 동영상 중에서 채널 트레일러에 올리고 싶은 동영상을 하나 고르면 됩니다. 내 채널을 대표하면서 조회수가 많고 시청 시간이 긴 동영상이 적합합니다. 인기 동영상은 사람들이 좋아하는 이유가 있으니까요.

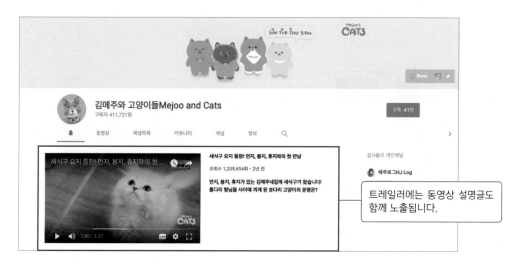

트레일러에는 동영상 설명글도 함께 노출됩니다.

채널 소개 영상을 별도로 만들어 트레일러로 사용하는 방법도 있습니다. 채널에 관해 충분히 설명하면서 방문자의 구독을 유도하는 것이 좋겠죠? 장황한 설명은 금물! 2분 이내로 짧게 만드는 것이 핵심입니다. 하지만 구독자가 아직 많지 않다면 소개 영상까지는 권장하지 않아요. 그보다는 채널 트레일러에서 인기 동영상을 계속 노출하는 편을 추천합니다.

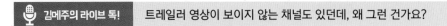

> **김메주의 라이브 톡!**　트레일러 영상이 보이지 않는 채널도 있던데, 왜 그런 건가요?
>
> 트레일러 영상은 비구독자에게만 보이는 동영상입니다. 이미 구독한 채널이라면 트레일러 영역에 '다음 볼만한 동영상'이 나타나기 때문에 더 이상 트레일러 영상이 보이지 않아요.

하면 된다! } 채널 내 동영상을 트레일러로 설정하기

1 이번에도 내 채널에서 [채널 맞춤설정] 화면으로 들어갑니다. '주목 받는 동영상' 항목을 보면 '비구독자 대상 채널 트레일러'와 '재방문 구독자 대상 추천 동영상'으로 나뉘어 있죠? 여기서 '비구독자 대상 채널 트레일러'의 [추가]를 클릭합니다.

2 예고편으로 사용할 동영상을 선택한 후 [게시] 버튼을 클릭하면 설정이 끝납니다.

❸ '재방문 구독자 대상 추천 동영상'은 채널에 재방문한 구독자에게 보여 줄 콘텐츠를 직접 지정할 수 있습니다. 마찬가지로 [추가]를 클릭해 원하는 동영상 또는 재생목록을 선택하세요.

〈김메주와 고양이들〉 채널은 주인공 고양이 중 하나인 오들이의 이야기를 트레일러로 걸어 뒀어요. '이것만큼은 못 본 사람이 없었으면 좋겠다'라고 생각하는 영상을 걸어 두세요.

▶ 섬네일

배너 이미지 다음으로 넓은 영역을 차지하는 것은 6장에서 실습한 섬네일입니다. 시청자가 영상을 볼 때 가장 눈여겨보는 곳이고, 채널 홈 화면에서는 여러 섬네일이 한눈에 들어오기 때문에 시각적인 결을 맞추는 데 신경 써야 합니다. 내 콘텐츠의 섬네일 모두를 일관되게, 마치 패키지처럼 디자인해 보세요.

▶ 내 채널에 섬네일을 효과적으로 배치하는 방법은 09-4절에서 배웁니다.

텍스트로 통일감을 준 사례

〈코리안브로스〉 채널

〈예씨〉 채널

〈김메주와 고양이들〉 채널

〈LaurDIY〉 채널

이미지 배치나 색상으로 통일감을 준 사례

〈헤이지니〉 채널

〈스튜디오V〉 채널

스티커나 바를 삽입해 통일감을 준 사례

〈Jamie Oliver〉 채널

〈SORTEDfood〉 채널

동일한 분위기를 계속 보여 주는 섬네일은 기억에 강하게 남습니다. 또한 내 동영상을 한 번이라도 본 사람이라면 이 섬네일에 익숙해진 상태이므로 수많은 추천 동영상 중에서 내 콘텐츠를 클릭할 확률이 높아집니다.

08-3 워터마크, 브랜드 통일감과 구독 유도를 동시에!

▶ 워터마크는 무엇이고 어떤 역할을 할까?

유튜브에서 동영상을 볼 때 오른쪽 하단에 로고나 구독을 요청하는 이미지를 본 적 있을 거예요. 이러한 기능이 바로 워터마크입니다. 일반적으로 채널 로고를 넣습니다. 동영상이 재생되는 내내 채널 로고를 노출할 수 있기 때문에 영상을 중간부터 보는 시청자에게도 브랜드를 알릴 수 있습니다.

〈Mark Dohner〉 채널

〈아시안보스〉 채널

워터마크는 크게 두 가지 역할을 합니다.

첫째, 지금 시청자가 보고 있는 콘텐츠가 어느 채널의 콘텐츠인지 명확히 보여 줄 수 있습니다. 로고가 꾸준히 노출되기 때문에 시청자 또한 채널을 기억하기 쉽습니다. 텔레비전을 볼 때도 상단에 프로그램이나 방송국 로고가 고정돼 있는 것과 같은 이치입니다.

둘째, 워터마크를 클릭하거나 마우스 커서를 올려놓기만 하면 채널 구독으로 바로 이어집니다. 물론 구독을 원하는 시청자에게도 매우 편리한 기능이지만 구독 기능이 있다는 것을 모르는 시청자도 많습니다. 눈으로만 봐서는 클릭할 수 있는 버튼이란 생각을 하기 어려우니까요. 따라서 채널 로고 대신 '구독'이라는 글자를 넣은 이미지를 띄워 구독이 가능한 채널이란 걸 다시 한번 리마인드해 주는 용도로 응용할 수 있습니다.

하면 된다! ⎬ 배경이 투명한 구독 버튼 만들기

1 배경이 없는 워터마크를 만들어 볼게요. 픽슬러에서 [Pixlr Editor → 신규 생성]을 클릭합니다. 워터마크는 정사각형 이미지만 적용할 수 있으므로 150×150픽셀로 만들어 볼게요. [가로], [세로]에 각각 '150'을 입력한 후 [생성]을 클릭해 새 파일을 여세요.

 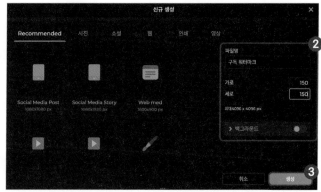

2 새 파일이 열리면 [도형 도구] ⬡를 클릭해 모서리가 둥근 직사각형을 선택합니다. 칠하기는 '빨간색', 반경은 '20'으로 설정하세요. 도형 도구를 드래그해 사각형을 만들어 주세요. 위의 빈 부분은 투명 처리되므로 아래쪽에 가까이 붙여 사각형을 만들면 됩니다.

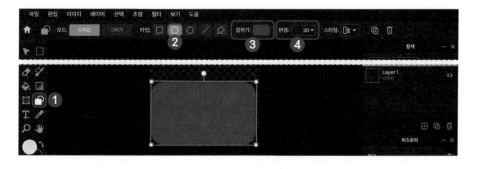

3 [텍스트 도구] ⊤를 클릭한 후 다음과 같이 텍스트를 입력합니다. 글꼴은 '오아고딕', 색은 '흰색', 규격은 '60'으로 설정했어요. 자신의 PC에 있는 폰트를 사용해도 되고 새로운 폰트를 내려받아 써도 되니 원하는 폰트로 설정해 보세요. 마지막으로 글상자를 클릭해서 텍스트를 화면 가운데에 배치합니다.

4 저장 단축키인 Ctrl + S를 누릅니다. 파일 유형을 'PNG'로 선택한 후 [다른 이름으로 저장]을 클릭해 최종 파일을 저장하세요.

하면 된다! ⎬ 동영상에 워터마크 넣기

1 YouTube 스튜디오의 메뉴에서 [맞춤설정 → 브랜딩]을 클릭합니다. 하단에 있는 '동영상 워터마크' 항목의 [업로드]를 클릭해 워터마크로 사용할 이미지를 등록합니다.

❷ 워터마크가 나타나는 시간을 선택하세요. 러닝 타임 내내 보이거나, 동영상 끝부분에서만 보이거나, 워터마크가 나타나는 시간을 직접 입력할 수 있습니다. [게시]를 클릭하면 워터마크 삽입이 완료됩니다.

❸ 동영상을 재생해 보면 오른쪽 하단에 워터마크가 삽입된 것을 확인할 수 있습니다. 워터마크에 마우스 커서를 올려놓으면 [구독] 버튼도 함께 나타납니다.

개성 있는 나만의 프로필 사진 만들기

1 내 얼굴과 똑같은 아바타 만들기

아래의 추천하는 사이트에 들어가면 클릭만으로 내 얼굴을 쏙 빼닮은 나만의 아바타를 만들 수 있습니다. 눈, 코, 입, 귀, 머리 스타일까지 세세하게 고를 수 있어요. 프로필 사진이 비어 있어 심심해 보이면 우선 아바타를 활용해 보세요.

faceyourmanga.com
꾸밈 요소가 가장 많아 구체적으로 표현할 수 있어요.

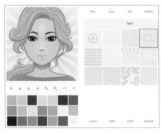

avatarmaker.com
빠르고 간편하게 인물과 배경을 꾸밀 수 있어요.

notion-avatar.vercel.app/ko
랜덤 주사위를 굴려 편하게 캐릭터를 만들 수 있어요.

2 사진을 그림처럼 만들어 주는 앱, 프리즈마

인물 사진에 감각적인 필터 효과를 활용하면, 모바일에서도 개성 있는 프로필 사진을 쉽게 만들 수 있습니다. 프리즈마 앱에서 사진을 불러온 후 비율을 1:1로 변경해 작업합니다. 인물과 배경의 경계가 명확하면, 둘을 구분해 효과를 적용할 수도 있어요.

Gothic 필터 효과

Light summer 필터 효과

Red Head 필터 효과

업로드만 잘해도 구독자가 모인다

유튜브의 검색엔진은 꽤 복잡한 알고리즘으로 작동되고 있고, 동영상 하나를 업로드하는 데도 수십 가지 부가 기능과 질문이 따라 붙습니다. 동영상을 업로드하면서 이 기능의 기본을 알고 가는 것과 모르고 가는 것엔 큰 차이가 있겠죠. 이번 장에서는 동영상 업로드 전략과 부가 기능에 대해 자세히 알려 드릴게요.

09-1 YouTube 스튜디오란?

▶ 채널의 모든 관리가 이뤄지는 곳, 'YouTube 스튜디오'

먼저 YouTube 스튜디오를 이해할 필요가 있습니다. YouTube 스튜디오는 쉽게 말해 '크리에이터를 위한 관리자 페이지'입니다. 채널 설정을 비롯해 모든 동영상과 댓글을 관리할 수 있고 조회수, 예상 수익 등의 다양한 통계 수치도 여기서 확인할 수 있습니다. 따라서 유튜브 채널을 운영하면 가장 자주 들어오게 되는 곳입니다. 이번 장에서 실습할 내용도 모두 YouTube 스튜디오에서 이뤄지니 먼저 짚고 넘어가는 게 좋겠죠?

사실 앞에서 미리보기 이미지를 업로드한 곳도 바로 이곳 YouTube 스튜디오랍니다. 실습 중간중간 이미 YouTube 스튜디오를 경험해 본 셈이지요. 여기서는 YouTube 스튜디오에서 무엇을 할 수 있는지 좀 더 구체적으로 알아볼게요.

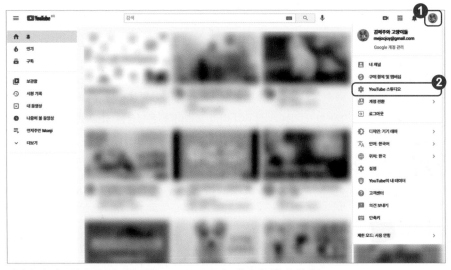

채널 운영, 광고 설정, 콘텐츠까지 전부 YouTube 스튜디오에서 관리할 수 있어요.

▶ YouTube 스튜디오 둘러보기

내 채널의 최근 소식을 한눈에 볼 수 있는 대시보드

'대시보드'는 YouTube 스튜디오에 들어갔을 때 가장 먼저 보이는 페이지로, 내 채널의 최근 상태를 한눈에 확인할 수 있는 요약 페이지이기도 합니다. 채널의 최근 성장 지표, 유튜브가 알려 주는 아이디어와 공식 뉴스를 간단하게 카드 형태로 보여 주고 있어요.

대시보드에서는 '채널 상태가 이러하구나'하고 훑어만 봐도 충분합니다. 비교적 사용 빈도가 높은 기능은 왼쪽 메뉴에 모여 있으니까요.

YouTube 스튜디오 메뉴별로 알아보기

대시보드를 통해 새 뉴스는 없는지, 조회수와 분석 추이는 어떤지 둘러본 후 대시보드 아래에 있는 메뉴에서 본격적인 채널 관리를 시작할 수 있습니다.

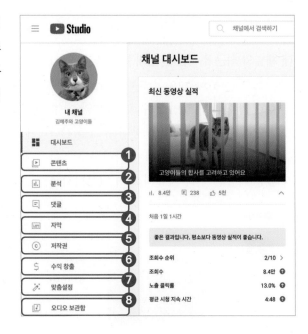

❶ 콘텐츠 ☆

내가 업로드한 모든 동영상을 관리합니다. 동영상 개별 정보를 수정하거나 조회수, 댓글수, 좋아요 수를 한눈에 확인할 수 있습니다.

❷ 분석 ☆

유튜브가 분석한 다방면의 통계 수치와 수익을 확인할 수 있습니다. 상상 이상으로 다양하고 치밀한 분석을 제공하고 있어요. 분석에 관한 내용은 12장에서 더욱 자세히 알려 드릴게요.

❸ 댓글 ☆

댓글 관리 및 설정, 구독자 조회, 스팸 설정 등 구독자와의 커뮤니티를 관리합니다. 크리에이터 라면 구독자와의 긴밀한 소통은 필수겠죠? 그만큼 가장 자주 확인하는 페이지 중 하나입니다.

❹ 자막

영상 속에 포함되는 언어별 자막을 관리할 수 있습니다. 팬이 직접 작성해 준 '커뮤니티 자막' 역시 이곳에서 검토하고 게시할 수 있습니다. 커뮤니티 자막은 올라왔다는 알림이 따로 오지 않기 때문에 수시로 확인하는 게 좋습니다.

❺ 저작권

내 영상의 저작권을 보호하고 관리할 수 있는 곳입니다. 누군가 내 콘텐츠를 그대로 사용해 업로드했다면 유튜브가 모두 찾아내 준답니다. 이곳에서 '게시 중단', '채널에 연락' 등의 조치를 할 수 있어요.

❻ 수익 창출

동영상 광고, 멤버십, 슈퍼챗 등의 수익 창출 관련 설정이 이루어지는 곳입니다. 아직 수익 창출이 되지 않는 채널은 수익 창출 기준이 어느 정도 충족됐는지 이곳에서 확인할 수 있습니다.

❼ 맞춤설정

채널의 메인 화면을 꾸미고 프로필 사진이나 소개 글 등을 설정하는 곳입니다. 채널 메인 화면의 레이아웃을 구성하고 꾸미는 일은 브랜딩에 큰 영향을 주므로 이곳에 있는 기능은 꼼꼼히 체크해 주세요.

❽ 오디오 보관함

유튜브가 제공하는 무료 음원이 모두 여기에 모여 있어요. 오디오 보관함의 배경음악과 효과음은 저작권 걱정 없이 마음껏 사용할 수 있습니다.

YouTube 스튜디오는 내 채널의 상태를 진단하는 곳입니다. 그렇기 때문에 건강 검진을 받듯 정기적으로 방문해 살펴보는 것이 좋아요. 특히, 별표(☆)한 항목들은 콘텐츠 관리와 시청자 소통 측면에서 가장 중요하기 때문에 채널이 성장할수록 더욱 자주 확인해야 합니다.

🎙️ **김메주의 라이브 톡!** ｜ 메뉴가 많고 복잡해요. 쉽게 보는 방법은 없나요?

초보 크리에이터가 처음부터 YouTube 스튜디오에 있는 모든 기능을 알 필요는 없어요. 대략 이해했다면, 이 책에서 다루는 내용만 활용해도 충분합니다. 콘텐츠와 데이터가 쌓일수록 활용도는 조금씩 높아질 거예요.

빨리 적응하고 싶다면 'YouTube Studio' 앱을 추천합니다. 이 앱은 YouTube 스튜디오의 모바일 버전인데, YouTube 스튜디오의 중요 기능만 모아 놓아 좀 더 쉽게 사용할 수 있어요.

YouTube Studio 앱 화면

09-2 동영상 업로드도 전략적으로!

이번에는 PC에서 바로 업로드하는 방법을 배워 볼게요. 이전 실습에서 유튜브 앱을 통해 동영상 업로드를 해 봤죠? PC에서 보이는 업로드 화면은 앱의 업로드 화면에 비해 설정할 내용이 많습니다. 앱에서는 제목과 설명만 입력하고 끝났지만, 검색이나 추천 동영상에 더 잘 노출되기 위해서는 이것만으로 부족하거든요.

▶ 검색 결과에 잘 노출될 수 있게 메타 정보 입력하기

제목과 설명을 작성할 때는 '어떻게 하면 검색에 더 잘 걸릴 수 있을까?'라는 고민이 필요합니다. 유튜브 검색의 기반이 바로 '제목'과 '설명', '태그'와 같은 메타 정보이기 때문이지요. 핵심 키워드를 잘 활용해 검색에 더 잘 걸릴 수 있도록 작성하세요. 시청자가 내 동영상을 발견했다면 미리보기 이미지와 제목을 가장 먼저 보게 될 것입니다. 그냥 지나칠 수 없게 사로잡는 것도 중요하겠죠. 강렬하면서도 직관적인 제목을 만들려면 충분히 고민하세요.

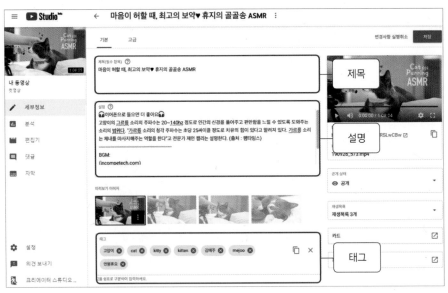

태그는 하단의 [자세히 보기]를 클릭해서 볼 수 있어요.

제목은 뉴스 기사처럼 짧고 흥미롭게

제목은 잠재 시청자에게 노출되는 중요한 요소입니다. 뉴스 기사의 제목을 쓴다고 상상해 보세요. 콘텐츠의 핵심을 담고 시청자의 관심을 사로잡을 수 있는 제목을 작성해야겠지요. 물론 정확도 높고 연관성 있는 키워드를 잘 활용하는 것 또한 필수입니다. 제목을 적어 보고 '나라면 클릭할까?' 하고 되물어 보는 것도 잊지 마세요. 조회수가 생각보다 저조하면 다른 제목으로 바꿔 시도해 보는 것도 도움이 됩니다.

놓치기 쉬운 설명, 빼먹지 말자

설명 역시 검색 데이터로써 큰 역할을 합니다. 특히, 검색 결과에 나열될 때 제목과 설명이 함께 노출되므로 잘 준비된 동영상이라는 인상을 줄 수 있습니다. 제목에 쓰인 키워드를 한 번 더 넣어 작성하면 메타 데이터의 정확도가 높아집니다. 예를 들어, '고양이의 귀여운 애교'라는 제목에서 쓰인 '고양이'와 '애교' 키워드를 설명에서 "우리집 '고양이'는 기분 좋을 때만 '애교'를 부려요. 고양이의 귀여운 모습을 감상해 보세요."와 같이 한 번 더 활용하는 것이죠. 특별히 쓸 설명이 생각나지 않는다면 간단한 코멘트라도 꼭 작성하세요.

'설명'에는 단어 앞에 #를 붙이는 해시태그를 사용할 수 있습니다. 사용자가 해시태그를 클릭하면 해당 단어의 검색 결과를 바로 보여 줍니다.

설명이 길어지면 [더보기] 버튼이 생기면서 글이 요약됩니다. [더보기]를 클릭해야 설명글이 펼쳐지는 형식입니다. 접히지 않는 설명 앞부분에 핵심만 잘 넣어 주면 설명이 길어져도 괜찮습니다. 오히려 [더보기]를 적극적으로 활용하는 사례도 많습니다. 앞부분은 코멘트, 뒷부분은 링크 등을 입력해 내용을 더 보고자 하는 사람에게 좀 더 자세한 정보를 제공하는 것이죠.

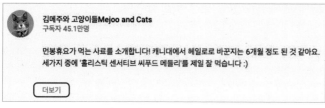

긴 설명이 요약되면서 생긴 [더보기] 버튼

[더보기]를 클릭하면 숨어 있던 글이 펼쳐집니다.

태그는 핵심 키워드와 연관 키워드로 채우자

문장으로 된 제목과 달리 태그는 단어들로 이뤄집니다. 핵심 키워드가 '고양이'라면 고양이, cat과 같은 일반적인 키워드뿐 아니라 일상, 힐링, 냥이, 아기고양이, 반려동물, kitten, cute, pet, animal 등 또 다른 키워드도 입력하는 것이 좋습니다. 태그는 화면에 직접 노출되는 부분이 아니므로 가능한 한 연관된 단어를 많이 입력하세요. 단, 허위 키워드나 유인키워드를 입력하면 정확도가 떨어지고 관련 없는 동영상에 매칭되면서 클릭률이 낮아질 수 있으니 유의하세요.

키워드의 인기 검색어가 궁금하면 유튜브 검색창에 해당 키워드를 입력해 보세요. 아래에 펼쳐지는 추천 검색어를 참고해 태그를 작성합니다.

앱에서 업로드할 때는 태그를 작성할 수 없어요. PC에서 동영상 정보 수정에 들어가 따로 입력해야 합니다.

편리한 업로드 기본 설정

업로드 설정을 미리 저장해 두면 업로드할 때마다 일일이 설정할 필요가 없어 편합니다. 특히, '태그'는 포함되는 단어가 많아 일일이 기억하며 입력하기 어렵거든요. 기본적인 부분은 미리 설정해 두고 변경사항이 있을 때만 세부 설정을 변경하면 됩니다.

기본값 설정은 [설정 → 업로드 기본 설정]에서 이뤄집니다. 다음과 같은 항목을 미리 설정해 두는 것을 추천합니다.

기본 설정은 동영상을 업로드할 때마다 다시 수정할 수 있습니다.

ⓐ 제목, 설명, 태그

매번 작성하는 내용은 이곳에 미리 입력해 두세요. 특히, 태그는 매번 적기 번거로우니 기본 설정을 꼭 해 두세요.

ⓑ 공개 상태

동영상 공개 범위를 설정합니다. 우선은 '비공개'로 업로드하고 최종 확인을 거쳐 업로드 준비를 완벽하게 끝낸 후 '공개' 또는 '예약'으로 변경하는 것이 좋아요. 동영상이 업로드되면 구독자에게 실시간으로 알림이 가게 됩니다. 최종 확인 없이 '공개'로 업로드할 경우, 동영상이 이미 공개되고 뒤늦게 발견한 문제를 부랴부랴 수정하는 등의 사고가 발생할 수 있습니다. '예약' 기능을 활용해 방송 시간을 정해 두고 업로드하면 채널 성장에 더욱 유리합니다.

하면 된다! | 기본 정보 입력해 동영상 업로드하기

1 YouTube 스튜디오 오른쪽 상단의 [만들기 → 동영상 업로드]를 클릭합니다. 업로드 화면이 나타나면 화면 위에 동영상 파일을 그대로 끌고 오세요. [파일 선택]을 클릭해 파일을 직접 불러와도 됩니다.

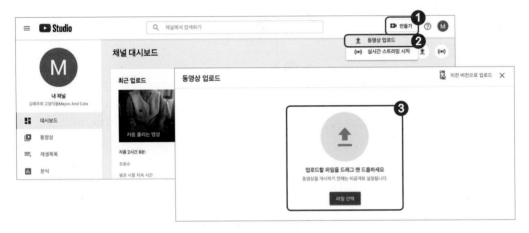

2 동영상 업로드가 시작되고 총 4단계 중 1단계인 '세부정보' 페이지가 먼저 나타납니다. 제목, 설명 등의 기본적인 정보를 입력하고 [썸네일]을 클릭해 섬네일도 업로드합니다. 업로드가 진행될 동안 [다음]을 클릭해 2단계로 넘어가볼게요.

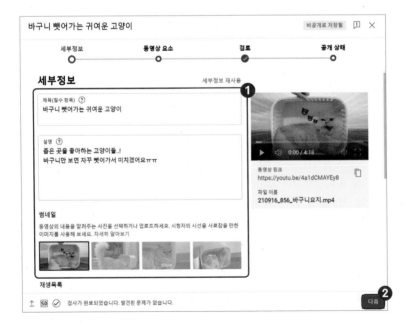

❸ 2단계 '동영상 요소'에서는 다른 동영상을 추천하는 기능인 '최종 화면'과 '카드'를 설정할 수 있습니다. 이 기능에 대해서는 바로 다음 절에서 자세히 소개할게요. '최종 화면' 또는 '카드'가 필요하다면 이 곳에서 설정 후 [다음]을 클릭합니다. 여기서는 건너뛰고 나중에 다시 설정할 수도 있습니다.

❹ 3단계 '검토'에서는 동영상에 저작권 문제가 있는지 검사하는 과정을 거칩니다. 저작권법에 보호되는 음원이나 영상을 사용했다면 이 단계에서 확인할 수 있어요. 검토에는 약간의 시간이 소요되니 다음 단계를 먼저 진행해도 됩니다.

저작권 문제가 발견되지 않은 화면

음원에서 저작권 문제가 발견된 화면

5 마지막 4단계에서 공개 범위만 설정하면 업로드가 완료됩니다. [저장 또는 게시]를 클릭해 [공개]를 선택하면 업로드 처리가 끝나는 대로 동영상이 게시됩니다. 시간을 지정하고 싶다면 [예약]을 클릭하세요. 모든 설정이 끝나면 [게시]를 클릭해 업로드 과정을 끝냅니다.

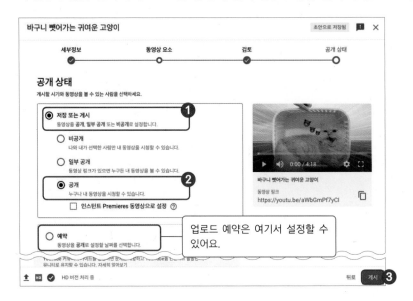

채널을 대표하는 키워드 설정하기

동영상뿐 아니라 채널을 대표하는 키워드도 설정해 둬야 합니다. 채널 주제를 대표하는 핵심 키워드를 주로 입력하세요. 채널의 키워드는 YouTube 스튜디오의 메뉴 중 [설정 → 채널]에서 입력할 수 있습니다.

09-3 부가 기능으로 더 많은 시청 유도하기

시청자의 더 많은 클릭을 유도할 수 있는 부가 기능인 '최종 화면'과 '카드'에 대해 알아볼 게요. 동영상 재생 중 적절한 시점에 요소를 등장시켜 더 많은 시청을 유도하는 것인데요. YouTube 스튜디오 내의 '동영상 세부정보' 화면에서 설정할 수 있습니다.

▶ 최종 화면으로 시청 시간과 구독자 늘리기

최종 화면의 기능과 역할 이해하기
'최종 화면'은 동영상 끝부분 5~20초 구간에 구독 버튼과 추천 동영상 카드를 영상 위에 올리는 기능입니다. 최종 화면에는 '동영상', '재생목록', '채널 링크', '웹 링크' 그리고 '구독 버튼'까지 총 다섯 가지 요소를 넣을 수 있어요. 기본적으로 다른 콘텐츠를 시청하도록 유도해 조회수와 시청 시간을 늘릴 수 있습니다.

〈김메주와 고양이들〉 채널의 최종 화면

〈Vogue〉 채널의 최종 화면

최종 화면은 조회수는 물론 구독자수를 늘리는 데도 큰 역할을 합니다. 〈김메주와 고양이들〉 채널에서도 최종 화면을 넣기 시작한 날부터 구독자수가 큰 폭으로 올랐습니다.

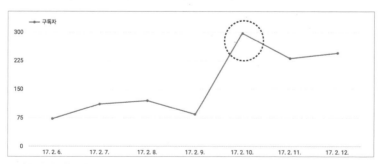

▶ 최종 화면은 직접 배너가 노출되는 형식이라 사용자도 쉽게 클릭할 수 있어요.

콘텐츠에 만족한 시청자가 자연스럽게 구독 버튼을 누릅니다.

하면 된다! } 내가 원하는 동영상을 최종 화면에 삽입하기

1 YouTube 스튜디오 메뉴의 [콘텐츠]를 클릭한 후 해당 영상의 [세부정보] 아이콘을 클릭합니다. 동영상 세부 정보 화면이 나타나면 오른쪽 하단의 [최종 화면]을 클릭합니다.

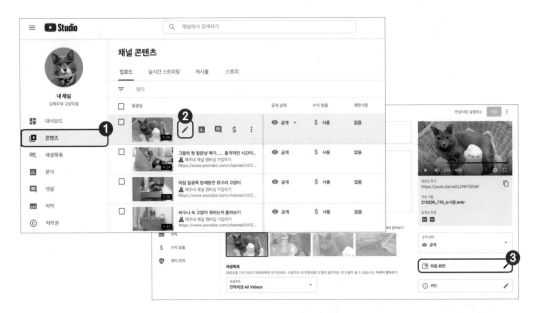

2 최종 화면이 나타납니다. [+ 요소 → 동영상]을 클릭합니다.

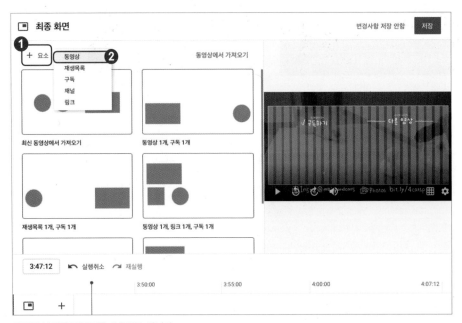

왼쪽에 나열된 템플릿을 사용해도 됩니다.

❸ '최근 업로드된 동영상'이나 '시청자 맞춤' 동영상을 유튜브가 자동으로 선택하게 할 수도 있습니다. [특정 동영상 선택]을 클릭하면 내 동영상이나 다른 채널의 동영상을 직접 선택해야 합니다. 동영상을 선택했다면 [저장]을 클릭합니다. 어떤 영상을 최종 화면에 띄울지 선택해 보세요.

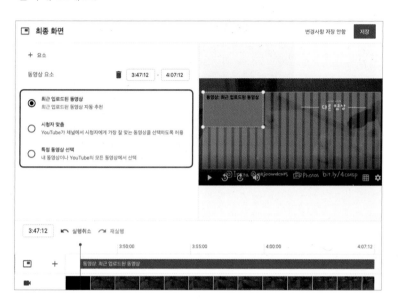

❹ 선택한 동영상의 카드가 동영상 위에 겹쳐진 모습을 확인할 수 있습니다. 카드의 위치와 크기는 드래그로 조절할 수 있어요. 타임라인의 끝부분을 잡고 드래그하면 노출 시간(최대 20초)도 조절할 수 있습니다.

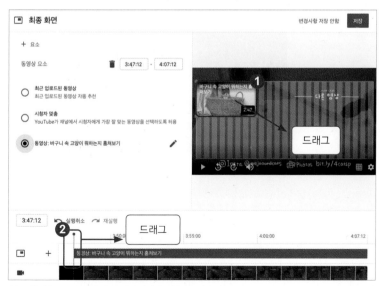

최종 화면은 25초 이상의 동영상에서만 만들 수 있습니다.

5 구독 버튼도 추가해 볼게요. [+ 요소 → 구독]을 클릭합니다.

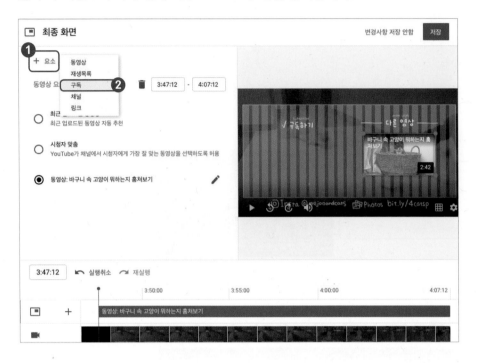

6 프로필 사진([구독] 버튼)이 나타납니다. 동영상 카드를 설정한 것과 같은 방법으로 드래그해 위치와 노출 시간을 지정하세요.

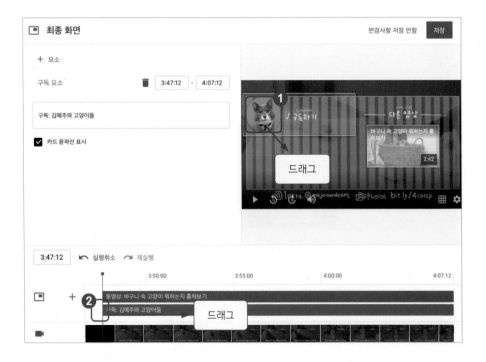

7 재생 버튼을 눌러 최종 화면이 정상적으로 삽입되었는지 확인하세요. 확인이 끝나면 [저장]을 클릭합니다.

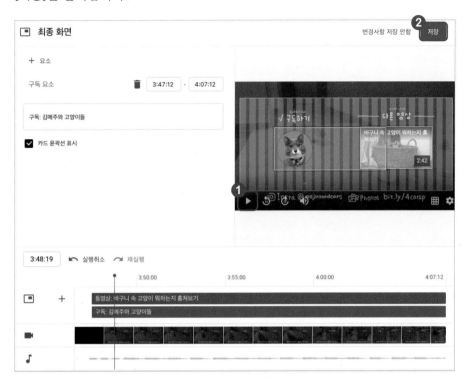

최종 화면을 멋지게 넣으려면 이 작업이 꼭 필요해요

앞에서 실습했듯이 추천 동영상과 구독 버튼은 동영상 편집 과정이 아니라 YouTube 스튜디오에서 작업하는 부분이에요. 그렇지만 동영상을 편집할 때 반드시 최종 화면을 고려해야 합니다. 동영상, 재생목록, 구독 버튼이 노출되는 동안 배경이 될 영상이 필요하니까요. 그래서 대부분의 유튜브 영상은 편집을 모두 마친 후에 10~20초 정도의 영상을 뒤에 덧붙입니다.

〈김메주와 고양이들〉 채널도 최종 화면에 필요한 영상을 덧붙여 콘텐츠를 만들고 있습니다. 주로 해당 콘텐츠의 하이라이트 영상을 만들고 그 위에 간단한 이미지 요소를 추가하는 방식으로 만들어요. 왼쪽이 유튜브에서 확인할 수 있는 최종 화면, 오른쪽은 유튜브에 업로드하는 원본 영상이에요. 이제 감이 오나요?

최종 화면에 요소를 추가했을 때 보이는 화면

최종 화면 요소를 추가하지 않은 원본 영상

최종 화면에서는 동영상과 구독 버튼의 위치를 자유롭게 바꿀 수 있기 때문에 이런 특징을 잘 이용하면 개성 있는 최종 화면을 만들 수 있습니다. 몇 개만 더 살펴볼게요.

〈JOLLY〉 채널은 정지된 화면을 최종 화면의 배경으로 사용했어요. 동영상과 구독 버튼을 제외한 나머지 요소들(채널 이름과 동영상 업로드 날짜)은 영상을 편집할 때 만든 것입니다. 동영상을 업로드한 후에 최종 화면 메뉴에서 동영상과 구독 버튼의 위치만 잘 배치하면 되겠죠?

〈JOLLY〉 채널의 최종 화면   〈sichenmakeupholic〉 채널의 최종 화면

〈sichenmakeupholic〉 채널의 최종 화면에는 왼쪽에 동영상이 2개 보입니다. 왼쪽 아래의 영상은 최종 화면 메뉴에서 요소로 추가한 것이에요. 반면, 왼쪽 위에 있는 영상은 편집할 때 집어넣은 것으로, 계속 재생되는 영상입니다. 영상의 위치를 절묘하게 배치했지요? 이런 식으로 응용하면, 감사 인사와 구독 요청을 영상으로 전달할 수 있어요.

▶ 카드로 더 많은 시청 유도하기

'카드'는 동영상 재생 도중 오른쪽 상단에 몇 초간 문구를 띄우고 해당 문구를 클릭했을 때 미리 만들어 둔 카드를 보여 주는 기능입니다. 카드에는 '동영상', '재생목록', '채널' 그리고 '링크'까지 총 4가지 기능을 넣을 수 있습니다. 최종 화면 요소와 비교하면, 구독 버튼이 빠지고 설문 조사 기능이 추가됐습니다.

평소에는 아이콘만 띄워져 있고 설정한 타이밍에 이르면 티저 텍스트가 옆으로 펼쳐집니다. 약 7초 정도 노출되고, 시청자가 티저 텍스트를 클릭하면 카드가 나타나는 식으로 작동합니다.

티저 텍스트가 옆으로 펼쳐진 화면   티저 텍스트를 클릭하면 카드가 펼쳐집니다.

카드 기능은 어떻게 활용할 수 있을까요? 카드는 최종 화면과 달리 동영상이 재생되는 중이라면 언제든지 노출할 수 있기 때문에 카드가 노출되는 순간의 화면과 연관성이 높은 것을 제안할 때 유용합니다. 예를 들어, 강의 영상이라면 "이 부분이 이해가 안 되면 카드에 있는 영상을 먼저 보고 오세요."라며 다른 강의 영상을 소개할 수 있고, 뷰티 영상이라면 지금 사용하고 있는 제품이나 브랜드 소개 영상을 카드에 담을 수도 있고요.

카드는 시청자가 화면 위에 나타나는 티저 텍스트를 직접 클릭해야만 의미가 있습니다. 모든 시청자가 카드를 펼쳐 볼 것이라고 단정 지을 수는 없지만, 가급적 많은 시청자에게 노출되려면 해당 동영상과 연관성이 높은 내용을 카드에 담는 것이 가장 중요합니다.

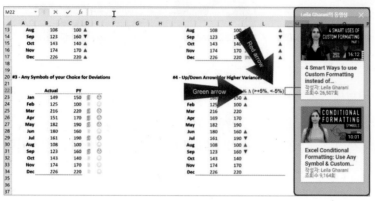

엑셀 강의 중 연관 강의를 카드로 소개하는 〈Leila Gharani〉 채널

하면 된다! ｜ 동영상 중간에 또 다른 동영상을 제안하는 카드 넣기

1 최종 화면과 마찬가지로 동영상 세부 정보 화면에서 설정할 수 있습니다. 오른쪽 하단의 [카드]를 클릭합니다.

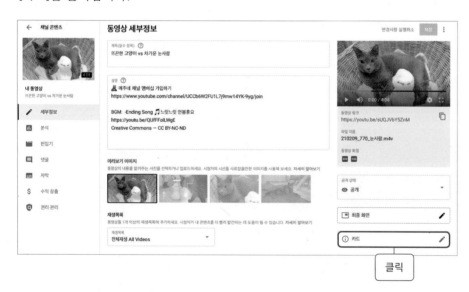

2 카드 설정 페이지가 나타납니다. [동영상]을 클릭하고 원하는 영상을 선택합니다. 내 동영상이 아닌 다른 채널의 동영상도 넣으려면 [YouTube의 모든 동영상]을 클릭하고 해당 영상을 검색하거나 링크를 입력하세요.

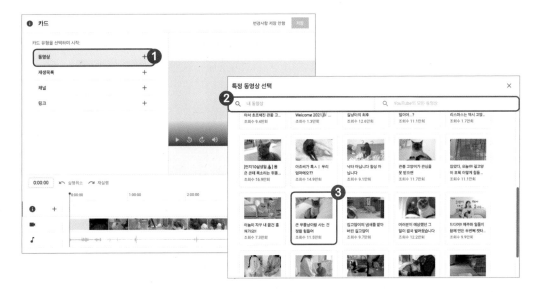

3 제안할 동영상을 선택한 후 맞춤 메시지와 티저 텍스트를 입력합니다.

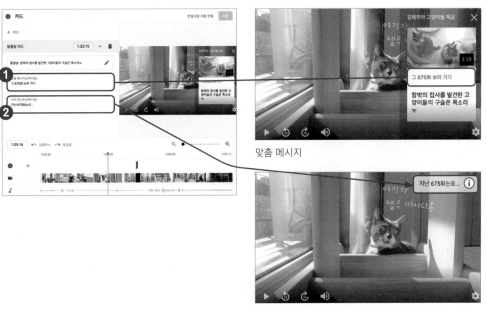

맞춤 메시지

티저 텍스트

4 아래 타임라인에 있는 파란색 막대는 티저 텍스트가 펼쳐지는 시점입니다. 막대를 잡고 드래그하면 이동시킬 수 있습니다. 설정이 끝나면 [저장]을 클릭하세요.

09-4 재생 목록으로 연쇄 시청 유도하기

▶ 재생 목록이란?

'재생 목록'은 크리에이터가 직접 만드는 동영상 분류입니다. 특정 카테고리를 만들어 동영상을 분류하고 보다 체계적으로 콘텐츠를 소개하는 것이지요. 채널에 처음 와서 어떤 동영상을 볼까 고민하는 시청자에게 베스트 모음이나 등장인물 소개를 모아 둔 재생 목록을 제안하면 효과적이겠죠? 시청자는 미처 보지 못한 콘텐츠를 좀 더 쉽게 찾아낼 수 있고, 크리에이터는 다양한 테마로 콘텐츠를 소개할 수 있습니다.

▶ 재생 목록에는 내 동영상 뿐 아니라 다른 채널의 동영상도 함께 엮을 수 있습니다.

연속 시청이 가능해진다

재생 목록을 클릭해 동영상을 시청하면 해당 콘텐츠가 오른쪽에 나열되고, 자동으로 연속 재생됩니다. 시청자는 재생 목록을 통째로 시청하면서 채널의 동영상을 연쇄적으로 보게 되는 것이죠. 특히, 검색어에 대한 연관성이 높은 재생 목록의 경우, 재생 목록 자체가 검색 결과에 노출되기도 하므로 훌륭한 재생 목록은 여러모로 유리합니다. 시청 시간은 유튜브 채널을 운영하는 데 있어 매우 중요한 요소 중 하나입니다. 시청 시간이 길수록 채널 성장에 큰 도움이 되므로 재생 목록 활용은 필수라는 점 잊지 마세요.

하면 된다! ⟩ 재생 목록 만들기

1 YouTube 스튜디오 메뉴의 [콘텐츠]에서 재생 목록에 넣을 영상을 선택한 후 [재생목록에 추가]를 클릭하세요.

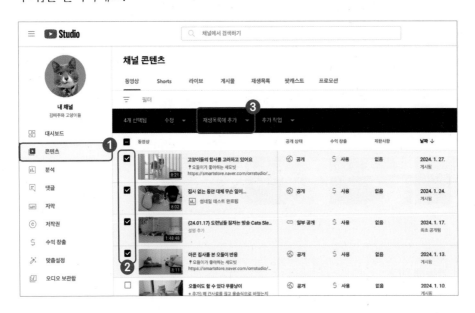

2 [재생목록 만들기]를 클릭합니다. 아래와 같은 창이 뜨면 [새 재생목록]을 클릭하고 재생 목록의 제목과 설명을 입력한 후 [만들기 → 저장]을 클릭합니다.

3 새로 만든 재생 목록에 동영상이 담긴 모습을 확인할 수 있습니다.

4 동영상을 업로드할 때 재생 목록을 선택하는 방법도 있습니다. 동영상 업로드 화면(또는 수정 화면)에서 [재생목록]을 클릭해 해당하는 재생 목록에 체크하면 끝입니다. 재생 목록은 중복 선택이 가능합니다.

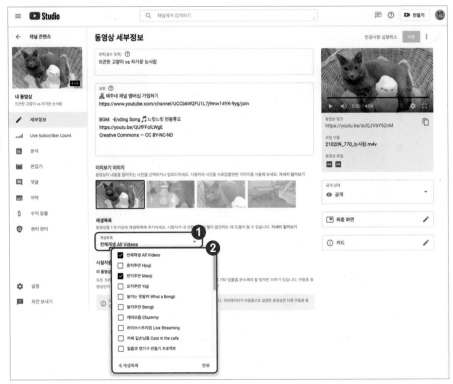

재생 목록 없이 업로드한 동영상은 채널 홈의 [업로드한 동영상] 섹션과 [동영상] 탭에서만 볼 수 있습니다.

▶ 채널 홈에 동영상을 정렬하는 요령

채널 홈은 채널의 첫인상에 중요한 역할을 합니다. 배너 이미지와 프로필 사진으로 채널 상단을 잘 꾸며 뒀다면 하단에 위치한 섹션 부분에서는 동영상을 보기 좋고 깔끔하게 정렬해야 합니다. 섹션을 더 효과적으로 구성하는 두 가지 요령을 알려 드릴게요.

'업로드한 동영상' 섹션은 가장 위에

인기 있는 동영상을 먼저 보여 주고자 하는 마음에 '인기 동영상' 섹션을 가장 위에 두는 경우가 많은데요. 인기 동영상보다는 업로드한 동영상을 가장 위에 올려 두는 것을 추천합니다. 최신 동영상을 최상단에 노출해 채널이 자주 업데이트되고 있다는 사실을 먼저 보여 주는 것이죠.

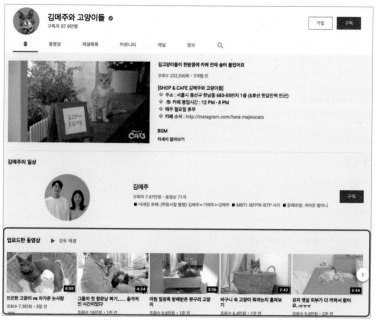

채널 홈에서 보는 동영상은 섹션별로 구분할 수 있습니다.

재생 목록별로 나열하자

섹션을 구성하는 여러 방법 중 재생 목록별로 채우는 방법을 추천합니다. 중구난방으로 보일 수 있는 동영상이 재생 목록별로 보기 좋게 구성돼 시청자도 채널의 성격을 보다 쉽게 이해할 수 있습니다. 콘텐츠가 상대적으로 풍부해 보여서 질 좋은 채널이라는 인상을 줄 수도 있고요. 앞서 만들어 둔 재생 목록을 가장 직관적으로 보여 줄 수 있는 방법이기도 합니다.

재생 목록별로 섹션을 나눠 채널 홈에 나열한 모습

하면 된다! } 채널 홈에 섹션 구성하기

1 YouTube 스튜디오 메뉴의 [맞춤설정]으로 들어갑니다. 하단에 보이는 '추천 섹션' 항목에서 섹션을 구성할 수 있어요. '동영상' 섹션은 이미 있으니 '인기 동영상' 섹션을 추가해 볼게요. [+ 섹션 추가 → 인기 동영상]을 클릭하세요.

2 [인기 동영상] 섹션이 추가된 것을 확인할 수 있습니다. = 아이콘을 누르고 드래그하면 섹션의 순서를 바꿀 수 있습니다. 설정이 완료되면 [게시]를 클릭해 저장해 주세요.

하면 된다! } 재생 목록별로 섹션 구성하기

1 같은 방법으로 다른 섹션도 추가할 수 있습니다. 만들어둔 재생 목록을 섹션으로 가져와 볼게요. YouTube 스튜디오 메뉴의 [맞춤설정 → + 섹션 추가 → 단일 재생목록]을 클릭하세요.

2 재생 목록 선택 화면이 열리면 원하는 재생 목록을 선택하세요. 섹션은 같은 과정을 반복해 최대 12개까지 추가할 수 있어요.

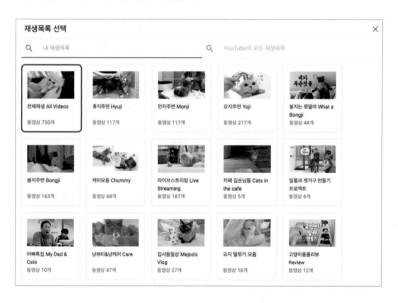

③ = 아이콘을 드래그해 섹션의 순서까지 조정합니다. 모든 준비가 완료되면 [게시]를 클릭해 저장해 주세요.

④ 내 채널로 가보면 재생 목록이 섹션으로 추가된 모습을 확인할 수 있습니다. 모바일 앱에서도 같은 순서로 보입니다.

연관 키워드 찾아 한 번에 입력하기

콘텐츠의 품질이 좋을수록 검색 결과에 잘 노출되겠지만, 우선 키워드가 잘 연결되는 게 먼저겠죠. 그만큼 키워드는 중요합니다. 아래 방법을 따라 많은 키워드를 한꺼번에 찾고 쉽게 활용할 수 있는 방법을 실습해 보세요. 내 콘텐츠에 필요한 키워드를 찾거나 새로운 기획 아이디어를 모을 때도 유용합니다.

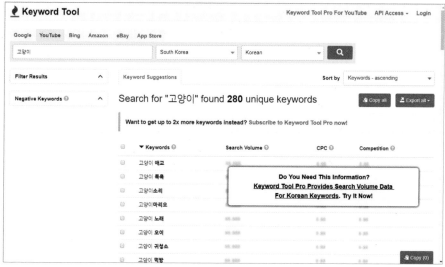

무료 버전에서는 키워드별 경쟁력은 알 수 없지만, 키워드는 다양하게 찾을 수 있어요.

• 방법

1. 키워드 툴 사이트(keywordtool.io/YouTube)에 접속합니다.
2. 검색창에 키워드를 넣고 [검색]을 클릭합니다.
3. 필요한 키워드만 체크하고 [Copy]를 클릭합니다.
4. 유튜브로 이동해 필요한 곳에 붙여넣기합니다.

시청자는 어디서 찾아야 할까?

긴 시간을 들여 콘텐츠를 만들고, 채널을 꾸며 첫 동영상을 업로드했지만, 조회
수가 1뿐인 내 동영상을 과연 누가 볼까요? 동영상은 여차저차해서 올리더라
도 대체 어디서, 어떻게 홍보해야 할지 막막해지기 마련입니다. 이번 장에서는
시청자를 적극적으로 모으는 방법을 소개합니다. 〈김메주와 고양이들〉 채널을
운영하면서 실제로 효과를 본 팁도 알려 드릴게요.

10-1 시청자가 유입되는 12가지 경로

▶ 시청자는 어떤 경로로 내 동영상을 보는 걸까?

좋은 콘텐츠가 준비됐고, 채널 정비까지 마쳤다면 내 콘텐츠를 재미있게 즐겨 줄 시청자를 찾아봅시다. 시청자는 어떤 경로로 내 동영상을 보게 되는 걸까요? 아래 그림은 유튜브가 제공하는 분석 기능에서 〈김메주와 고양이들〉 채널의 최근 28일간 트래픽 소스를 분석한 화면입니다. 여기서 '트래픽 소스'는 시청자가 내 동영상에 들어온 경로를 말합니다.

트래픽 소스	시청 시간(단위: 분) ↓	조회수	YouTube Red 시청 시간(단위: 분)	YouTube Red 조회수	평균 시청 지속 시간
① 탐색 기능	9,511,151 (45%)	3,544,473 (45%)	309,336 (42%)	114,975 (45%)	2:41
② 추천 동영상	8,238,682 (39%)	3,183,370 (41%)	322,871 (43%)	108,984 (42%)	2:35
③ 채널 페이지	1,347,826 (6.4%)	437,610 (5.6%)	39,503 (5.3%)	12,623 (4.9%)	3:04
④ YouTube 검색	526,052 (2.5%)	246,937 (3.2%)	10,546 (1.4%)	5,061 (2.0%)	2:07
⑤ 최종 화면	396,847 (1.9%)	131,375 (1.7%)	13,991 (1.9%)	4,753 (1.8%)	3:01
⑥ 알림	342,697 (1.6%)	95,380 (1.2%)	18,116 (2.4%)	3,447 (1.3%)	3:35
⑦ 재생목록	235,234 (1.1%)	49,563 (0.6%)	10,153 (1.4%)	2,674 (1.0%)	4:44
⑧ 재생목록 페이지	177,972 (0.8%)	44,994 (0.6%)	6,214 (0.8%)	1,407 (0.5%)	3:57
⑨ 직접 입력 또는 알 수 없음	124,046 (0.6%)	54,392 (0.7%)	3,594 (0.5%)	1,421 (0.6%)	2:16
⑩ 외부	63,001 (0.3%)	26,740 (0.3%)	859 (0.1%)	440 (0.2%)	2:21
⑪ 기타 YouTube 기능	53,251 (0.3%)	15,178 (0.2%)	8,680 (1.2%)	2,086 (0.8%)	3:30
⑫ 동영상 카드 및 특수효과	13,287 (0.1%)	4,194 (0.1%)	371 (0.0%)	132 (0.1%)	3:10

1~12/12

YouTube 스튜디오에서 [분석] → [콘텐츠] 탭 → [시청자가 나를 찾는 방법]의 [더보기]로 이동합니다. 해당 항목을 클릭하면 상세 내용을 볼 수 있어요.

지금 보는 화면은 시청 시간순으로 정렬한 화면입니다. 콘텐츠의 특징에 따라 트래픽 소스의 순위는 서로 다를 수 있지만, 아마 1위, 2위는 '탐색 기능'과 '추천 동영상'이 차지하고 있을 겁니다. 그 이유는 이 절의 마지막에 소개해 드릴게요.

다시 위 그림을 살펴봅시다. 〈김메주와 고양이들〉 채널에는 무려 12가지 트래픽 소스(유입 경로)가 보입니다. 생각보다 다양하지요? 종류가 많지만, 성질이 비슷한 경로대로 모아 보면 크게 세 가지 유형으로 구분할 수 있습니다. 이렇게 구분하고 나면 각 트래픽 소스의 특징을 쉽게 이해할 수 있을 거예요. 그리고 각각의 유형에 따라 취할 수 있는 전략도 달라지니 내게 필요하고, 내가 집중해야 할 트래픽 소스가 무엇인지 고민해 보는 것도 도움이 됩니다.

유형 A. 노력하면 열리는 유입 경로	유형 B. 알고리즘에 의존하는 유입 경로	유형 C. 구독자의 주된 유입 경로
⑤ 최종 화면	② 추천 동영상☆	① 탐색 기능☆
⑨ 직접 입력 또는 알 수 없음	③ 채널 페이지	⑥ 알림
⑩ 외부	④ YouTube 검색	⑦ 재생목록
⑫ 동영상 카드 및 특수 효과	⑪ 기타 YouTube 기능	⑧ 재생목록 페이지

첫 번째 유형, 노력하면 열리는 유입 경로

조금만 부지런하면 활짝 열 수 있는 경로입니다. ⑤ '최종 화면', ⑫ '동영상 카드 및 특수 효과'는 자신의 동영상에 직접 삽입할 수 있습니다. 그러니까 동영상을 시청하면서 또는 시청한 후에 다른 동영상으로 유도하는 것이지요. ⑩ '외부'는 유튜브 외부 채널을 적극 활용하는 방법입니다. 다른 SNS나 웹 사이트에 유튜브 영상을 퍼가는 것인데요. 이렇게 발생한 트래픽도 모두 유튜브에서 집계하고 있습니다.

▶ 최종 화면 설정 방법은 09-3절을 참고하세요.

사실 첫 번째 유형으로 유입되는 경우가 많지는 않지만, 알고리즘(유형 B)에 의존하기에는 콘텐츠의 양이 부족하고 아직 구독자(유형 C)도 많지 않은 운영 초기라면 상황은 달라집니다. 초기 크리에이터가 가장 집중해야 할 유입 경로인 셈이지요.

⑤ 최종 화면	동영상의 최종 화면에서 발생한 트래픽
⑨ 직접 입력 또는 알 수 없음	URL 직접 입력, 북마크, 미확인 앱에서 발생한 트래픽
⑩ 외부	동영상을 퍼가거나 링크를 추가한 웹 사이트 및 앱에서 발생한 트래픽
⑫ 동영상 카드 및 특수 효과	다른 동영상의 특수 효과, 카드 또는 추천 콘텐츠에서 발생한 트래픽

유형 A. 노력하면 열리는 유입 경로

두 번째 유형, 알고리즘에 의존하는 유입 경로

유튜브 알고리즘에 의해 내 동영상이 자동으로 노출되는 경로입니다. 콘텐츠가 쌓이면 이 경로의 비중이 서서히 높아질 거예요. 이 중에서도 가장 중요한 건 ② '추천 동영상'과 ④ 'YouTube 검색'입니다. 관련된 콘텐츠에 추천 동영상으로 나타나거나 검색 결과에 노출돼 발생하는 트래픽이지요. 콘텐츠가 쌓여야만 제 기능을 발휘하니 그때까지는 유튜브가 내 콘텐츠를 세세히 알 수 있도록 메타 정보를 잘 사용하는 것이 중요합니다. 제목, 설명, 태그뿐 아니라 영상에 입력한 자막도 알고리즘의 분석 대상이므로 모든 요소를 꼼꼼하게 쌓아 나가야 합니다.

② 추천 동영상☆	추천 동영상으로 발생한 트래픽
③ 채널 페이지	유튜브 채널에 방문해 발생한 트래픽
④ YouTube 검색	유튜브 검색 결과로 발생한 트래픽
⑪ 기타 YouTube 기능	유튜브 내 트래픽 중 다른 카테고리에 해당하지 않는 트래픽

유형 B. 알고리즘에 의존하는 유입 경로

세 번째 유형, 구독자의 주된 유입 경로

주로 내 채널을 구독하고 있는 시청자가 일으키는 트래픽으로, 꼭 신경 써야 할 경로 중 하나입니다. 앞서 말했듯이 구독자와의 관계를 탄탄히 맺는 것이 우리의 지향점이기도 하니까요. 이 트래픽을 둘러보면서 구독자가 내 영상이 올라갈 때마다 잘 시청하고 있는지, 구독자와의 관계에 문제가 없는지 점검하는 것도 필요하지요. ① '탐색 기능'을 '유튜브 검색'에서 발생한 트래픽으로 잘못 알고 있는 경우가 많습니다. 트래픽에서 말하는 탐색 기능은 검색이 아니라 유튜브의 홈 화면, 인기 화면, 구독 화면을 둘러보면서 발생하는 트래픽입니다.

① 탐색 기능☆	유튜브 홈 화면, 유튜브 구독 화면에서 발생한 트래픽
⑥ 알림	자동 알림과 구독자에게 전송된 이메일에서 발생한 트래픽
⑦ 재생목록	재생목록 안에서 연이어 발생한 트래픽
⑧ 재생목록 페이지	채널의 재생목록 페이지에서 발생한 트래픽

유형 C. 구독자의 주된 유입 경로

▶ 시청자를 끌어모으는 힘, 구독자와 알고리즘!

앞서 트래픽 소스 중에서 ① '탐색 기능'과 ② '추천 동영상'의 순위는 거의 변동이 없을 거라고 말했죠? 그 이유는 그만큼 가장 중요한 트래픽이기 때문입니다. 앞의 그림에서 두 트래픽의 시청 시간과 조회수를 확인하세요. 무려 80%가 넘습니다. 단연 독보적인 이 수치에 시청자를 끌어모으는 힘의 비밀이 있습니다.

탐색 기능과 구독자

탐색 기능은 로그인, 비로그인 시청자를 전부 포함해 유튜브의 홈, 인기, 구독 화면에서 발생한 트래픽을 말합니다. 홈과 인기 화면은 구독, 비구독 채널을 가리지 않고 추천 동영상을 보여 줍니다. 내 콘텐츠가 비구독자에게 노출될 수도 있지만, 구독자가 자주 보는 영상이 구독 채널의 콘텐츠이다 보니 알고리즘에 의해 내 채널의 콘텐츠는 구독자에게 더욱 많이 노출됩니다. 구독 화면은 직접 구독한 채널의 동영상만 보여 주기 때문에 구독자만 시청할 수 있고요.

따라서 이곳에서 내 콘텐츠를 시청한 사람은 대부분 구독자일 가능성이 높아요. 즉, 탐색 기능의 트래픽이 높다는 것은 구독자가 많이 조회하고 있다는 사실을 의미하지요. 구독자는 콘텐츠가 업로드되면 가장 먼저 시청해 주기 때문에 초반 조회수의 견인차 역할까지 톡톡히 합니다.

추천 동영상과 알고리즘

'추천 동영상'은 유튜브 알고리즘이 자동으로 추천해 주는 동영상에서 발생한 트래픽을 말합니다. 내 구독자가 돼 줄 확률이 높은 사람은 내 콘텐츠와 비슷한 또 다른 콘텐츠를 시청하고 있는 사람입니다. 연관 있는 동영상에 내 콘텐츠가 추천되면서 점차 시청자를 확보할 수 있는 것이죠. 추천 동영상의 트래픽이 높다는 것은 그만큼 시청이 연속적으로 이뤄지고 있다는 것을 의미합니다.

만일, 추천된 동영상을 시청했다면 인공지능은 추천에 더 박차를 가합니다. "지금 보고 있는 채널에 더 재미있는 동영상이 많으니 한번 보세요."라며 지속적으로 동일 채널의 콘텐츠를 추천해 연속 시청을 유도합니다. 이게 바로 추천 동영상에 꼭 노출돼야 하는 이유이지요. 콘텐츠가 실제로 재미있다면 채널은 더욱 빠르게 성장합니다.

<김메주와 고양이들> 채널 콘텐츠를 연속적으로 시청하니 동일 채널의 콘텐츠를 더욱 강하게 밀어 주는 모습이 보입니다.

앞에서 공부한 세 가지 유형을 기억하시나요? 유형 A는 채널 운영 초기에는 유용하지만, 채널의 성장에 이용하기엔 한계가 있습니다. 유튜브 외부에 계속 의존할 수는 없으니까요. 구독자의 영향이 큰 유형 C는 유튜브 활동 이후에 얻어지는 결과이기 때문에 사실 크리에이터가 할 수 있는 부분이 많지 않습니다. 꾸준히 콘텐츠를 만들고, 지속적으로 소통하는 것 정도랄까요.

하지만 알고리즘에 의한 경로인 유형 B는 다릅니다. 유튜브가 더 좋아하는 콘텐츠, 유튜브가 더 이해하기 쉬운 콘텐츠를 만들 수 있는 방법은 분명 존재하거든요. 우리가 집중해야 할 부분이 바로 이것입니다. 알고리즘에 관한 이야기는 다음 절에서 자세히 소개할게요.

10-2 알고리즘을 알면 시청자가 모인다

유튜브 알고리즘은 '시청자가 재미있어 하는 콘텐츠'를 찰떡같이 가려냅니다. 구글의 검색 엔진과 최신 AI 기술을 바탕으로 한 알고리즘이 작동하고 있기 때문인데요. 사실 이 알고리즘은 크리에이터들 사이에서도 미스터리로 통합니다. 저 역시 처음부터 알고리즘을 자세히 알지는 못했지만, 지금까지 채널을 운영하다 보니 인기 채널이 돼가는 과정에서 나타나는 몇 가지 공통점을 발견했고 이것이 채널 홍보와 직결된다는 사실을 알게 됐습니다.

▶ 알고리즘을 알아야 하는 이유

추천 동영상에 더 많이 노출된다

유튜브에서 동영상을 몇 개 시청하다 보면 함께 나타나는 '추천 동영상'의 유혹을 뿌리치기 힘듭니다. 유튜브의 똑똑한 인공지능이 사용자의 발자취를 분석해 좋아할 만한 영상을 끊임없이 제안하기 때문이죠.

보기 페이지의 곁에는 늘 추천 동영상이 보입니다.

고양이 동영상을 자주 보는 사람에게는 또 다른 고양이 동영상이 추천될 텐데, 이때 아무 동영상이나 추천되지는 않겠죠? 유튜브의 알고리즘에 따라 좋은 점수를 받고 있는 관련 동영상이 추천에 나타납니다. 만일, 추천된 동영상을 시청하면 인공지능은 추천에 더 박차를 가합니다.

검색 상위 노출도 쉬워진다

유튜브에게 점수를 잘 받은 동영상은 검색 결과에서도 상위에 노출됩니다. 노출되는 순서를 살펴보면 최신순도 아니고 조회순도 아닙니다. 시청 시간, 업로드 주기, 좋아요, 조회수 등 수많은 요소를 고려해 좋은 점수를 받고 있는 순으로 노출시키는 것이죠.

물론 인기 있는 주제일수록 비슷한 콘텐츠가 넘쳐 나기 때문에 검색 결과 상위를 점하기 쉽지 않지만, 그만큼 비주류 주제의 콘텐츠라면 검색 결과에서 보다 유리해질 수 있겠지요. 〈김메주와 고양이들〉 채널의 경우, 운영 초반에 '먼치킨 고양이'라는 키워드 유입수가 가장 많았습니다. 먼치킨 고양이를 궁금해하는 시청자는 많지만, 콘텐츠의 양은 그에 미치지 못했거든요. 이 키워드로 한동안 검색 결과 상위를 점하기도 했습니다. 이처럼 검색 결과를 통해서도 채널을 알릴 수 있으니 키워드와 주제 선택에 심혈을 기울이세요.

▶ 알고리즘에게 점수를 따는 방법

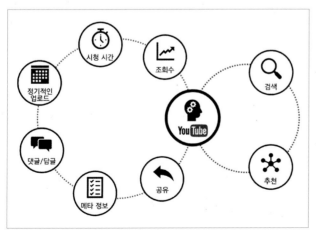

유튜브에서 더 많이 노출되려면 왼쪽 6가지 주제에 주목하세요!

첫 번째, 조회수

조회수는 동영상의 화제성을 평가하는 가장 중요한 지표입니다. 가장 일반적으로 사용하는 지표지만, 큰 단점도 있습니다. 바로 조회수가 동영상의 품질을 보장해 주지 못한다는 점입니다. 자극적이거나 낚시 성격이 짙은 미리보기 이미지를 걸어 놓았다가는 '에이 뭐야' 하며 동영상을 짧게 보고 나가는 비율이 높아지겠죠. 너무 지루하거나 메시지를 알 수 없는 콘텐츠도 마찬가지 결과를 초래할 것입니다. 조회수가 아무리 높아도 잠깐 보고 나가는 동영상, 즉 이탈률이 높은 동영상일 수 있기 때문입니다.

두 번째, 시청 시간

조회수의 이러한 단점을 보완해 주는 지표가 '시청 시간'입니다. 유튜브가 더욱 중요하게 생각하는 지표 역시 조회수가 아닌 시청 시간입니다. 즉, 시청자가 이 동영상을 얼마나 길게 시청하느냐가 관건인 것이죠. 콘텐츠의 완성도가 높을수록 시청자 역시 끝까지 재미있게 시청하겠죠? 재미있고 질 좋은 콘텐츠를 만들어 '끝까지 보고 싶은 콘텐츠'를 만드는 것이 핵심입니다.

세 번째, 정기적인 업로드

유튜브에서는 '순간 트래픽'도 중요합니다. 순간 트래픽은 이 콘텐츠에 얼마나 짧은 시간 동안 시청자가 몰려드느냐, 즉 얼마나 주목받고 있느냐를 보여 줍니다. 트래픽의 급증이 잦으면 유튜브의 인공지능은 이 채널을 꽤 인기 있는 채널이라고 판단합니다. 그만큼 트래픽이 솟아오르는 순간을 자주 만들어 줘야 하는데, 여기에는 정기적인 업로드가 가장 좋은 방법입니다. 한 번에 많이 업로드하는 것보다 꾸준히, 성실하게 업로드하는 게 좋은 점수를 받기 유리하므로 정기적으로 업로드할 요일과 시간을 정하는 것이 좋습니다.

정기적인 업로드는 알고리즘에도 좋지만, 시청자에게 기대감을 심어 주고 채널이 잘 운영되고 있다는 신뢰를 주는 장점도 있습니다. 기대와 만족의 사이클이 반복되면 구독자가 늘어날 가능성이 높아집니다.

> ▶ 업로드 일정을 배너 이미지에 기록해 놓는 것도 좋은 홍보 방법입니다.

네 번째, 구독자 및 시청자와의 소통

TV와 유튜브의 가장 큰 차이점이 여기에 있습니다. 일방적으로 콘텐츠를 보여 주는 TV와 달리, 유튜브는 시청자와 제작자 간의 상호작용이 가능해 이를 활용할 수 있다는 것이죠. 유튜브 시청자는 댓글이나 '좋아요' 버튼을 활용해 콘텐츠에 적극적으로 반응합니다. 시끌시끌하고 활동적인 채널일수록 알고리즘에 유리하므로 커뮤니케이션을 꾸준히 유도하세요.

특히, 구독자는 내 동영상을 시청할 확률이 높고 시청 시간도 대체로 깁니다. 동영상이 업로드됐을 때 가장 빨리 시청하는 것도 구독자입니다. 대부분 업로드된 동영상을 즉각 시청하기 때문에 순간 트래픽이 높아져 알고리즘에도 중요한 영향을 미칩니다. 구독자수 자체보다는 구독자가 높여 주는 순간 트래픽과 참여도가 중요한 것입니다.

그러니 시청자에게 좋아요, 댓글, 재시청 등의 상호작용을 끊임없이 유도하세요. 활발한 채널일수록 좋은 점수가 누적될 것입니다. 그리고 큰 역할을 하고 있는 구독자를 아끼고 그들과 정성껏 소통해 내 채널의 좋은 이미지를 심어 주세요. 구독자를 늘리는 것도 중요하지만, 기존 구독자를 잘 챙기는 것도 잊지 말아야 합니다.

다섯 번째, 메타 데이터

메타 데이터는 동영상을 설명하는 요소를 말합니다. 제목과 설명, 태그가 바로 그것이지요. 유튜브는 이 메타 데이터를 기반으로 동영상의 성격을 파악해 관련 동영상을 매칭하고 검색 결과에도 노출시킵니다. 메타 데이터를 잘 작성하면 검색 가능성도 높아지고 시청자의 관심을 유도할 수 있습니다. 하지만 단순히 시청자를 유인하기 위해 허위 키워드를 많이 사용하면 시청자의 이탈률이 높아지고 스팸 신고까지 당할 수 있으니 반드시 정확도 높은 키워드를 사용해야 합니다.

여섯 번째, 공유

유튜브는 공유가 많아도 좋은 채널이라고 인지합니다. 많이 공유되는 동영상은 다른 사람에게도 보여주고 싶은 동영상, 혼자 보긴 아까운 동영상이라는 걸 의미하니까요. 그만큼 가치 있는 콘텐츠라 여겨져 콘텐츠와 채널의 질이 높아질 수 있습니다. 어떤 면에서 '공유 욕구'를 끌어올릴 수 있을지에 대한 고민도 한 번쯤 해 보는 게 좋아요. 무겁게 생각할 필요는 없어요. "이 브랜드가 세일한대요! 세일 정보를 친구들에게도 알려 주세요."처럼 세일 정보를 알려도 되고, 나만 아는 꿀팁을 알려 줘도 됩니다.

10-3 초보 크리에이터의 시청자 유입 전략 세우기

▶ 운영 초기에 필요한 유입 전략

초보 크리에이터에게 가장 중요한 트래픽 소스는?

트래픽 소스(유입 경로) 중에서 '탐색 기능'(구독자)과 '추천 동영상'(추천 알고리즘)이 가장 중요하다고 배웠습니다. 하지만 콘텐츠의 양이 적고, 구독자도 적은 초보 크리에이터에게는 조금 다른 전략이 필요합니다.

아래 표는 〈김메주와 고양이들〉 채널의 '최근 28일'과 '처음 28일'의 트래픽 소스 통계입니다. 채널이 어느 정도 성장한 지금은 '외부'에서 유입되는 비율이 1.3%로 낮은 편이지만, 채널 운영 초반에는 26%로 추천 동영상 다음으로 많이 유입된 경로임을 알 수 있습니다.

트래픽 소스 ⓘ	시청 시간(단위: 분) ⓘ ↓	조회수 ⓘ	YouTube Red 시청 시간(단위: 분) ⓘ	YouTube Red 조회수 ⓘ	평균 시청 지속 시간 ⓘ
탐색 기능 ⓘ	2,331,794 (50%)	732,374 (48%)	51,210 (51%)	15,264 (51%)	3:11
추천 동영상 ⓘ	1,579,187 (34%)	522,165 (35%)	34,735 (34%)	10,385 (35%)	3:01
YouTube 채널	330,806 (7.0%)	103,514 (6.8%)	6,281 (6.2%)	1,846 (6.1%)	3:11
YouTube 검색	120,747 (2.6%)	57,217 (3.8%)	1,480 (1.5%)	723 (2.4%)	2:06
최종 화면 ⓘ	88,220 (1.9%)	23,177 (1.5%)	1,568 (1.5%)	441 (1.5%)	3:48
알림	73,002 (1.6%)	15,964 (1.1%)	1,996 (2.0%)	339 (1.1%)	4:34
외부	62,307 (1.3%)	27,257 (1.8%)	717 (0.7%)	314 (1.0%)	2:17
직접 입력 또는 알 수 없음 ⓘ	34,904 (0.7%)	10,697 (0.7%)	400 (0.4%)	105 (0.3%)	3:15
재생목록 페이지	30,468 (0.6%)	8,400 (0.6%)	614 (0.6%)	103 (0.3%)	3:37
재생목록	29,671 (0.6%)	7,646 (0.5%)	780 (0.8%)	260 (0.9%)	3:52
기타 YouTube 기능	15,867 (0.3%)	3,341 (0.2%)	1,521 (1.5%)	282 (0.9%)	4:44

〈김메주와 고양이들〉 채널의 최근 28일간 트래픽 소스 통계

트래픽 소스 ⓘ	시청 시간(단위: 분) ⓘ ↓	조회수 ⓘ	YouTube Red 시청 시간(단위: 분) ⓘ	YouTube Red 조회수 ⓘ	평균 시청 지속 시간 ⓘ
추천 동영상 ⓘ	633 (43%)	352 (42%)	8 (94%)	3 (60%)	1:47
외부 ⓘ	386 (26%)	149 (18%)	0 (0.5%)	1 (20%)	2:35
YouTube 채널	163 (11%)	168 (20%)	0 (5.5%)	1 (20%)	0:58
YouTube 검색	147 (10%)	81 (9.7%)	0 (0.0%)	0 (0.0%)	1:48
직접 입력 또는 알 수 없음 ⓘ	72 (4.9%)	34 (4.1%)	0 (0.0%)	0 (0.0%)	2:06
탐색 기능 ⓘ	59 (4.0%)	38 (4.5%)	0 (0.0%)	0 (0.0%)	1:33
기타 YouTube 기능	9 (0.6%)	7 (0.8%)	0 (0.0%)	0 (0.0%)	1:17
동영상 카드 및 특수효과	1 (0.1%)	3 (0.4%)	0 (0.0%)	0 (0.0%)	0:25
알림	0 (0.0%)	4 (0.5%)	0 (0.0%)	0 (0.0%)	0:05

〈김메주와 고양이들〉 채널의 처음 28일간 트래픽 소스 통계

블로그, 페이스북 등 SNS에 공유하기

유튜브 콘텐츠라 하더라도 꼭 유튜브에서만 재생돼야 하는 것은 아닙니다. 공유 기능이 있기 때문에 페이스북, 네이버 블로그 등 다른 웹 사이트에서 얼마든지 시청할 수 있습니다. 운영하고 있는 SNS가 있다면 해당 채널에도 동영상을 업로드해 적극적으로 홍보하세요.

새로 업로드한 동영상은 조회수가 거의 없기 때문에 유튜브 안에서 시청자에게 노출될 확률이 낮을 수밖에 없습니다. 하지만 운영 중인 SNS에 함께 업로드하면 여기서도 조회수가 카운트됩니다. 외부 링크를 통해 차근차근 조회수를 쌓다 보면 유튜브도 서서히 내 콘텐츠에 눈길을 줄 것입니다. 게다가 질 좋고 재미있는 콘텐츠라면 시청자 역시 자발적으로 퍼 나르기 시작합니다. 친구에게 "이것 좀 봐!" 하면서 보내기도 하고, 자신의 블로그에 링크를 걸기도 하면서요. 이처럼 채널 운영 초반에는 외부 링크를 통한 홍보가 제법 도움이 됩니다. 동영상을 공유할 때는 '구독'과 '좋아요' 요청도 잊지 마세요.

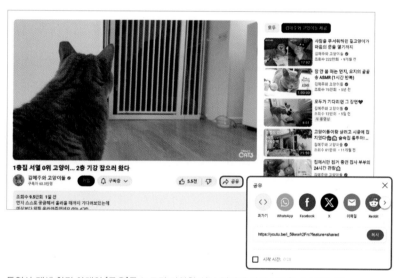

동영상 재생 화면 아래의 [공유]를 누르면 다양한 외부 채널에 쉽게 공유할 수 있습니다.

인스타그램에 공유하기

인스타그램은 유튜브에서 직접 공유가 불가능하고 러닝 타임 제한(1분)이 있기 때문에 짧은 예고편이나 맛보기 영상을 따로 제작해 올리면 됩니다. '풀버전 영상은 유튜브 채널에서 볼 수 있다'라는 코멘트로 유튜브 유입을 유도하세요. 인스타그램에서 조회수가 높거나 '좋아요'를 많이 받으면 자연스럽게 콘텐츠가 홍보돼 유튜브 채널 성장에도 도움이 되므로 인스타그램을 활발히 사용하고 있다면 꼭 고려해 보세요.

인스타그램 추천 영역에 노출되면 콘텐츠를 자연스럽게 홍보할 수 있습니다.

'풀버전 영상은 유튜브 채널에서 볼 수 있다'는 코멘트로 유입을 유도하세요.

혹시 SNS를 운영하지 않는 분이 있다면 블로그, 인스타그램, 트위터, 페이스북 등 제2의 소통 공간을 꼭 만들라고 권하고 싶어요. 유튜브에 올린 콘텐츠를 공유할 수도 있지만, 유튜브에서는 공개되지 않은 비하인드 스토리, 미공개 사진, 영상 등을 게시하면 더 좋습니다. 같은 내용의 콘텐츠만 올라온다면 구독자 역시 굳이 팔로우할 필요성을 못 느끼겠지요. SNS를 발견한 구독자에게는 우리끼리만 통하는 비밀 공간을 발견한 느낌을 줄 수 있습니다. 단, 채널 운영 초반부터 SNS에 너무 힘을 쏟지는 말고 구독자수가 1,000명 즈음에 도달하면서 채널이 꽤 활성화됐을 때 시작해 보는 것이 좋습니다.

🎙 **김메주의 라이브 톡!**　　**내 유튜브 주소는 어디서 볼 수 있나요?**

유튜브의 PC 웹 화면 오른쪽 상단에서 계정 아이콘을 누른 후 [내 채널]을 클릭하면 내 채널을 바로 볼 수 있습니다. 채널에 접속한 후 웹 브라우저 주소창을 살펴보면, 아래와 같은 형태의 사이트 주소가 보입니다.
https://www.YouTube.com/channel/UCCb6W2FU1L7j9mw14YK-9yg
주소가 많이 복잡하죠? 긴 주소를 짧게 요약하는 데에는 두 가지 방법이 있습니다. 아래 표를 참고하세요.

1. 유튜브가 제공하는 '핸들' 사용	YouTube 스튜디오의 메뉴에서 [맞춤설정] → [기본 정보] → [핸들] 기능을 사용하세요.
2. 단축 url 서비스 'Bitly' 사용	bitly.com에 접속해 회원 가입(Sign up) 후에 이용할 수 있습니다. 무료로 단축 url을 만들 수 있으니 사용해 보는 것도 좋아요.

긴 주소를 짧게 요약하는 두 가지 방법

▶ 운영 초기에 필요한 커뮤니케이션 전략

구독자를 늘리는 것만큼 중요한 것이 기존 구독자를 잘 챙기는 것입니다. 초기 구독자는 충성 구독자가 돼, 다양한 채널에 직접 공유해 주기도 하고 콘텐츠 아이디어를 주기도 하면서 크리에이터와 함께 호흡합니다. 그중 반응이 좋았던 몇 가지 사례를 소개해 드릴게요.

구독자의 댓글 영상에 등장시키기

팬의 댓글을 캡처해 영상에 등장시켜 보세요. 혼자 보기 아까운 댓글을 유머러스하게 연출해 띄우거나 지난 영상의 베스트 댓글을 소개할 수도 있습니다. 구독자가 댓글로 요청한 콘텐츠가 있다면 요청받은 콘텐츠를 제작하면서 해당 댓글을 노출시켜도 좋고요. 많은 사람이 보는 영상에 내 댓글이 나타나는 것은 생각보다 특별한 경험이랍니다.

〈김메주와 고양이들〉 채널

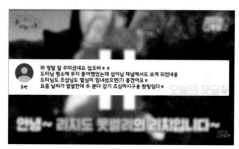

〈섭이는 못 말려〉 채널

구독자의 아이디어 적극 반영하기

생방송 당시에 한 구독자가 댓글로 써 준 상황극이 재미있어서 생방송 촬영분 중 그 부분만 잘라 내고 내용을 각색해 하이라이트 콘텐츠로 제작했습니다. 상황극 아이디어를 내 준 분의 닉네임을 동영상 첫 부분에 언급해 구독자와 함께 만든 콘텐츠라는 것을 강조하기도 했고요.

구독자가 달아 준 댓글 아이디어로 콘텐츠 제목을 만든 사례

구독자의 각본을 재구성해 만든 콘텐츠

팬을 더욱 감동시킬 수 있는 오프라인 소통

댓글과 실시간 스트리밍으로 온라인 소통은 기본, 오프라인 소통을 기획하는 데도 힘썼습니다. 구독자를 집에 초대하거나 사진전을 열어 팬과 만나는 자리도 마련하고, 전화 연결 이벤트로 팬과 통화하며 즉석 게임을 즐겨 보기도 했어요. 채널과 관련된 직접적인 경험을 안겨 주면 오래도록 기억에 남는 채널이 될 것입니다. 구독자가 많아야만 가능한 일이 아닙니다. 오히려 구독자수가 많지 않을 때의 오프라인 소통으로 더욱 끈끈한 관계를 만들 수 있답니다.

생방송 중에 진행한 전화 연결 이벤트

다양한 아이디어로 팬과 소통하려 노력한다면 그들도 반드시 응답할 거예요.

특히, 초기 구독자에게는 감사 표현도 많이 하고 닉네임도 눈여겨봐 주세요. 초기에는 구독자가 많지 않아 커뮤니케이션이 어렵지 않으니까요. 지금도 '초기 구독자예요.'라는 댓글이 보이면 저 역시 적극적으로 감사를 표하곤 한답니다. 구독자도 감동받을 수 있을 거예요. 이렇듯 구독자와의 부지런한 소통은 충성 구독자를 만드는 가장 확실한 방법입니다.

🎙 **김메주의 라이브 톡!**   **악플이 달리면 어떻게 대처하는 게 좋을까요?**

혹시 악플이나 스팸 댓글이 달린다면 삭제나 신고도 좋지만 '숨기기' 기능을 적극 활용하는 것을 추천합니다. '채널에서 이 사용자의 댓글 숨기기'를 하면 해당 사용자의 댓글은 앞으로 악플을 쓴 본인에게만 보입니다. 자신은 댓글을 달았지만 아무에게도 노출되지 않는 것이죠. 악플러와 불필요한 충돌을 피하면서 문제를 해결할 수 있는 편한 방법이랍니다.

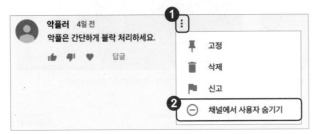

숨겨진 사용자 관리, 단어 자동 차단 등은 YouTube 스튜디오의 [설정 → 커뮤니티]에서 설정할 수 있어요.

10-4 해외 사용자를 시청자로 만들기

유튜브의 강점 중 하나는 전 세계의 시청자를 타깃으로 삼을 수 있다는 점입니다. 라온(Raon), 회사원J 등 실제로 해외 유저에게도 큰 인기를 얻고 있는 한국 크리에이터도 많습니다. 특히 언어 장벽이 낮은 메이크업, 요리, 애니메이션, 음악, ASMR 등의 주제는 전 세계 시청자에게 더 쉽게 다가갈 수 있습니다.

▶ 해외 사용자를 타깃으로 하면 좋은 점

평균 조회수와 구독자의 한계가 거의 사라집니다
국내 인기 크리에이터의 경우 월 평균 4,000~5,000만 회 정도의 조회수를 기록하고 있지만, 해외에서도 인기 있는 크리에이터의 경우 억대의 조회수를 기록해 국내에서 낼 수 있는 조회수의 한계치를 넘어서고 있습니다.

광고 수익에서 유리해집니다
해외 시청자는 비교적 광고를 잘 시청하고 국가별 광고 단가의 차이도 꽤 큽니다. 미국의 경우에는 우리나라의 3~4배 정도 높습니다.

▶ 해외 사용자를 타깃으로 삼기 좋은 콘텐츠 유형

대사가 없어도 시청할 수 있는 콘텐츠
공연 '난타'는 주방을 무대로 네 명의 요리사가 요리를 하며 벌이는 소동을 그린 창작극입니다. 한국 공연 사상 최다 관객을 동원하고, 전용관이 생길 만큼 국내에서도 전무후무한 인기를 끌었죠. 하지만 더 놀라운 것은 해외 반응이었습니다. 아시아를 넘어 미국, 유럽까지 퍼지며 세계에서도 인정받아 한국을 대표하는 문화 상품이 됐답니다. 한국에서 만든 창작극이 전 세계 관광객들의 발길을 사로잡을 수 있었던 비결은 무엇일까요?
화려한 퍼포먼스, 신명나는 음악 등 공연에 빠질 수 없는 요소는 모두 갖췄지만 반대로 없는 게 하나 있는데, 그것은 바로 '대사'입니다. 비언어적 공연(non-verbal performance)이라고 하죠. 대사를 뺐더니 세계에서도 먹히는 공연이 탄생한 겁니다.

유튜브에서도 마찬가지입니다. 노래, 장난감 개봉, ASMR, 메이크업, DIY 등의 콘텐츠는 대사가 없어도 시청하는 데 어려움이 없습니다. 읽지 않고 보고 듣는 것만으로도 즐길 수 있는 콘텐츠가 강세인 이유가 바로 여기에 있습니다.

〈JFlaMusic〉 채널. 해외 인기곡을 자신만의 스타일로 소화해 부른 영상을 업로드해요.

〈rappeler 하쁠리〉 채널. 다양한 ASMR 콘텐츠를 업로드해요.

문화 소개 콘텐츠

해외 문화 소개는 전 세계 사용자가 관심을 갖는 주제 중 하나입니다. 한국과 영국 문화를 서로 체험하는 콘텐츠를 만드는 〈영국남자〉 채널이나 국제 시사에 대한 인터뷰, 동서양 문화를 소개하는 〈아시안보스〉 채널이 바로 이런 주제를 다루고 있죠. 문화 차이에 대한 호기심은 나라를 불문하고 인기 있는 소재이므로 글로벌을 타깃으로 삼기에 좋습니다.

친절한 해설과 각 국가의 언어로 번역된 자막은 필수입니다. 그런데 자막을 넣을 때 주의해야 할 점이 있습니다. 바로 자막의 '스타일'입니다. 한국과 일본은 화려한 그래픽 자막을 선호하지만, 대부분의 해외 시청자는 깔끔한 자막을 선호하기 때문이지요.

한국 문화를 사랑하는 영국인 조쉬와 올리가 운영하는 〈영국남자〉 채널

한국에 사는 일본인 에리나가 운영하는 〈에리나 The World of Erina〉 채널

▶ 해외 사용자를 겨냥한 콘텐츠의 가장 큰 특징은?

자막 이야기를 좀 더 해 볼게요. 한국이나 일본의 TV 프로그램만 봐도 그래픽 자막이 쉴 틈 없이 들어 있다는 걸 알 수 있는데요. 자막이 없으면 오히려 허전하게 느껴지기도 합니다. 이와 반대로 미국의 TV 프로그램에서는 그래픽 자막을 찾아보기 힘듭니다. 한국과 일본은 이런 자막 문화에 익숙한 편이지만, 그렇지 않은 국가에서는 오히려 시청에 방해되고 어지 럽다고 느끼는 것이죠.

그래픽이 풍부한 한국, 일본의 예능 프로그램 자막

이렇게 그래픽 자막을 선호하지 않는 특성은 유튜브의 콘텐츠 소비에서도 같은 양상을 보입 니다. 국내 사용자를 주요 타깃으로 삼는다면 그래픽 자막을 활용하는 편이 좋고, 해외 사용 자가 주요 타깃이라면 활용하지 않는 편이 좋습니다. 자막이 필요하다면 번역된 언어, 설명 등의 텍스트 자막을 깔끔하게 넣는 것이 좋습니다.

〈아시안보스〉 채널(왼쪽), 〈김메주와 고양이들〉 채널(오 른쪽)의 콘텐츠

같은 '인터뷰 콘텐츠'이지만, 시청 국가의 타깃에 따라 자 막 활용이 다르다는 것을 알 수 있습니다.

▶ 최소한의 노력으로 해외 이용자 모으기

국내 사용자에게 집중할 경우, 해외 사용자를 완전히 놓치게 되는 걸까요? 그렇지 않습니다. 유튜브에서 제공하는 몇 가지 기능을 활용하면 국내, 해외 사용자 모두 내 콘텐츠를 즐길 수 있답니다. 국내 사용자에게 집중하되, 최소한의 노력으로 최대한 많은 해외 이용자를 모으 는 전략을 소개합니다.

동영상의 제목과 설명을 다양한 언어로 작성하기

제목과 설명은 언어별로 입력할 수 있습니다. 콘텐츠의 제목과 설명에 '영어', '일본어', '프랑스어' 등 국가별 언어를 입력해 두면 시청하는 국가에 맞는 번역 제목이 나타나게 되는 것이죠. 다양한 언어를 사용하면 해외에서 검색될 확률 또한 높아집니다. 해외 사용자도 끌어들이고 싶다면 전 세계 공용어인 영어 제목은 꼭 추가하세요.

한국에서 보이는 내 콘텐츠

영어권 국가에서 보이는 내 콘텐츠

하면 된다! } 제목과 설명을 다양한 언어로 작성하기

1 YouTube 스튜디오 메뉴의 [동영상]에서 해당 영상의 제목을 클릭합니다.

동영상 세부 정보 화면이 나타나면 왼쪽의 [자막]을 클릭합니다.

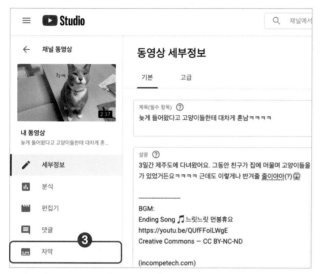

동영상 세부 정보 화면의 [텍스트 변환] 클릭

2 우선 채널의 기본 언어를 설정합니다. [한국어]를 선택한 후 [확인] 버튼을 클릭하세요.

▶ 기본 언어는 최초 한 번만 설정하면 됩니다. 이미 기본 언어 설정을 마친 상태라면 곧바로 **3**의 화면이 보입니다.

3 언어가 추가되면 '제목 및 설명'의 [추가]를 클릭합니다.

4 입력 창이 나타나면 제목과 설명을 해당 국가 언어로 입력한 후 [게시]를 클릭하세요.

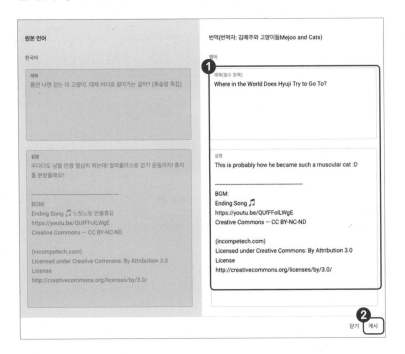

외국어 자막 직접 입력하기

자막 도구를 활용해 번역문 자막을 수동으로 입힐 수 있습니다. 〈김메주와 고양이들〉채널은 한국어, 영어, 일본어, 스페인어, 인도네시아어로 총 5개 국가의 자막을 제공하고 있어요.

영어 자막을 켠 화면

일본어 자막을 켠 화면

특히 영어 자막의 반응은 매우 빠르게 나타났습니다. 영어 자막을 본격적으로 넣은 이후 영어권 시청자의 비율이 1%에서 30%로 크게 늘었거든요. 해외 시청자에게도 반응이 있다는 것을 확인하고 최근에는 일본어, 스페인어, 인도네시아어 자막을 함께 제공하기 시작했습니다. 그렇다면 해외 시청자는 내 영상에 자막이 있는지 어떻게 알 수 있을까요? 자막을 추가해 두면 CC 파일(자막 파일)이 영상에 포함되는데 유튜브는 이 CC 파일 역시 메타 데이터로

인식합니다. 영어 CC 파일이 포함된 영상이라면 영어권 시청자에게도 보일 확률이 높아지는 것이죠. 글로벌 채널로 성장하고 싶다면 CC 자막을 꼭 넣는 것이 좋겠죠? 단, 앞에서 말한 '제목과 설명을 번역하기'도 꼭 함께 실천해 주세요. 영상 제목에 한국어만 보인다면 번역문 자막이 포함된 영상이라는 걸 알 수 없을 테니까요. 자막 입력은 앞의 **3**번 과정에서 '자막'의 [추가] 버튼을 클릭하면 됩니다.

커뮤니티 자막 제공 번역 허용 ▼				언어 추가
언어	수정일	제목 및 설명	자막	
한국어 (동영상 언어)	2019. 7. 28.	게시됨 크리에이터 번역	게시됨 크리에이터 번역	
영어(미국)	-	추가	추가 ⧉	

채널명을 다양한 언어로 작성하기

채널명에 한글과 영어를 함께 적는 경우를 많이 보셨을 거예요. 해외 시청자를 고려한 것이긴 하지만 이 때문에 채널명이 지나치게 길어지기도 합니다. 너무 긴 채널명은 가독성을 떨어뜨릴 수 있고 채널명 끝부분이 잘리는 문제가 발생할 수도 있습니다.

모바일로 본 〈김메주와 고양이들〉 채널. 한글과 영문을 나열하면 채널명이 너무 길어 잘려 보이는 문제가 생겨요.

그뿐 아니라 낯선 한글이 채널명에 우선적으로 보이면 모르는 언어의 채널로 여겨 지나쳐버리는 일이 생길 수도 있죠. 해외 사용자를 겨냥한다면 채널명과 채널 정보까지 번역해 두는 것을 추천합니다. 〈김메주와 고양이들〉 채널은 자막을 제공하는 국가에 맞춰 총 5개 언어로 설정해 뒀어요.

한국에서 보이는 〈김메주와 고양이들〉 채널 화면

미국, 캐나다 등의 영어권 국가에서 보이는 〈김메주와 고양이들〉 채널 화면

일본에서 보이는 〈김메주와 고양이들〉 채널 화면

하면 된다! } 채널명과 채널 정보를 다양한 언어로 입력하기

1 YouTube 스튜디오 메뉴의 [맞춤설정]을 클릭한 후 [기본 정보] 탭을 클릭하세요. '채널 이름 및 설명'란 하단에 보이는 [+ 언어 추가]를 클릭합니다.

2 채널 번역 화면이 열리면 [원본 언어]와 [번역 언어]를 각각 선택합니다. 번역한 내용도 입력한 후 [완료]를 클릭하세요.

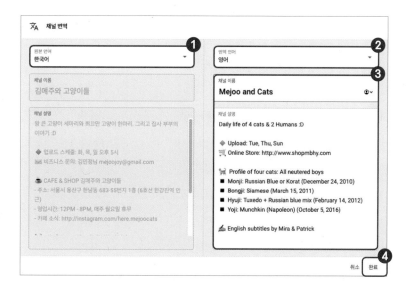

여러 가지 언어로 설정해둘 수 있으니 필요한 언어를 모두 등록해 둡니다. 과정이 끝난 후 반드시 [게시]를 클릭해야 저장되는 점 잊지 마세요.

이미 채널을 운영하고 있다면 어떤 국가의 언어를 제공할지 결정하기 더 쉬울 것입니다. [분석 → 시청자층 → 많이 본 지역]의 통계를 확인해 보고, 대한민국 외의 다른 국가에서도 시청이 일어나고 있다면 해당 국가에 대한 자막을 고려해 보세요.

목표 국가를 먼저 정한 뒤 시작하고 싶다면 관련된 통계 자료를 참고하면 좋습니다. 아래의 표는 세계에서 가장 많이 사용하고 있는 언어를 보여줍니다. 1위는 역시 영어입니다. 영어 자막 데이터가 쌓이면 쌓일수록 영어권 국가 시청의 확률을 높일 수 있겠죠?

순위	언어	주요 국가	사용자 수(백만 명)
1	영어(English)	영국	15,000
2	중국어(Chinese)	중국	11,000
3	힌디어(Hindi)	인도	609.5
4	스페인어(Spanish)	스페인	559.1
5	프랑스어(French)	프랑스	309.8
6	아랍어(Standard Arabic)	사우디아라비아	274
7	벵골어(Bengali)	방글라데시	272.8
8	포르투갈어(Portuguese)	포르투갈	263.6
9	러시아어(Russian)	러시아	255
10	우르두어(Urdu)	파키스탄	231.7
11	인도네시아어(Indonesian)	인도네시아	199.1
12	독일어(Standard German)	독일	133.2
13	일본어(Japanese)	일본	123.4
14	나이제리아어(Nigerian Pidgin)	나이제리아	120.7
15	이집트어(Egyptian Spoken Arabic)	이집트	102.4
16	마라티어(Marathi)	인도	99.2
17	텔루구어(Telugu)	인도	96.0
18	터키어(Turkish)	터키	90
19	타밀어(Tamil)	인도	86.6
20	광동어(Yue Chinese)	중국	86.6

21	베트남어(Vietnamese)	베트남	85.8
22	상하이어(Wu Chinese)	중국	83.4
23	타갈로그어(Tagalog)	필리핀	83.1
24	한국어(Korean)	대한민국	81.7
25	페르시아어(Persian)	이란	78.6

2023년 세계 언어 순위(출처: www.ethnologue.com/insights/ethnologue200/)

아래 그래프는 유튜브를 가장 많이 시청하는 나라를 보여줍니다. 1위는 인도입니다. 많은 인구수를 바탕으로 압도적인 조회수를 기록하고 있어요. 흥미로운 점은 베트남의 시청수가 우리나라보다 더 높다는 것입니다. 실제로 태국, 필리핀, 베트남 등의 동남아시아에서는 한국의 뷰티, 패션 콘텐츠, vlog 등 K-콘텐츠에 대한 열기가 뜨겁습니다. 통계가 보여주는 여러 가지 인사이트를 참고해 자막 언어를 결정해 보세요.

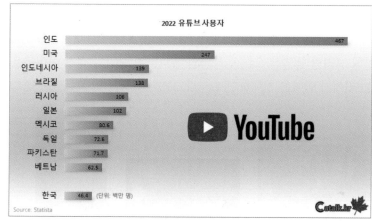

2022년 유튜브 총 시청률 기준으로 선정된 상위 10개국(출처: www.statista.com/)

자동 자막 제공 기능 활용하기

'자동 자막 제공'은 입력해 놓은 자막을 시청자가 선택한 국가의 언어로 자동 번역해 주는 기능입니다. 따라서 어떤 언어든, 자막이 한 가지 이상은 꼭 입력돼 있어야 해요. 앞에서 소개한 방법대로 한글 자막을 입력해 놓았다면 시청자가 자동 번역 기능을 켜서 자막을 볼 수 있습니다.

크리에이터가 한글 자막만 입혀 두면 번역은 유튜브가 맡아서 해 줍니다.

자동으로 번역된 영문 자막

자동 번역 기능을 확인해 보려면 동영상 오른쪽 하단의 톱니바퀴 모양의 설정 아이콘을 클릭하고 [자막 → 자동 번역]에서 언어를 선택하면 됩니다. 다만, 아직은 번역 품질이 좋지 않습니다.

번역의 정확도를 높일 수 있는 한 가지 팁이 있어요. 자막을 말하는 그대로 입력하지 않고 정제된 문장으로 고쳐 사용하는 겁니다. 더욱 정밀한 번역을 위해 유튜브가 힘을 쏟고 있다고 하니 앞으로 기대가 되네요.

김메주의 라이브 톡! | **번역을 혼자 해결하기 어려워요**

번역을 혼자 해결하기 어렵다면 전문가의 도움을 받는 방법도 추천해요. 제가 이용 중인 번역 서비스 몇 가지를 여러분께 소개할게요.

추천 1 플리토

플리토에 원문을 올리면 번역가가 빠르게 참여해 번역문을 제공합니다. 비교적 저렴한 비용으로 빠르게 번역을 해결할 수 있어요.

플리토(flitto.com)

추천 2 자메이크, 컨텐츠플라이

유튜브 콘텐츠 번역을 전문적으로 진행하는 곳입니다. 영상 URL만 전달하면 번역은 물론 자막 입력 작업까지 끝내 주므로 굉장히 편리합니다.

자메이크(jamake.io)

컨텐츠플라이(contentsfly.com)

동영상에 한글 자막 입력하기

내 채널에 업로드한 영상 중에서 하나를 골라 한글 자막을 넣고 자동 번역 기능을 확인하세요. 자막이 있으면 음소거 상태에서도 시청할 수 있고, 해외 시청자는 자동 번역 기능을 사용할 수 있다는 장점이 있습니다. 또한 청각 장애가 있는 시청자의 콘텐츠 접근권을 높이는 의미 있는 작업이기도 합니다.

꼭 모든 대사를 자막으로 만들 필요는 없어요. 대사가 많다면 흐름과 주요 장면만 이해할 수 있는 수준으로 자막의 분량을 조절하세요.

• 방법

1. 자막을 넣을 동영상을 고른 후 [수정] 버튼을 클릭합니다.

2. [자막] 탭에 들어가 [새 자막 추가▼]를 클릭하고 [한국어]를 선택합니다.

3. [새 자막 만들기]를 클릭한 후 자막과 시간을 입력합니다.

실시간 스트리밍으로
충성 구독자 만들기

최근 '실시간 스트리밍 서비스'가 온라인 동영상 시장을 뜨겁게 달구고 있습니다. 유튜브 역시 실시간 스트리밍 서비스 경쟁에 뛰어들었고, 지금 이 순간에도 기능을 계속 업데이트하고 있습니다. 이번 장에서는 유튜브에서의 실시간 스트리밍 방법에 대해 배우고, 이를 전략적으로 활용하는 노하우를 알아볼게요.

11-1 실시간 스트리밍에 주목해야 하는 이유

▶ 실시간 스트리밍과 슈퍼챗

실시간 스트리밍이란?

'실시간 스트리밍'은 유튜브가 제공하는 실시간 스트리밍 서비스의 명칭입니다. 실시간 스트리밍 송출뿐 아니라 팬과의 채팅으로 실시간 커뮤니케이션도 가능하지요. 국내 서비스인 아프리카TV나 치지직을 떠올리면 쉽습니다. 실시간 스트리밍을 시청하는 유형도 다양한데요. TV를 보듯 집중해 시청하기도 하고 라디오를 듣듯, 할 일을 하면서 가볍게 시청하기도 합니다.

유튜브 모바일 스트리밍 서비스

〈김메주와 고양이들〉 채널의 실시간 스트리밍

실시간 스트리밍은 게임 유튜버에게만 해당하는 기능이 절대 아닙니다. 게임 분야에서 많이 쓰는 것은 사실이지만, 구독자와 더 가깝게 소통하고 싶은 유튜버라면 실시간 스트리밍을 채널에 정규 편성해 주기적으로 방송하거나 팬과의 소통을 위한 1회성 이벤트로라도 시작해 보세요. 구독자와 더욱 끈끈한 관계를 유지하는 데 도움이 됩니다. 〈김메주와 고양이들〉 채널도 조금 서툴게 시작했지만, 지금은 주 1회 정기적으로 방송을 진행하고 있습니다. 실시간 스트리밍으로 구독자에게 특별한 경험을 선물해 보세요.

슈퍼챗이란?

'슈퍼챗(super chat)'은 실시간 스트리밍 중 사용할 수 있는 후원 기능입니다. 시청자가 실시간 스트리밍 중인 크리에이터에게 일정 금액을 후원하는 형식이지요. 시청자는 크리에이터를 응원하거나 돋보이는 채팅 메시지를 띄우기 위해 후원 금액과 함께 메시지를 보냅니다.

실시간 채팅창에 보이는 후원 메시지

시청자가 후원을 하면 채팅창에 후원 메시지가 노출되고 채팅창 상단에도 후원 스티커가 고정됩니다. 스티커의 색상과 표시되는 시간은 금액별로 다른데, 금액이 높을수록 스티커 표시 시간도 길어집니다. 후원 금액이 모두 크리에이터에게 돌아오는 것은 아니며, 수수료 등을 제외한 약 65% 정도의 금액이 광고 수익과 함께 정산됩니다.

후원 금액(대한민국, 원)	색상	메시지 최대 길이	스티커 표시 시간
1,000~1,999원	▬	0자	0초
2,000~4,999원	▬	50자	0초
5,000~9,999원	▬	150자	2분
1만~19,999원	▬	200자	5분
20,000~49,999원	▬	225자	10분
50,000~99,999원	▬	250자	30분
100,000~199,999원	▬	270자	1시간
200,000~299,999원	▬	290자	2시간
300,000~399,999원	▬	310자	3시간
400,000~499,999원	▬	330자	4시간
500,000원	▬	350자	5시간

후원 금액에 따른 스티커 차이

▶ 실시간 스트리밍에 주목해야 하는 이유

첫째, 유튜브가 팍팍 밀어 주고 있는 신규 서비스

TV를 틀어야만 방송을 볼 수 있던 과거와는 달리 스마트폰으로 언제, 어디서든 방송을 볼 수 있습니다. 그 덕분에 실시간 비디오 스트리밍 서비스(라이브)가 더욱 주목받고 있습니다. 유튜브를 비롯한 페이스북, 인스타그램, 네이버 등 큼직한 IT 기업이 스트리밍 서비스 경쟁 대열에 뛰어들었습니다. 특히, 유튜브는 2017년 2월에 슈퍼챗 기능까지 도입해 라이브 서비스에 본격적인 시동을 걸기 시작했습니다. 그만큼 라이브를 적극적으로 활용하는 크리에 이터에게 좀 더 유리한 알고리즘이 적용되도록 밀어 주고 있습니다.

둘째, 충성 구독자를 만들 수 있는 가장 좋은 방법

실시간 스트리밍은 시청자와의 소통에 걸맞은 최적의 도구입니다. 동영상에 달리는 댓글로 도 커뮤니케이션이 가능하지만, 실시간으로 답변을 달지 않는 이상 즉각적인 소통은 어렵지 요. 실시간 스트리밍의 채팅 기능은 완전한 '실시간' 소통이 가능합니다. 이런 즉각적인 상 호작용으로 팬과의 관계를 더욱 탄탄하게 다질 수 있습니다.

방송 중에 시청자의 채팅을 읽으며 지속적으로 소통하는 것도 중요합니다. 방송 중에 이름 이 불린 시청자에게는 잊지 못할 경험이 될 거예요. 라디오 방송에 내 사연이 읽히는 기분과 비슷하거든요.

셋째, 시청 시간을 늘릴 수 있다

유튜브 자체 통계에 따르면, 실시간 스트리밍을 매주 진행하는 유튜브 채널은 구독자수 40%, 시청 시간 70% 증가를 경험했고, 실시간 스트림의 평균 시청 시간은 기존 방식으로 제작된 콘텐츠의 평균 시청 시간보다 3배 더 높다고 합니다. 여기서 유튜브가 말하는 시청 시간은 상대적이 아닌 절대적 시간입니다. 끝까지 시청된 5분짜리 영상보다 10분 시청된 60분짜리 영상의 시청 시간이 더 길다는 것을 의미하죠.

비교적 오랜 시간 동안 진행되는 실시간 스트리밍은 시청 시간에서 좀 더 유리하게 작용합 니다. 시청자와 오랜 시간 채팅으로 소통하다 보면 시청자 역시 방송 공간에 오래 머물게 되 고 시청 시간 또한 길어지기 마련이니까요.

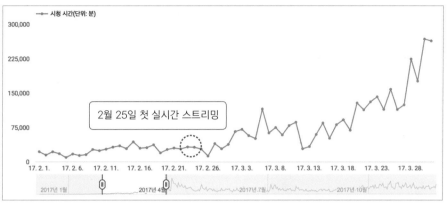

〈김메주와 고양이들〉 채널의 2~3월 시청 시간 통계입니다. 2월 25일 첫 실시간 스트리밍 이후 시청 시간이 지속적으로 증가하고 있습니다.

넷째, 콘텐츠를 재생산할 수 있다

실시간 스트리밍이 끝나면 방송분이 자동으로 유튜브에 업로드됩니다. 후속 작업이 따로 필요하지 않아 작업 시간을 특별히 들이지 않고도 콘텐츠를 생산할 수 있지요. 방송 중의 하이라이트만 따로 모아 편집해도 재미있는 콘텐츠가 만들어집니다. 이처럼 실시간 스트리밍을 적극적으로 활용하면 시청자에게 색다른 재미를 줄 수 있답니다.

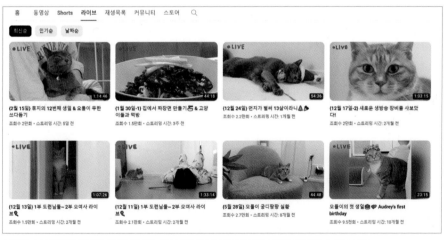

실시간 스트리밍이 끝나면 [라이브] 메뉴에서 자동으로 업로드된 방송분을 확인할 수 있습니다.

11-2 실시간 스트리밍 준비하기

〈김메주와 고양이들〉채널은 주 1회 실시간 스트리밍을 진행하고 있습니다. 고양이에게 간식도 주고 사냥 놀이도 하며 우리 집의 실시간 모습을 보여 드리고 있어요.

실시간 스트리밍 화면

지루하지 않고 완성도 높은 실시간 스트리밍을 위해 사전 준비 역시 철저히 하고 있습니다. 콘텐츠는 반드시 미리 짜 두고 몇 시에 뭘 할 건지 시간별 일정도 간단하게 작성해 둡니다. 카메라 배터리도 완충해 두고 사운드나 채팅 환경에 문제가 없는지 꼼꼼히 살펴보기도 하고요. 이처럼 시청자의 흥미를 끄는 실시간 스트리밍을 위해서는 사전 준비가 꼭 필요합니다. 여러 가지 방송 방법을 알고 나에게 맞는 방법을 선택하는 것도 중요합니다. 실시간 스트리밍을 하기 전 어떤 준비가 필요한지 알아볼게요.

▶ 콘텐츠 준비하기

실시간 스트리밍의 목적 이해하기
아래의 질문에 답해 보고 실시간 스트리밍의 목적과 계획을 떠올려 보세요.

Q1 이벤트를 위한 1회성 방송인가요? 아니면 주기적으로 진행할 정기 콘텐츠인가요?

Q2 실시간 스트리밍으로 보여 줄 스토리가 준비됐나요?

Q3 실시간 스트리밍에는 누가 등장하나요?

Q4 동영상 제작이 아닌 실시간 스트리밍으로 진행해야 더 재미있는 콘텐츠인가요?

Q5 실시간 스트리밍에서 시청자에게 줄 수 있는 유익은 무엇일까요?

Q6 예상 방송 시간은 얼마나 되나요?

실시간 스트리밍 콘텐츠는 어떤 게 좋을까?

방송을 켜 두고 아무 말이나 할 수는 없겠죠? 실시간 스트리밍에서 어떤 내용을 보여 줄지에 대한 콘텐츠 준비는 반드시 필요합니다.

미리 제작해 둔 콘텐츠를 업로드하는 것보다 실시간으로 방송했을 때 훨씬 재미있는 콘텐츠가 있습니다. 이를테면 시청자에게 질문을 받아 즉석에서 답변한다거나 흥미로운 행사에 참여해 현장 분위기를 바로 전달하는 등의 콘텐츠가 그러하지요. 시청자의 반응에 따라 유연하게 진행할 수 있으니 대본보다는 카메라 앞에서 어떤 활동을 할지 정도만 가볍게 준비해 보세요.

〈김메주와 고양이들〉 채널의 실시간 스트리밍. 팬에게 받은 선물을 개봉하며 이야기를 나눠요.

〈Animal Adventure Park〉 채널의 실시간 스트리밍. 뉴욕의 한 교육 동물원에서 기린의 출생 모습을 생중계했어요.

〈셀프 어쿠스틱〉 채널의 실시간 스트리밍. 스톱 모션 색칠 작업을 공개했어요.

〈예씨〉 채널의 실시간 스트리밍. 하나의 주제를 갖고 시청자와 자유롭게 대화해요.

〈Neon Park〉 채널의 실시간 스트리밍. 플립북 만드는 과정을 공개했어요.

▶ '시청자와 실시간으로 게임 즐기기', '시청자에게 신청곡 받아 즉석 연주하기' 등 작은 아이디어도 실시간 스트리밍의 콘텐츠가 될 수 있습니다.

방송을 앞두고 너무 긴장할 필요는 없습니다. 완벽해야 하는 TV 생방송과 다르다는 걸 시청자도 알고 있답니다. 실시간 스트리밍만의 묘미를 이해하고 시청자와의 소통을 즐겨 보세요.

▶ 실시간 스트리밍을 위한 영상 장비 준비하기

스마트폰? 카메라?

실시간 스트리밍은 사용하는 장비에 따라 준비 과정이 다릅니다. '스마트폰 카메라'나 '노트북 웹캠'을 이용한 방송은 화질이 조금 떨어지지만, 별다른 설정 없이 바로 방송할 수 있어 편리합니다. 반면, '디지털 카메라'를 이용한 방송은 컴퓨터와 연결해야만 가능하므로 준비 과정이 다소 복잡하지만, 카메라의 높은 화질 그대로 옮겨 방송할 수 있고, 채팅창을 띄우거나 이미지, 자막, 이원 촬영 등 그래픽 설정을 추가해 완성도 높은 방송을 진행할 수 있습니다.

스마트폰을 이용한 실시간 스트리밍. 별다른 설정 없이 바로 방송할 수 있습니다.

PC로 송출하는 실시간 스트리밍. 카메라의 높은 화질 그대로 옮겨 방송할 수 있고, 채팅창, 이미지, 자막 등도 띄울 수 있습니다.

실시간 스트리밍 방법에 따른 장단점 비교

	스마트폰	노트북 웹캠	카메라
추가로 필요한 기기	없음	없음	PC, 마이크, 캡처보드, 케이블 등
난이도	★	★★	★★★
사용 프로그램	모바일 앱	스트리밍 소프트웨어	스트리밍 소프트웨어
장점	• 스마트폰으로 아주 쉽게 시작할 수 있다. • 이동 중에도 언제, 어디서든 방송할 수 있다. • 유튜브 앱이 제공하는 특수 효과를 사용할 수 있다.	• 노트북 내장 웹캠을 사용하므로 외부 카메라 연결에 비해 쉽다. • 스트리밍 소프트웨어를 활용해 이미지, 자막 등을 화면에 띄울 수 있다.	• 카메라의 고화질을 그대로 옮겨와 높은 품질의 영상을 송출할 수 있다. • 카메라를 이동하며 촬영할 수 있다. • 송출 프로그램을 활용해

		• PC로 송출해 비교적 안정적이다.	이미지, 자막 등을 화면에 띄울 수 있다. • PC로 송출해 비교적 안정적이다.
단점	• 화질이 비교적 낮다. • 촬영 화면 외 다른 이미지나 자막 등은 띄울 수 없다. • 방송 중에는 배터리 소모가 빠르다.	• 노트북 내장 웹캠을 이용하므로 카메라 이동이 불가능하다(얼굴을 지속적으로 노출하는 대화식 방송에 적합).	• 카메라 화면을 PC에 옮기기 위한 보조 장비(캡처보드)가 필요하다. • 설정 방법이 비교적 복잡하다.

하면 된다! } 실시간 스트리밍 기능 활성화하기

☐ 실시간 스트리밍은 특별한 조건 없이 누구나 시작할 수 있습니다. 방송 기능 활성화를 신청하면 24시간이 소요되므로 미리 신청 버튼을 눌러 둘게요. 우선 YouTube 스튜디오의 메뉴에서 [만들기 → 라이브 스트리밍 시작]을 클릭하세요.

☑ 계정 확인 단계가 나오면 인증을 진행합니다. 02-2절을 실습했다면 이 과정은 생략해도 됩니다.

☒ 실시간 스트리밍 사용 설정이 완료됐습니다. 화면에 안내된 내용처럼 24시간 후에 이용할 수 있어요.

11-3 PC로 실시간 스트리밍하기

실시간 스트리밍 기능을 활성화했다면 방송을 바로 시작할 수 있습니다. 우선 PC로 방송하는 방법을 차근차근 알려 드릴게요. 노트북 내장캠이나 웹캠, 디지털 카메라를 연결해 PC에서도 실시간 스트리밍을 시작할 수 있습니다. 방법은 크게 두 가지입니다.

YouTube 스튜디오에서 방송하기	외부 프로그램으로 방송하기
YouTube 스튜디오에서 간단하게 방송할 수 있어요. 단, 자막을 넣거나 BGM을 삽입하는 등의 부가 기능은 활용할 수 없습니다.	외부 프로그램을 사용하면 카메라 화면 위에 자막을 넣거나 BGM을 삽입하는 등의 부가 기능을 활용할 수 있습니다.

▶ YouTube 스튜디오에서 실시간 스트리밍하기

새롭게 생긴 '웹캠 스트림' 기능을 소개합니다. 이 기능으로 YouTube 스튜디오에서도 간단하게 실시간 스트리밍을 켜고 끌 수 있답니다. 앞에서 실습한 '앱으로 방송하기' 방법과 크게 다르지 않으니 복습 삼아 한 번 더 실습해 볼게요.

하면 된다! } 'YouTube 스튜디오'에서 실시간 스트리밍하기

1 유튜브 오른쪽 상단의 [만들기 → 실시간 스트리밍 시작]을 클릭합니다.

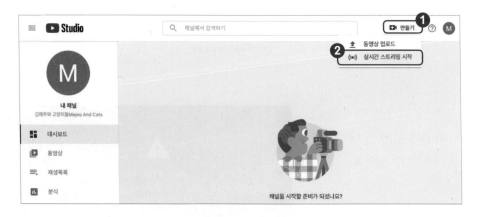

2 실시간 스트리밍을 설정하는 화면이 나타납니다. 왼쪽의 [웹캠] 탭에서 방송을 시작할 수 있어요. '웹캠 스트림 정보' 창이 나타나면 제목과 설명을 입력하고 공개 범위, 카테고리 등도 설정합니다. 모든 설정이 끝나면 [다음]을 클릭하세요.

3 미리보기 이미지를 설정한 후 [실시간 스트리밍 시작하기] 버튼을 클릭하면 방송이 바로 시작됩니다. 화면을 보면서 실시간 스트리밍을 진행하면 됩니다.

❶ 방송 진행 시간, 시청자, 좋아요 수

❷ 시청자에게 보이는 화면

❸ 실시간 채팅 확인 관리 창

❹ 인터넷 연결 상태

❺ 오디오(마이크)

❻ 현재 방송 공유

❼ 실시간 스트리밍 종료 버튼

◢ [스트림 종료]를 눌러 방송을 종료하면 해당 방송의 간단한 보고서를 볼 수 있습니다. 완료된 실시간 스트리밍은 자동으로 업로드됩니다.

▶ 외부 프로그램으로 실시간 스트리밍하기

카메라 화면 위에 자막, 채팅창 등을 얹거나 BGM을 삽입하고 싶다면 '스트리밍 소프트웨어'라고 불리는 별도의 송출 프로그램이 필요합니다. YouTube 스튜디오에서 방송하는 것에 비해 조금 복잡하지만, 완성도 높은 방송을 진행할 수 있기 때문에 정기적인 라이브 방송에 더욱 유리합니다. 여러 가지 스트리밍 소프트웨어 중 한글 지원이 되고 사용하기에도 가벼운 무료 프로그램 'OBS 스튜디오'로 실습해 볼게요.

외부 프로그램으로 진행 중인 생방송 화면

하면 된다! ┊ OBS 스튜디오 설치하고 카메라 화면 띄우기

1 www.obsproject.com에 접속하세요. [Windows], [macOS], [Linux] 버튼이 보입니다. 사용하고 있는 운영체제에 맞춰 프로그램을 내려받은 후 설치하세요.

▶ Xsplit(www.xsplit.com)과 같이 유료 서비스도 있습니다. 유료 서비스는 시각 위젯 기능을 사용할 수 있다는 장점이 있지만, 기능 면에서는 큰 차이가 없습니다. 워터마크도 없고 무료로 사용할 수 있는 OBS를 추천해요.

OBS 스튜디오(www.obsproject.com)

2 OBS 스튜디오를 실행합니다. 아래쪽에 보이는 검은색 부분이 시청자에게 보이는 방송 화면입니다. 이 검은색 부분에 카메라 화면을 한번 띄워 볼게요. [소스 목록]의 [+] 버튼을 클릭하고 [비디오 캡처 장치]를 클릭해 카메라 소스를 추가합니다.

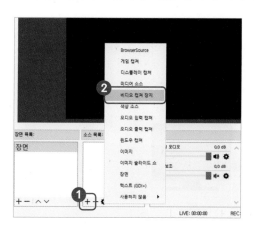

▶ '소스'는 내가 중계할 수 있는 문자, 이미지, 비디오, 오디오 자료 등을 말합니다.

❸ 카메라 속성 창이 나타나면 [장치]를 클릭하고 사용할 카메라를 고릅니다. 노트북이나 PC에 웹캠이 있다면 웹캠이 자동으로 선택됩니다.

❹ 일반 디지털 카메라도 생방송 촬영 장비로 사용할 수 있어요. 단, 이때는 '캡처보드'라는 특별한 장비가 하나 필요합니다. 캡처보드는 디지털 카메라 액정에 보이는 화면을 PC에 그대로 옮겨 주는 중계 장치입니다. 이 캡처보드를 PC에 연결하면 위의 장치 목록에 캡처보드 장치명이 보일 테니 선택하면 됩니다.

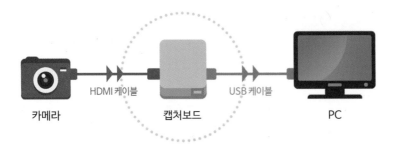

캡처보드를 쓰려면 카메라와 연결할 HDMI 케이블, PC와 연결할 USB 케이블이 필요해요.

추천 1. 스카이디지털 슈퍼캐스트 U6T HDMI　　추천 2. 에버미디어 gc550

⑤ 다시 OBS 스튜디오로 돌아올게요. 장치를 선택하면 검은색이던 빈 공간에 카메라가 찍고 있는 화면이 나타납니다. 카메라 화면의 모서리를 잡고 크기를 조절해 검은색 공간이 없도록 꽉 채워 주세요.

하면 된다! ⟩ OBS 스튜디오로 모니터 화면 띄우기

① 모니터 화면을 그대로 띄우는 것도 가능합니다. 게임 화면이나 작업 화면을 보여 줄 때 유용하겠죠? [+]를 클릭하고 [디스플레이 캡쳐]를 클릭해 화면을 추가합니다.

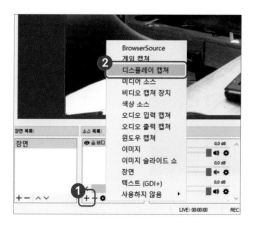

2 듀얼 모니터라면 [디스플레이]에서 내가 중계할 모니터 화면을 선택합니다.

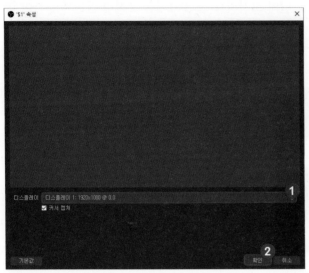

[커서 캡처]를 선택 해제하면 마우스 커서가 보이지 않아요.

3 마찬가지로 해당 소스의 모서리를 잡고 크기를 조절할 수 있습니다.

4 이와 같은 방식으로 내가 중계할 화면(소스)을 소스 목록에 계속 추가할 수 있어요. 소스 활용법은 다양합니다. 가령, 게임 중계를 하고 싶다면 모니터 화면(디스플레이 캡처)을 전체 화면으로 키우고, 내 얼굴을 찍고 있는 웹캠 화면(비디오 캡처 장치)을 작게 만들어 모서리에 배치해 볼 수 있겠죠? 소스 목록에 있는 기능은 방송 중에도 자유롭게 사용할 수 있어요. [보이기/숨기기] 기능과 [순서 바꾸기] 기능의 활용도가 높습니다. 소스는 포토샵의 '레이어' 기능처럼 쌓이는데, 위에 있는 소스가 화면에서도 가장 위에 보입니다.

ⓐ 보이기 또는 숨기기

ⓑ 소스 추가, 삭제, 설정

ⓒ 순서 바꾸기

하면 된다! ┃ OBS 스튜디오로 스트리밍 화면에 유튜브 채팅창 띄우기

1 원리는 같아요. 먼저 소스 목록에 유튜브의 채팅창 화면을 추가해야 합니다. YouTube 스튜디오 메뉴에서 [기타 기능 → 지금 실시간 스트리밍하기]로 이동합니다. 오른쪽에 [실시간 채팅] 카드가 보입니다. [새 창에서 채팅 열기]를 클릭해 채팅창을 열고, 채팅창의 URL 주소를 복사합니다.

방송 중에 이뤄지는 채팅은 이곳에서 관리할 수 있습니다.

2 OBS 스튜디오로 돌아와 소스 목록의 [+] 버튼을 클릭하고 [BrowserSource]를 클릭합니다.

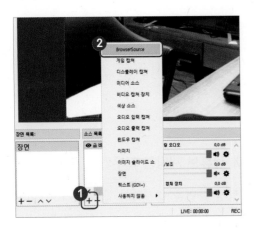

3 설정창이 나타나면 방금 복사한 채팅창 URL을 주소창에 붙여넣기합니다. 채팅창 크기도 아래와 같이 설정하고 [확인]을 클릭하세요.

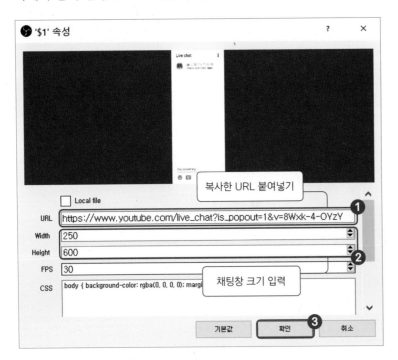

4 채팅창이 추가됐습니다. 채팅창의 모서리를 잡아 크기를 조절하고 드래그해 위치 조절도 끝냅니다.

하면 된다! } OBS 스튜디오로 스트리밍 화면에 이미지 띄우기

1 이번에는 스트리밍 화면에 내 채널을 상징하는 로고(이미지)를 삽입해 볼게요. 소스 목록의 [+] 버튼을 클릭해 [이미지]를 추가합니다.

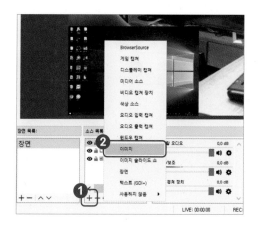

② 속성창이 나타납니다. [찾아보기]를 클릭해 삽입할 이미지 파일을 선택한 후 [확인]을 클릭하면 이미지가 삽입됩니다. 마지막으로 크기와 위치를 조절하세요.

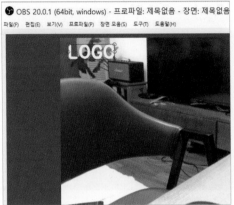

③ 같은 방법으로 마이크 오디오, 음악, 텍스트, 이미지 등 다양한 소스를 추가하면 이제 스트리밍 준비 과정이 모두 끝납니다. 꽤 길었죠? 하지만 한 번 설정해 둔 화면은 OBS 스튜디오를 종료해도 자동 저장되므로 다시 실행해도 설정을 그대로 사용할 수 있답니다.

하면 된다! ┃ OBS 스튜디오로 유튜브 방송 송출하기

① 이제 본격적으로 방송을 송출해 보겠습니다. YouTube 스튜디오 화면 오른쪽 상단의 [만들기 → 라이브 스트리밍 시작]을 클릭합니다.

② 흰색 배경의 YouTube 스튜디오와는 다른 검정색 배경의 '생방송 스튜디오'가 나타납니다. 실시간 스트리밍은 이곳에서 관리합니다. 왼쪽의 메뉴 중 [스트림]을 클릭하면 곧 진행할 방송에 대한 설정 화면이 나와요. [수정]을 클릭해 제목, 설명, 카테고리 등을 설정하고 [저장]을 클릭하세요.

❸ 방송에 대한 설정은 끝났습니다. OBS 스튜디오와 연동해 생방송을 하기 위해서는 '스트
림 키'라는 것이 필요합니다. 아래에 표시된 [복사]를 눌러 스트림 키를 복사하세요.

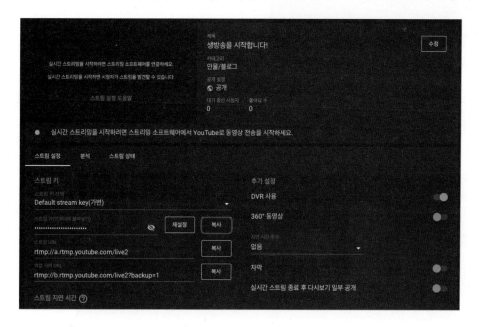

4 OBS 스튜디오로 돌아와 [설정]을 클릭합니다. [방송] 탭에서 [서비스 → Youtube -
RTMPS]를 선택하고, [스트림 키 사용]을 클릭합니다. 복사한 키를 [스트림 키]에 그대로 붙
여넣은 다음 [확인]을 클릭하세요.

5 [방송 시작]을 클릭하면 현재 화면 상태 그대로 방송 송출이 시작됩니다.

클릭

방송 중에는 [방송 시작] 버튼이 [방송 중단] 버튼으로 바뀝니다. 방송을 종료
할 때는 [방송 중단] 버튼을 누르세요.

6 다시 유튜브 스튜디오로 돌아와 보면 미리보기 창에 OBS 스튜디오 화면이 연결된 것을
확인할 수 있습니다. 방송을 종료하려면 오른쪽 상단의 [스트림 종료]를 클릭하면 됩니다.

미리보기 확인

오른쪽 상단의 [스트림 종료]
버튼을 누르면 방송을 종료
할 수 있습니다.

생방송이 시작된 화면

실시간 스트리밍이 종료되면 해당 방송분은 자동으로 유튜브에 업로드됩니다. 업로드된 동영상 파일을
내려받고 하이라이트 장면만 편집해 업로드해 보세요.

실시간 스트리밍에 도전하기

내가 하고 싶은 실시간 스트리밍에는 어떤 소스가 필요할까요? 아래 화면을 참고해 내 콘텐츠에 맞는 실시간 스트리밍 화면을 구상해 보세요. 준비를 마쳤다면 OBS Studio를 활용해 실시간 스트리밍으로 송출해 보세요. 충분한 연습은 실전에 큰 도움이 됩니다.

ⓐ 고양이 관찰 화면
ⓑ 마이크 오디오
ⓒ 고양이 소개 이미지
ⓓ 채팅창

〈김메주와 고양이〉 채널의 실시간 스트리밍 화면입니다. 소스를 총 4개 사용하고 있어요.

ⓐ 중계 화면
ⓑ 고양이 관찰 화면
ⓒ 마이크 오디오
ⓓ 채팅창
ⓔ 로고 이미지

'꼬부기'와 '쵸비'라는 고양이의 일상을 담은 〈꼬부기아빠 My Pet Diary〉 채널입니다. 소스를 총 5개 사용하고 있어요.

구독자가 생겼다면, 스마트폰 실시간 스트리밍을 시작하세요!

유튜브 앱을 통해 스마트폰으로도 방송을 시작할 수 있습니다. 구독자 50명의 조건이 필요하므로 이 조건이 충족된다면 바로 사용할 수 있어요. 간단하게 시작해 볼게요.

▶ 스마트폰으로 방송할 때 꼭 점검해야 하는 3가지

10분 이상 방송 시 내내 스마트폰을 들고 있긴 힘드니 거치대나 셀카봉 사용을 추천합니다. 실시간 스트리밍 중에는 배터리 소모가 빠르므로 완충해 두거나 보조 배터리를 준비해 두세요. 무엇보다 인터넷 연결 상태가 양호해야 합니다. 인터넷 환경이 불안정하면 끊김 현상이 생기거나 방송이 갑자기 종료될 수 있거든요.

하면 된다! ⟩ 유튜브 앱으로 실시간 스트리밍 시작하기

1 유튜브 앱 하단의 [+]를 누른 후 [실시간 스트리밍 시작]을 누르세요. 방송 제목을 입력한 후 [다음] 버튼을 누릅니다.

2 3초 후 미리보기 화면으로 사용할 사진을 촬영합니다. [실시간 스트리밍 시작] 버튼을 누릅니다. 조금 기다리면 잠시 후 실시간 스트리밍이 시작됩니다.

3 하단의 아이콘 중 [필터] 아이콘을 누르면 방송 중 화면에 재미있는 효과나 필터도 넣을 수 있어요. 방송이 끝났으면 화면 오른쪽 상단의 [×]를 누릅니다. 촬영분은 유튜브에 자동으로 업로드됩니다.

채팅 보기 옵션

필터 효과

게임 방송을 하고 있다면,
유튜브와 치지직에서 실시간 스트리밍을 동시에 송출해 보세요!

'치지직'은 게임 방송에 특화된 네이버의 스트리밍 플랫폼입니다. 최근 트위치의 국내 철수로 인해 트위치의 스트리머가 치지직으로 대거 이동하면서 치지직의 이용자수 역시 급부상하고 있습니다. 게임 스트리머로도 활동할 계획이 있다면 유튜브와 치지직에서 동시에 실시간 방송을 송출해 보세요. 동시 송출은 앞에서 실습한 내용과 마찬가지로 OBS 스튜디오를 활용합니다.

하면 된다! 〉 OBS에서 유튜브, 치지직 동시 송출하기

1 먼저 OBS 스튜디오에 동시 송출에 필요한 플러그인을 설치해줘야 합니다. 네이버 검색창에 'obs multi rtmp'를 입력하고 가장 위에 뜨는 페이지를 클릭하세요.

2 스크롤을 내려 다운로드 링크를 클릭합니다.

3 다운로드한 설치 파일을 실행해 플러그인을 설치합니다.

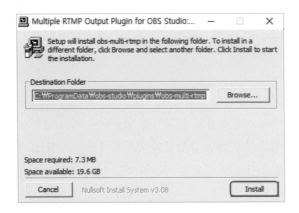

4 OBS 스튜디오를 실행합니다. 왼쪽에 [다중 송출]이라는 탭이 새롭게 생긴 것을 확인할
수 있는데, 이 탭이 방금 설치한 플러그인입니다.

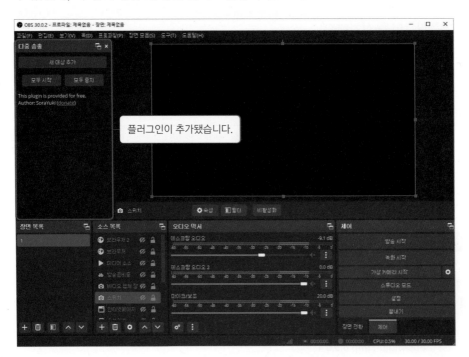

⑤ 이제 '치지직 STUDIO'에 접속해서 방송을 준비해 보겠습니다. '치지직' 웹 사이트 오른쪽 상단에서 [스튜디오]를 클릭해 [치지직 STUDIO]로 들어갑니다. 왼쪽 메뉴에서 [방송 관리 → 방송하기]를 클릭해 방송 제목과 미리보기 이미지 등을 설정합니다. 입력이 끝나면 [업데이트]를 클릭해 저장하세요.

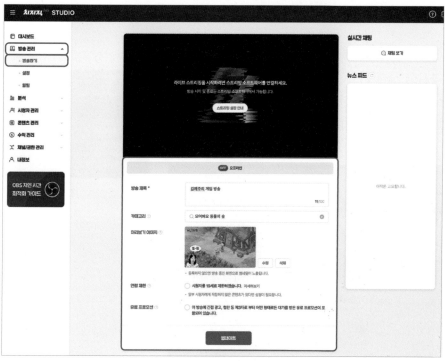

6 [방송 관리 → 설정]에서 [스트림 URL → 복사]를 클릭합니다.

7 URL을 복사한 상태에서 OBS 스튜디오로 다시 돌아옵니다. [새 대상 추가]를 클릭해 설정 창이 뜨면 [이름]에 '치지직'을 입력하고 복사한 스트림 URL을 [URL]에 붙여넣기합니다.

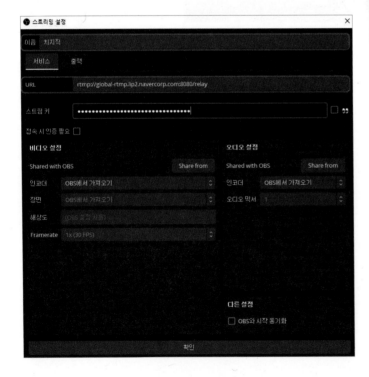

8 마찬가지로 스트림 키도 복사해 OBS 스튜디오에 그대로 붙여넣기한 후 [확인]을 클릭합니다.

9 이제 준비가 끝났습니다. [방송 시작]을 클릭해 유튜브 실시간 방송을 시작한 후, 왼쪽의 [치지직 → 시작]을 클릭해 두 방송을 함께 시작하면 동시 송출이 진행됩니다.

유튜브로 돈 버는
채널 운영 방법

채널 분석으로 한층 더 성장하기

누군가는 "이번 달은 구독자가 좀 올라갔네?" 하며 간단히 추이만 살펴보고 끝낼 수도 있습니다. 하지만 크리에이터라면 내가 목표한 결과가 나왔는지 점검하고 시청자가 무엇을 원하는지 속마음을 헤아려 더 좋은 콘텐츠를 만들 수 있는 아이디어를 찾는 도구로 적극 활용해야 합니다.

12-1 가장 자주 쓰는 6가지 핵심 지표 이해하기

▶ 채널 분석이 필요한 이유

유튜브가 제공하는 통계 정보는 매우 전문적입니다. 누가, 어디서, 어느 기기로 접속해, 어떤 동영상을, 얼마나 오래 시청했는지까지 매우 세세하게 제공합니다. 이 통계를 어떻게 분석하고 분석 결과를 어떻게 적용하느냐에 따라 채널의 성장 속도가 달라집니다. 예컨대, 내 채널을 즐겨 보는 연령대를 파악해 그에 맞는 정기 업로드 시간을 정하거나 내 채널에서 인기 있는 키워드를 분석해 다음 콘텐츠를 만들 때 활용하면 조회수와 구독자를 늘릴 수 있겠죠. 이처럼 통계 확인과 분석은 시청자를 충분히 이해하고 다음 콘텐츠를 만드는 데 도움이 됩니다.

영상 기획, 촬영, 편집도 크리에이터에게 필요한 중요한 역량입니다. 우선 콘텐츠를 잘 만들어야 하니까요. 하지만 잘 만든 영상이 시청자에게 정말 잘 전달됐는지 검토하고, 더 잘 전달할 수 있도록 새로운 방법을 찾는 노력도 크리에이터에게 요구되는 자질이라는 점을 꼭 기억해 두세요.

▶ 분석 페이지를 들여다보는 방법

통계 정보는 YouTube 스튜디오에서 확인할 수 있습니다. 이번 장에서는 이를 중심으로 살펴볼게요. 먼저 [YouTube 스튜디오]로 들어가 [분석] 메뉴를 클릭합니다. 화면에 나타난 '개요' 페이지는 분석 메뉴의 기본 화면이자 가장 중요한 통계 정보만 모아 놓은 화면이에요.

낯선 용어로 가득한 메뉴가 나열돼 있어서 복잡하고 어렵다고 느낄 수 있습니다. 메뉴는 많아도 분석 화면이 움직이는 원리는 간단해요. 화면을 한번 살펴봅시다.

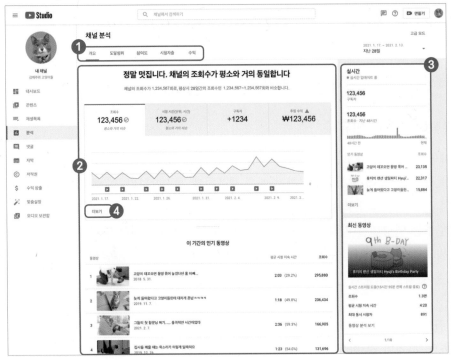

분석 요약 화면

먼저 분석 화면의 구성을 익혀 볼게요. [분석]을 클릭했을 때 가장 먼저 보이는 이 화면은 '개요' 페이지입니다. 내 채널을 분석한 핵심 요약 정보가 정리돼 있습니다. 화면을 3개 영역으로 나눠 설명해 볼게요.

❶번은 어떤 통계를 보고 싶은지에 관한 카테고리를 선택하는 영역입니다. ❷번은 이 달의 조회수, 구독자 추세, 수익, 인기 동영상 등의 핵심 통계가 요약돼 있습니다. ❸번은 두 개의 카드가 있는데 [실시간] 카드에서는 핵심 통계를 실시간으로 볼 수 있고, [최신 동영상] 카드에서는 최신 업로드 영상에 대한 성적을 볼 수 있어요.

그리고 각 카드에는 ❹ [더보기] 버튼이 보입니다. 이 [더보기]를 클릭하면 다음과 같은 '진짜' 분석 페이지가 나타납니다.

▶ 계정에 따라 [더보기]가 아닌 [펼치기], [고급 보기], [탐색] 버튼으로 보일 수 있습니다.

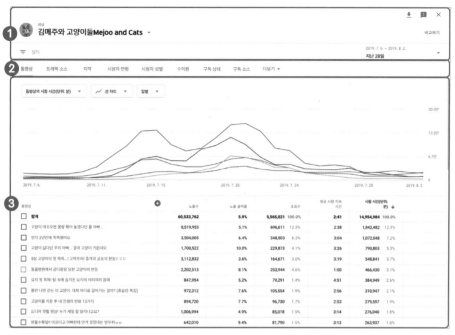
자세한 분석 화면

팝업 창 형식의 페이지이므로 오른쪽 상단의 [×] 버튼을 클릭하면 언제든지 닫을 수 있어요. 마찬가지로 3개 영역으로 화면을 나눠 설명해 볼게요.

❶번은 분석 대상을 찾는 필터 영역입니다. ❷번은 어떤 통계를 보고 싶은지 선택할 수 있는 세부 메뉴 영역입니다. ❸번은 ❶번이나 ❷번을 골랐을 때 바뀌는 통계 화면 영역입니다. 일반적으로 ❶, ❷, ❸번 순서대로 진행하면 됩니다.

예를 들어 볼게요. 만약, 내가 지난주에 업로드한 'A 동영상'의 트래픽 소스가 궁금하면 ❶번 영역에서 해당 동영상을 검색한 후 ❷번 영역에서 '트래픽 소스' 메뉴를 클릭합니다. 그리고 나면 내가 찾는 정보를 ❸번 영역에서 확인할 수 있습니다.

분석 대상 찾기

이제 위의 분석 화면을 기능별로 좀 더 상세히 알아볼게요. 먼저 분석 대상을 찾는 필터 영역입니다. 기본 설정은 '채널'로 돼있지만, 채널명 부분을 클릭하면 '동영상'을 선택할 수도 있습니다.

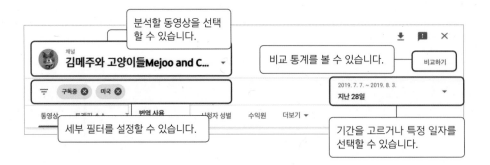

분석할 동영상을 선택할 수 있습니다.

비교 통계를 볼 수 있습니다.

세부 필터를 설정할 수 있습니다.

기간을 고르거나 특정 일자를 선택할 수 있습니다.

[비교하기]를 클릭하면 동영상과 동영상을 비교해 통계를 살펴볼 수 있어요. 아래 그림은 〈김메주와 고양이들〉의 두 가지 동영상을 비교한 통계입니다.

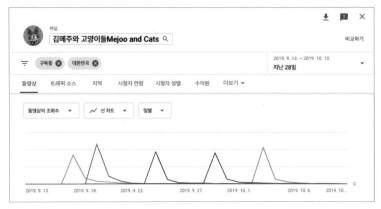

두 가지 동영상을 비교한 통계 결과

보고 싶은 통계 고르기

필터 아래쪽에 있는 세부 메뉴에서는 더욱 다양한 통계를 볼 수 있습니다. [더보기]를 클릭하면 또 카테고리가 펼쳐져 다방면의 정보를 보여 준답니다. 우선 화면에 보이는 메뉴가 가장 자주 쓰이는 통계이므로 여러 번 들여다보면서 익숙해지는 것이 좋겠죠?

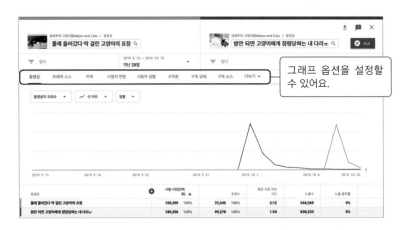

그래프 옵션을 설정할 수 있어요.

분석 데이터 확인하기

상단 메뉴의 각 항목을 클릭했을 때 보이는 세부 통계 화면입니다. 측정 항목 위에 마우스 커서를 올려 놓으면 용어에 대한 설명이 나타납니다. 표 위의 ⊕를 클릭하면 화면에 보이지 않는 측정 항목을 더 추가할 수 있어요. 아래는 〈김메주와 고양이들〉 채널의 동영상 통계를 분석한 화면입니다. 동영상별로 세세하게 분석해 주기 때문에 어떤 동영상이 인기가 많은지 쉽게 확인할 수 있습니다.

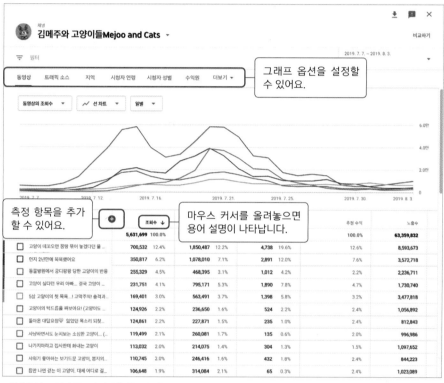

〈김메주와 고양이들〉 채널의 [시청 시간] 분석 화면

🎙️ **김메주의 라이브 톡!** 　　통계에 보이는 '유튜브 프리미엄'은 뭔가요?

'유튜브 프리미엄(YouTube Premium)'은 동영상을 광고 없이 볼 수 있는 유료 멤버십 서비스입니다. 유튜브 프리미엄 가입자가 내 동영상을 시청하면 광고 수익이 아닌 유튜브 프리미엄에 따른 추가 수익이 발생하는 것입니다. 멤버십 수수료에서 나오는 수익은 사용자가 콘텐츠를 시청한 분량을 기준으로 크리에이터에게 분배됩니다.

▶ 분석, 이것만 알면 끝! 6가지 핵심 지표 이해하기

그래프도 많고 항목도 많다 보니 한 번에 이해하기 어려울 수 있어요. 그렇다고 무턱대고 외울 필요는 없습니다. 중요한 지표는 따로 있는 법! 여기서는 핵심 지표 6가지를 소개합니다. 이 6가지만 잘 파악하면 내 채널이 잘 성장하고 있는지, 콘텐츠 기획은 어떤 방향으로 잡아야 할지 감을 잡을 수 있습니다. 〈김메주와 고양이들〉 채널이 이러한 핵심 지표를 어떻게 활용했는지는 다음 절에서 살펴볼게요.

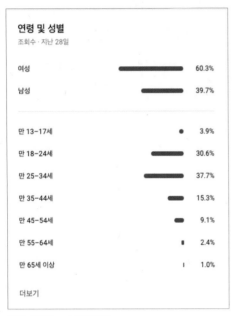

경로: [분석] → [시청자층]

1. 시청자의 연령대
내 콘텐츠를 시청한 모든 사람의 성별, 연령대를 살펴볼 수 있고 특정 성별, 연령대가 어떤 동영상을 가장 많이 시청했는지도 파악할 수 있어요. 핵심 구독자가 명확하면 어떤 언어로 소통하고, 어떤 콘셉트로 영상을 기획해야 하는지 도움을 얻을 수 있을 거예요.

경로: [분석] → [시청자층]

2. 많이 본 지역
내 콘텐츠가 어떤 국가에서 시청되고 있는지 파악할 수 있습니다. 해외 구독자까지 고려하고 있다면 제공할 자막의 언어를 결정하는 데 도움이 됩니다.

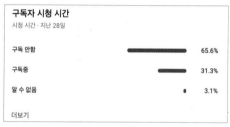

경로: [분석] → [리서치] → [이전 버전 전환]

3. 검색 키워드

내 콘텐츠를 시청한 사람의 검색 키워드를 볼 수 있습니다. 다음 콘텐츠를 만들 때 어떤 키워드를 써야 할지 힌트를 얻으세요. 기존 콘텐츠의 키워드를 수정할 때 참고해도 좋습니다.

4. 구독자와 비구독자의 시청 비율

구독자와 비구독자의 시청 시간, 전체 시청자 중 구독자와 비구독자의 비율을 알면 내 채널의 성장 가능성을 가늠할 수 있습니다. 매우 중요한 지표죠? 다음 절에서 자세히 소개할게요.

경로: [분석] → [시청자층]

5. 구독자수 증감 추세

특정한 날에 구독자가 늘었다면? 반대로 구독자가 줄어들었다면? 이것은 무슨 신호일까요? 사회적으로 어떤 이슈가 있었는지, 내가 올린 콘텐츠에 어떤 특징이 있었는지 원인을 분석해 봐야 합니다. 구독자수 증감 추세는 지속적으로 확인하는 것이 좋습니다.

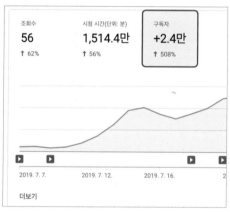

경로: [분석] → [개요]

6. 시청 지속 시간

동영상	평균 시청 지속 시간
☐ **합계**	**2:41**
☐ 고양이 데꼬오면 몽땅 묶어 놓겠다던 울 아빠...	2:38
☐ 먼지 2년만에 목욕했어요	3:04
☐ 고양이 싫다던 우리 아빠... 결국 고양이 키운대요	3:25
☐ 5살 고양이의 첫 목욕...! 고막주의! 충격과 공포의 현장ㄷㄷㄷ	3:19
☐ 동물병원에서 궁디팡팡 당한 고양이의 반응	1:50
☐ 요지 첫 목욕! 털 속에 숨겨진 요지의 여리여리 몸매	4:50
☐ 방울수확일!! 아프다고 아빠한테 안겨 찡찡대는 방우리ㅠㅠ	3:13

경로: [분석] → [더보기] → 표의 [⊕] → [평균 시청 지속 시간] 클릭

시청자가 콘텐츠를 얼마나 길게 시청했는지 확인할 수 있습니다. 줄곧 강조했듯이 유튜브에서 채널과 콘텐츠의 우수성을 평가하는 가장 중요한 지표는 시청 시간입니다. 지속 시청 시간이 긴 콘텐츠의 공통점과 시청 시간이 짧은 콘텐츠의 공통점을 찾아 다음 콘텐츠 기획에 반영해야 합니다.

🎙 **김메주의 라이브 톡!**   미국 통화(달러)를 한국 통화(원)로 변경하려면?

분석 페이지에서의 수익은 모두 미국 통화(달러)로 표시됩니다. 달러 단위가 익숙하지 않아 불편하면 한국 통화(원)로 바꿔 볼 수 있답니다. YouTube 스튜디오 메뉴의 [설정]에서 [기본 단위]를 'KRW — 대한민국 원'으로 선택하면 됩니다. 한국뿐 아니라 다른 국가의 통화로도 볼 수 있으니 필요한 분은 활용해 보세요.

12-2 분석 결과를 활용해 채널 운영을 개선한 사례

앞서 유튜브에서 가장 중요한 6가지 핵심 지표를 배웠습니다. 이번 절에서는 이러한 지표를 활용해 채널 운영에 어떻게 반영했는지 실제 사례를 소개합니다. 차분히 읽다 보면 '아! 이래서 분석이 중요하구나!', '이렇게 활용하면 되겠구나!' 하고 감을 잡을 수 있을 거예요.

어떤 지표부터 살펴보는 게 좋을까요? 지표의 중요도는 채널 운영 기간에 따라 달라집니다. 여기서는 운영 기간을 두 단계로 나눠 살펴볼게요.

운영 기간	30일 이후	90일 이후
주의사항	타깃 명확히 잡기	콘텐츠 전달력 키우기
주요 지표	인구 통계, 지역, 유튜브 검색	구독 상태, 구독자수 동향, 시청 지속 시간

▶ 채널 운영 30일 이후, 기본 분석과 함께 초반 다지기

가장 기본이 되는 통계를 분석하기 시작합니다. 내 콘텐츠를 언제 업로드하고 어떤 키워드로 시청자를 끌어들일지 결정하는 시기이기도 합니다. 아직은 통계 데이터가 많지 않으므로 차곡차곡 쌓이는 통계를 보면서 시청 환경을 분석하고 유입률을 높이는 데 집중합니다.

사례 1 연령대를 파악해 정기 업로드 시간 정하기 - 핵심 지표 1

앞서 기획서를 작성하면서 예상 시청자를 선정한 것을 기억하시나요? 콘텐츠를 차근차근 업로드했고 조회수도 쌓았다면 이 부분에서 검증될 것입니다. 예상한 시청자와 일치했다면 기쁜 일이지만, 만약 일치하지 않더라도 너무 걱정하진 마세요. 아직 초반이기 때문에 변화를 줄 여지는 많습니다. 현재 시청률이 높은 연령대로 타깃을 변경하는 것도 한 가지 방법이 될 수 있겠죠.

〈김메주와 고양이들〉 채널의 경우, 초반에는 정기 업로드 시간 없이 콘텐츠가 완성되는 즉시 업로드하곤 했어요. 다음 업로드를 기다리고 있다는 댓글이 하나둘씩 보이기 시작하자 구독자가 약속된 시간에 바로 시청할 수 있도록 업로드 시간을 정하는 것이 좋겠다고 판단했지요. 채널을 운영한 지 한 달쯤 됐을 때, 우리 채널을 시청하는 연령대 통계를 확인하니 만 18~24세(33%)와 만 25~34세(21%)가 주된 연령층임을 알 수 있었습니다.

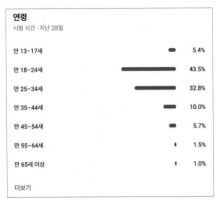

연령
시청 시간 · 지난 28일

만 13–17세	5.4%
만 18–24세	43.5%
만 25–34세	32.8%
만 35–44세	10.0%
만 45–54세	5.7%
만 55–64세	1.5%
만 65세 이상	1.0%
더보기	

스마트폰을 길게 들여다보는 시간인 등하교 시간, 출퇴근 시간을 고려해 고등학생, 대학생의 하교 시간과 직장인의 퇴근 시간에 맞춘 오후 5시로 정기 업로드 시간을 정하게 됐습니다.

[분석] → [시청자층] 하단의 분석 요약 중 '연령'

사례 2 시청되는 국가를 파악해 자막 언어 설정하기 - 핵심 지표 2

해외 자막을 제공하기로 결정한 후 동영상이 재생되고 있는 국가를 확인하기 위해 지역 통계를 들여다봤습니다. 4% 이내로 소수이긴 하나 해외에서도 시청되고 있음을 알 수 있습니다.

지역	시청 시간(단위: 분) ↓	조회수	YouTube Red 시청 시간(단위: 분)	YouTube Red 조회수	평균 시청 지속 시간
대한민국	7,642,092 (96%)	2,675,918 (96%)	166,287 (97%)	55,158 (97%)	2:51
미국	101,810 (1.3%)	31,416 (1.1%)	3,876 (2.3%)	1,277 (2.3%)	3:14
일본	55,404 (0.7%)	17,288 (0.6%)	0 (0.0%)	0 (0.0%)	3:12
캐나다	33,586 (0.4%)	9,622 (0.3%)	0 (0.0%)	0 (0.0%)	3:29
오스트레일리아	25,249 (0.3%)	6,880 (0.2%)	777 (0.5%)	211 (0.4%)	3:40
독일	12,162 (0.2%)	3,786 (0.1%)	0 (0.0%)	0 (0.0%)	3:12
뉴질랜드	9,444 (0.1%)	2,394 (0.1%)	177 (0.1%)	49 (0.1%)	3:56
베트남	9,143 (0.1%)	3,389 (0.1%)	0 (0.0%)	0 (0.0%)	2:41
홍콩	8,350 (0.1%)	3,108 (0.1%)	0 (0.0%)	0 (0.0%)	2:41
영국	7,973 (0.1%)	2,711 (0.1%)	0 (0.0%)	0 (0.0%)	2:56
필리핀	7,735 (0.1%)	2,489 (0.1%)	0 (0.0%)	0 (0.0%)	3:06
싱가포르	7,438 (0.1%)	2,637 (0.1%)	0 (0.0%)	0 (0.0%)	2:49
프랑스	7,436 (0.1%)	2,084 (0.1%)	0 (0.0%)	0 (0.0%)	3:34

영어권 국가는 어느 정도 예상하고 있었지만, 일본의 시청은 예상치 못한 결과였어요. 그렇게 전체 비율의 2%를 차지하는 영어권 국가(미국, 캐나다, 호주), 0.7%를 차지하는 일본에 맞는 영어, 일본어 자막을 제공하기로 했습니다.

다음 통계는 해외 언어 자막을 제공한 이후의 통계입니다. 1.3%였던 미국 시청자의 비율이 26.5%로 대폭 늘었어요. 미국 외에도 캐나다, 영국, 싱가포르 등 영어권 국가의 시청이 전체적으로 증가했습니다.

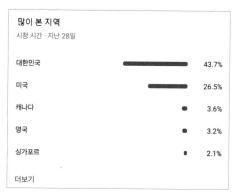

많이 본 지역

시청 시간 · 지난 28일

대한민국	43.7%
미국	26.5%
캐나다	3.6%
영국	3.2%
싱가포르	2.1%

더보기

[분석] → [시청자층] 하단의 분석 요약 중 '많이 본 지역'

사례 3 **검색 키워드를 파악해 적용하기 - 핵심 지표 3**

내 동영상은 어떤 검색어를 통해 시청됐을까요? 검색 키워드 통계를 확인하면 키워드별 시청 시간, 조회수 등을 한 번에 볼 수 있습니다. 〈김메주와 고양이들〉 채널의 경우, 채널명을 검색한 것 외에도 고양이 키우기, 고양이 목욕 등과 같은 고양이 케어에 관련된 키워드와 고양이 ASMR, 골골송 등과 같은 ASMR 키워드가 눈에 띕니다.

트래픽 소스 > YouTube 검색	조회수		평균 시청 지속 시간	평균 조회율	시청 시간(단위: 분) ↓	
합계	165,716	100.0%	2:24	24.2%	398,580	100.0%
김메주	10,509	6.3%	3:18	29.0%	34,681	8.7%
골골송	3,922	2.4%	4:33	11.4%	17,870	4.5%
김메주와 고양이들	5,628	3.4%	2:57	26.8%	16,619	4.2%
고양이	6,207	3.7%	1:55	21.0%	11,964	3.0%
고양이 골골송	2,303	1.4%	3:30	11.4%	8,072	2.0%
mejoo and cats	2,698	1.6%	2:36	33.4%	7,020	1.8%
고양이 asmr	767	0.5%	6:16	14.0%	4,808	1.2%
asmr	466	0.3%	9:50	17.8%	4,584	1.2%
요지	2,750	1.7%	1:39	33.5%	4,544	1.1%
고양이 목욕	1,836	1.1%	2:20	29.4%	4,295	1.1%
먼봉휴요	1,441	0.9%	2:55	31.8%	4,207	1.1%
고양이 키우기	1,034	0.6%	3:48	40.9%	3,935	1.0%

[분석] → [고급 모드] → [트래픽 소스] → 'YouTube 검색' 클릭

이 키워드를 검색한 사람은 내 동영상을 클릭할 확률이 더욱 높으므로 통계를 참고해 주요 키워드를 뽑아 냈습니다. 그리고 동영상을 업로드할 때마다 제목과 설명, 태그에 해당 키워드를 적극적으로 활용하고 있습니다.

예 고양이 키워드 활용: 질투하는 '고양이', 짧은 다리로 열심히 점프하는 '고양이 ASMR', 꼬마 고양이 '요지'의 첫 미용

내 채널을 아직 모르는 잠재 구독자가 '고양이', '고양이 목욕', '고양이 ASMR'이라는 키워드를 검색했을 경우, 내 채널을 발견하게 될 확률이 더 높아질 것입니다.

▶ 채널 운영 90일 이후 심층 분석으로 콘텐츠 적중률 높이기

구독자수와 조회수가 점차 늘어난 이후에는 인기 동영상과 구독자, 비구독자의 시청 행태를 분석해 콘텐츠 적중률을 높여 줍니다. 잘하고 있는 것은 더욱 잘하고, 못하고 있는 것은 과감히 정리하면서 채널 성장에 박차를 가하는 데 집중합니다.

[사례 1] **구독자 vs 비구독자, 누가 더 많이 시청하고 있을까? - 핵심 지표 4**

퀴즈를 하나 낼게요. 과연 〈김메주와 고양이들〉 채널은 구독자의 시청이 많을까요, 비구독자의 시청이 많을까요? 아래의 통계는 최근 90일간 구독자와 비구독자의 시청 시간을 비교한 그래프입니다.

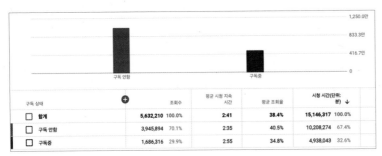

[분석] → [시청자층] → 하단의 분석 요약 중 '구독자 시청 시간' → [더보기]

구독 안 함(비구독자)의 시청 시간은 전체 비율의 약 70%, 구독 중(구독자)의 시청 시간은 약 30% 정도를 차지합니다. 구독자보다 비구독자의 시청이 더 많이 일어나고 있다는 뜻인데요. 구독자가 기본적인 시청 시간을 확보해 주고 이에 더해 새로운 시청자가 계속 발견되고 있다는 뜻이므로 이상적인 비율이라 할 수 있습니다. '구독 중'은 얼마나 성장했는지를 보여 주는 지표, '구독 안 함'은 얼마나 성장할 것인지를 보여 주는 지표라고 이해하면 됩니다. 지금은 비구독자지만 미래 구독자가 될 가능성이 높으니까요.

만약 7:3 정도의 비율을 보이고 있다면 잘하고 있는 겁니다. 70%의 비율을 차지하고 있는 비구독자의 활동이 구독으로 이어질 수 있도록 유도만 잘해 주면 되는 것이죠. 구독자와 비구독자의 시청 비율이 5:5 정도라면 새로운 시청자를 확보하지 못하고 있는 상황이므로 앞으로의 콘텐츠 제작에 관한 고민이 좀 더 필요합니다. 구독자가 중요한 만큼 잠재 구독자(비구독자) 역시 중요하다는 사실을 잊지 마세요.

사례 2 구독자 vs 비구독자의 인기 동영상 각각 분석하기 - 핵심 지표 4 응용

분석의 개요 화면에는 상위 동영상 10개가 나타납니다. 이것은 구독자와 비구독자를 합한 전체 시청자의 인기 순위입니다. 하지만 구독자와 비구독자로 구분해 보면 인기 동영상은 아래처럼 구성이 다를 수 있습니다.

동영상	조회수 ↓	
합계	3,945,894	100.0%
고양이 데꼬오면 몽땅 묶어 놓겠다던 울 …	675,798	17.1%
먼지 2년만에 목욕했어요	332,984	8.4%
동물병원에서 궁디팡팡 당한 고양이의 반응	236,363	6.0%
고양이 싫다던 우리 아빠… 결국 고양이 …	211,964	5.4%
5살 고양이의 첫 목욕…! 고막주의! 충격과…	151,040	3.8%
고양이의 턱드름을 짜보아요! (고양이도 …	111,029	2.8%
샤워기 좋아하는 보기드문 고양이, 봉지의…	99,543	2.5%
나가지마라고 집사한테 화내는 고양이	95,919	2.4%
드디어 캣휠 영상! 누가 제일 잘 달리냐고…	75,526	1.9%
동료 고양이가 털을 싹 밀었더니 고양이들…	71,690	1.8%

비구독자의 상위 10개 동영상

동영상	조회수 ↓	
합계	1,686,316	100.0%
사냥하면서도 눈치보는 소심한 고양이… (…	76,673	4.5%
돌아온 대답요정💜 잃었던 목소리 되찾…	76,068	4.5%
틈만 나면 걷는 이 고양이. 대체 어디로 걸…	67,166	4.0%
고양이를 키운 후 내 인생의 변화 13가지	61,757	3.7%
야 김봉지 인강 보고 고양이 예절 좀 배워…	59,589	3.5%
먼지 이름표 찾았어요!!! 누가 찾아왔게요?	55,948	3.3%
쬐끄만 고양이 작다고 무시했더니 공격 당…	53,048	3.1%
휴지는 지난 과거를 다 잊었나봐요	50,362	3.0%
고양이 네마리 모두 다른 사냥스타일 총 …	48,027	2.8%
고양이 데꼬오면 몽땅 묶어 놓겠다던 울 …	24,788	1.5%

구독자의 상위 10개 동영상

다시 말해, 구독자가 좋아하는 콘텐츠와 비구독자가 좋아하는 콘텐츠는 다를 수 있다는 겁니다. 구독자가 좋아할 만한 동영상을 꾸준히 제작해 기본적인 시청 시간을 확보하고 비구독자가 좋아할 만한 동영상 제작에도 신경을 써서 새로운 구독자를 발굴할 수 있어야 합니다.

사례 3 혹시 구독자가 과거 영상만 보고 있진 않나요? - 핵심 지표 4 응용

구독자가 내 콘텐츠를 잘 소화하고 있는지도 진단할 필요가 있습니다. 구독자의 인기 동영상 상위 10개 중 최근 영상과 과거 영상의 개수를 체크해 보세요. 만약, 구독자가 최신 동영상이 아닌 과거 동영상을 더 많이 본다면 최근 동영상이 구독자의 호기심을 자극하지 못하고 있다는 것을 의미합니다. 구독 중이라면 채널에 재방문해 최신 콘텐츠를 시청하는 것이 정상인데, 과거 콘텐츠만 본다는 것은 뭔가 문제가 있는 것이죠. 이렇게 구독자의 상태를 틈틈이 진단해 구독자와의 관계를 탄탄하게 하는 것 역시 중요합니다.

[분석] → [개요]의 [더보기] → [구독 상태]를 클릭하면 [구독중], [구독
안 함]을 선택할 수 있어요.

[사례 4] 시청 시간이 높은 콘텐츠의 특징은 뭘까? - 핵심 지표 6

유튜브는 '얼마나 길게 시청하느냐', 즉 시청 시간을 가장 중요하게 여긴다는 것은 이제 잘
아실 거예요. 시청 시간 통계를 분석해 앞으로의 콘텐츠에 대해 고민하는 것 역시 중요합니
다. 아래 표시된 동영상은 평균 조회율이 비교적 높은 동영상입니다.

동영상 ⊕	평균 조회율	조회수	
☐ 합계	18.7%	3,504,379	100.0%
☐ 중성화 수술 중 요지 몸의 이상 발견?! -요...	50.8%	80,259	2.3%
☐ 요지 첫 목욕! 털 속에 숨겨진 요지의 여러...	35.2%	87,129	2.5%
☐ 넹! 예! 하고 대답하는 고양이 (요지 목소리)	39.1%	193,475	5.5%
☐ 고양이감기치료기) 심...쿵.. 이 치명적인 ...	51.1%	81,706	2.3%
☐ 고양이 중성화 수술 꼭 해야되나요? -요지...	50.2%	60,882	1.7%
☐ 고양이 발에 촉촉하게 발밤 발라주기 (엄...	43.0%	73,511	2.1%
☐ 냥이 보러 온 친구들! 낯선 손님을 만난 고...	37.9%	69,004	2.0%
☐ 심쿵주의! 길에서 인사하는 꼬마와 길냥이	38.9%	66,566	1.9%
☐ 고양이 안는 법! 강아지와 달라요~	64.9%	63,513	1.8%
☐ [Q&A] 고양이를 키우는데 드는 비용은 얼...	31.5%	40,379	1.2%
☐ 코털가위로 고양이 발털 자르기 도전	김...	40.0%	40,758	1.2%

[분석] → [개요]의 [더보기] → 하단 표의 [⊕] 클릭 → [개요]-[평균 조회율] 클릭

이 콘텐츠의 공통점은 인물이 함께 등장해 유익한 설명을 해 주거나 이야기를 들려 주고 있다는 것입니다. 이 점에 착안해 고양이 집사들이 모여 고양이에 관련된 여러 가지 수다를 나누는 콘텐츠를 제작하게 됐고, 이 동영상은 조회수 88만 회(2024년 기준), 평균 조회율 70% 이상(분량의 70% 이상 시청)을 기록했습니다.

<현실 집사들이 말하는 고양이의 단점? 고양이 키우기 전에 꼭 봐야 할 영상>은 인기 콘텐츠 분석으로 탄생했어요.

이와 반대로 조회율이 낮았던 동영상은 '선물 개봉 영상'(32%)이었습니다. 단순히 선물을 개봉하는 과정을 영상 콘텐츠로 보기엔 지루할 수 있다고 판단돼 현재는 실시간 방송의 콘텐츠로만 활용하고 있습니다.

12-3 외부 통계 사이트에서 도움받기

▶ 유튜브 통계 참조 사이트, 소셜 블레이드

소셜 블레이드(socialblade.com)는 유튜브를 비롯한 각종 SNS 채널 분석을 도와주는 웹 사이트입니다. 유튜브는 통계를 다방면으로 깊이 있게 보여 주는 장점이 있지만, 초보자가 한눈에 보기엔 조금 복잡해 보일 수 있고, 2일 전의 통계만 볼 수 있는 단점이 있습니다. 이러한 부분을 보완할 수 있는 곳이 바로 '소셜 블레이드'입니다. 내 채널뿐 아니라 다른 채널의 통계도 볼 수 있고, 전 세계 유튜버의 순위를 다양한 카테고리별로 열람할 수 있어서 유튜브 트렌드를 파악하거나 채널을 전략적으로 운영하는 데도 도움이 됩니다.

◐ 소셜 블레이드는 영문 사이트입니다. 크롬 브라우저의 번역 기능으로 웹 사이트 전체를 한글화한 후 사용해 보세요. 화면 위에서 마우스 오른쪽 버튼을 누른 후 [한국어로 번역]을 클릭하면 됩니다.

전 세계에서 가장 구독자가 많은 채널은?

구독자 1위 채널은 과연 어디일지 궁금해진 적이 있나요? 소셜 블레이드 웹 사이트에 접속하고 상단 메뉴에서 [YouTube]를 클릭하면, 구독자별 유튜브 순위 Top 25를 볼 수 있답니다.

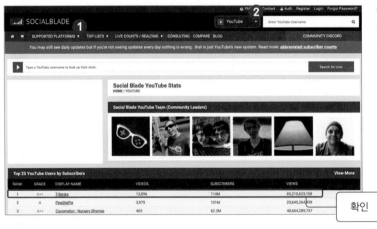

◐ 세계 1위는 인도 엔터테인먼트 채널 [T-Series]입니다. 스웨덴의 게임 유튜버 [PewDiePie]와 구독자수 1위 쟁탈전을 벌이다가 먼저 1억 명을 달성하면서 세계 최초로 '레드 다이아몬드' 버튼을 받은 채널이 되었습니다.

국내 1위 유튜버는 누구일까?

그렇다면 우리나라에서 가장 인기 많은 유튜버는 누구일까요? 유튜버 순위를 국가별로 열람할 수도 있어요. Top 25 순위 표 오른쪽 상단에 보이는 [View More]를 클릭합니다.

화면이 바뀌면 [TOP 100 BY COUNTRY]에서 [Korea South]를 선택하고, 정렬 기준을 [Subscribers]로 바꿉니다. 국내 랭킹 상위에서는 공식 채널이 많지만, Jeffrey X(리액션), GH'S(애니메이션), 조이밤(예술), 푸디마마(음식), 차다빈(음악) 등 1인 크리에이터의 활약도 돋보이네요.

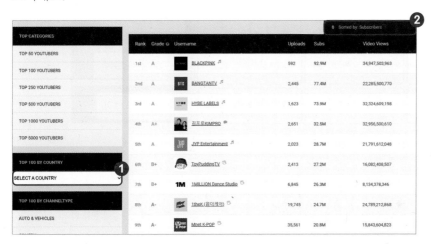

[TOP 100 BY CHANNELTYPE]에서 카테고리를 선택하면 주제별로 자세히 들여다볼 수 있습니다. 내 채널이 속한 분야를 그냥 지나칠 수 없겠죠. 관심 있는 분야까지 하나씩 살펴보면서 인기 채널을 분석해 보세요.

내가 속한 분야는 국가를 바꿔가며 분석해 보세요.

▶ 소셜 블레이드로 내 채널 실시간 분석하기

사이트 오른쪽 상단의 검색창에 채널명을 검색하면, 해당 채널에 대한 요약 통계를 바로 확인할 수 있습니다.

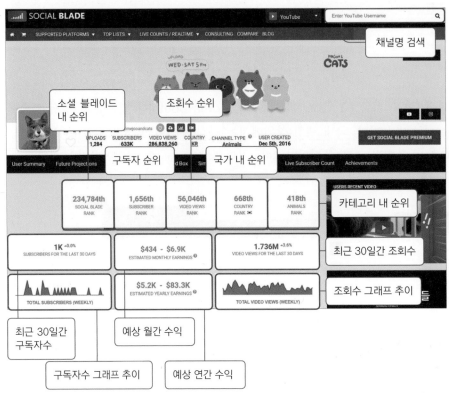

종합 등급이나 소셜 블레이드 내 순위는 소셜 블레이드가 자체 개발한 SB 점수를 기준으로 삼아, 채널이 현재 얼마나 많은 조회수를 얻고 있는지, 얼마나 큰 영향력을 미치는지를 보여 주는 지표입니다.

실시간 종합 통계와 그래프 보기

유튜브 통계와 달리 실시간 조회가 가능해 바로 직전의 상황까지 알 수 있어요. 채널 통계 페이지의 메뉴에서 [Detailed Statistics]를 클릭하면 날짜별 표와 그래프로 정리된 구독자 동향 & 총 구독자수, 일 조회수 & 총 조회수, 예상 수익 통계를 한눈에 살펴볼 수 있습니다.

날짜별로 한눈에 보기 편해요.

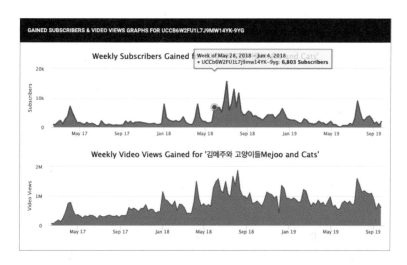

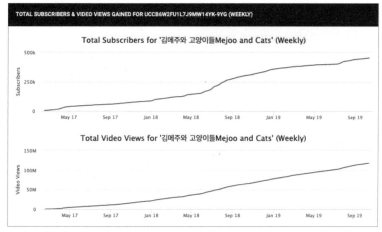

구독수 동향, 총구독자수, 월별 조회수 등을 그래프로 확인할 수 있습니다.

채널 내 TOP 50 동영상 살펴보기

채널 내 인기 동영상을 한눈에 볼 수 있습니다. 다른 채널의 순위도 볼 수 있으니 관심 있는 채널이 있다면 인기 콘텐츠를 분석해 보세요.

채널 통계 페이지의 상단 메뉴를 클릭하면 채널 내 50개 동영상의 종합 통계를 볼 수 있습니다.

[User Videos] 메뉴를 클릭합니다.

향후 5년간 채널 성장 예측하기

내 채널의 목표치에는 언제쯤 도달할 수 있을지 궁금하셨죠? 소셜 블레이드는 향후 5년간의 채널 성장 날짜도 예측하고 있습니다. 최근 성장률을 토대로 구독자수와 총 조회수를 예측하는데, 최근 성장률이 달라지면 예측 날짜도 달라집니다.

FUTURE SUBSCRIBERS AND VIEW PREDICTIONS FOR 김메주와 고양이들 (UCCb6W2FU1L7j9mw14YK-9yg)

Future Projections at Social Blade are created using a regression formula. The estimated results have an error rate of 1.2% and 1.26%.

GOAL DATE	•TIME UNTIL•	SUBS PREDICTION	VIEWS PREDICTION	SHARE THIS GOAL
2024-04-22	2 months	637,200	291,913,233	f SHARE ꓤ TWEET
2024-06-22	4 months	640,167	296,245,651	f SHARE ꓤ TWEET
2024-08-22	6 months	643,171	300,583,881	f SHARE ꓤ TWEET
2024-10-22	8 months	646,212	304,927,922	f SHARE ꓤ TWEET
2024-12-22	10 months	649,290	309,277,776	f SHARE ꓤ TWEET
2025-02-22	12 months	652,455	313,704,894	f SHARE ꓤ TWEET
2025-04-22	1yr 2mo	655,502	317,923,372	f SHARE ꓤ TWEET
2025-06-22	1yr 4mo	658,689	322,290,565	f SHARE ꓤ TWEET
2025-08-22	1yr 6mo	661,912	326,663,571	f SHARE ꓤ TWEET
2025-10-22	1yr 8mo	665,172	331,042,388	f SHARE ꓤ TWEET
2025-12-22	1yr 10mo	668,469	335,427,017	f SHARE ꓤ TWEET
2026-02-22	2 years	671,857	339,889,481	f SHARE ꓤ TWEET
2026-04-22	2yr 2mo	675,117	344,141,594	f SHARE ꓤ TWEET
2026-06-22	2yr 4mo	678,523	348,543,563	f SHARE ꓤ TWEET
2026-08-22	2yr 6mo	681,965	352,951,344	f SHARE ꓤ TWEET

[Future Projections] 메뉴를 클릭합니다.

실시간 구독자수 변화 확인하기

구독자수가 오르락내리락하는 상황을 실시간으로 본다면 재미있겠죠? 소셜 블레이드는 실시간 구독자수 카운트 화면을 제공하고 있습니다. 이 화면을 펼쳐놓고 목표 구독자수를 기다리는 생방송을 진행하거나 기념 영상을 찍을 수도 있답니다.

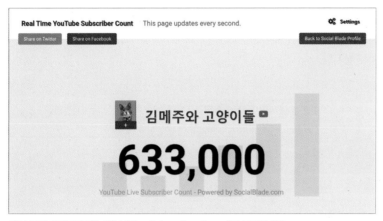

채널 통계 페이지의 메뉴에서 [Live Subscriber Count]를 클릭하세요.

유튜브 순위 주제별로 분석하기

• **실습 파일:** 주제별_순위분석.hwp

내가 활동할 카테고리에서는 어떤 채널이 인기를 얻고 있을까요? 내 주제와 유사한 크리에이터를 찾아 분석해 보면, 채널과 콘텐츠에 대한 새로운 아이디어를 얻을 수 있습니다. 내 채널에 속한 분야가 명확하면 카테고리는 고정한 채 국가별 트렌드를 분석해 보세요. 아직 분야가 명확하지 않다면 카테고리를 넘나들면서 각각 어떤 특징이 있는지 파악해 봅시다.

소셜 블레이드 채널 순위		
국가 ( )	( )	( )
카테고리 ( )	( )	( )
기준 SR 순위 / 구독자수 / 조회수	SR 순위 / 구독자수 / 조회수	SR 순위 / 구독자수 / 조회수
1위	1위	1위
2위	2위	2위
3위	3위	3위
4위	4위	4위
5위	5위	5위
6위	6위	6위
7위	7위	7위
특징		

유튜브 수익에 대한 모든 것

광고를 보면 유튜버에게 수익이 간다고 하는데, 그럼 시청자에게는 어떤 광고가 보이고 그 수익은 얼마나 될까요? 이번 장에서는 유튜브의 수익 구조와 광고 형태를 좀 더 자세히 파악해 볼게요. 내 채널의 시청자에게 보다 알맞은 광고를 내보내는 방법도 알 수 있습니다. 마지막으로 이렇게 발생한 수익을 내 통장으로 보내는 과정도 자세히 알려 드릴게요.

13-1 수익 창출 방법과 광고 유형 이해하기

▶ 수익은 어떻게 발생할까?

광고 수익

시청자는 동영상 재생 전 또는 재생 중에 광고를 시청합니다. 이 광고는 광고주가 유튜브에 광고비를 내고 배포한 광고입니다. 유튜브는 여기서 발생한 광고 수익 중 일정 비율을 크리에이터에게 지급합니다. 동영상이 조회될 때마다 수익이 발생하는 형식이므로 조회수에 영향을 받습니다.

광고주   유튜브(플랫폼)   크리에이터

슈퍼챗 후원 수익

유튜브에서의 주요 수입은 광고 시청에서 발생하지만, 실시간 스트리밍을 통해 받는 슈퍼챗 후원금도 수익이 됩니다. 시청자가 후원하는 금액에서 수수료 등을 제외한 약 65% 정도의 금액이 광고 수익과 함께 정산됩니다.

유튜브 프리미엄 시청 수익

광고 없이 이용할 수 있는 유료 서비스인 '유튜브 프리미엄' 가입자가 내 동영상을 시청했을 때 발생하는 수익입니다. 광고 수익과는 별도로 책정됩니다. 수수료에서 나오는 수익은 사용자가 콘텐츠를 시청한 분량을 기준으로 크리에이터에게 분배됩니다.

채널 멤버십 수익

'채널 멤버십'은 시청자가 매달 반복 결제를 통해 내 채널의 멤버십에 가입하면 멤버십 회원만의 전용 배지, 미공개 영상 시청, 멤버십 채팅방 등 전용 혜택을 누릴 수 있는 서비스예요. 채널 멤버십 수익의 70%를 지급받을 수 있습니다.

> ▶ 채널 멤버십 자격 요건: Youtube 파트너 프로그램 가입, 만 18세 이상

브랜드 협찬과 광고

유튜브 크리에이터에게 제품을 협찬하거나 컬래버레이션 콘텐츠를 제작해 브랜드 광고를 진행하는 경우도 있어요. 채널을 잘 성장시켜 두터운 팬층을 확보했다면, 여기서 발생하는 수익도 노려볼 만합니다.

쇼핑 연동 수익

최근 론칭한 '쇼핑' 기능을 통해 유튜브 채널에서 제품을 판매한 후 얻을 수 있는 수익입니다. 상품을 구매할 수 있는 링크를 유튜브에 연동해 조회수 수익과 상품 판매 수익을 동시에 노릴 수 있습니다. 〈김메주와 고양이들〉은 자체 제작한 굿즈를 판매하고 있는데요. 링크를 유튜브 채널에 연동해 두면 동영상 재생 중에 제품 목록을 볼 수 있게 됩니다. 아직은 시작 단계라 추이를 지켜봐야 하지만, 국내외의 라이브커머스 시장이 커지고 있어 쇼핑 기능 역시 계속해서 업데이트될 것으로 보입니다.

제품을 등록해두면 유튜브에서도 쇼핑이 가능합니다.

🎙 **김메주의 라이브 톡!**　　쇼핑 기능은 어떻게 설정하나요?

'쇼핑' 기능은 YouTube 스튜디오 메뉴의 [수익 창출 → 쇼핑]에서 설정할 수 있습니다. 연동할 수 있는 쇼핑몰은 아래의 쇼핑몰로 한정되어 있어요. 국내에서는 '카페 24'를 가장 많이 활용하고 있답니다.

- 카페 24
- 마플샵
- Shopify
- Spreadshop
- Spring

수익화 방법이 다양해지고 있지만, 가장 높은 비중은 역시 '광고 수익'입니다. 어찌 됐든 광고 수익의 기반은 채널과 콘텐츠의 힘이고, 결국 기본에 충실할수록 수익이 발생할 가능성도 높아지는 것이죠. 유튜브 프리미엄이나 브랜드 협찬은 우리가 어떻게 해 볼 수 있는 영역이 아니므로 기본에 충실하면서 품질 좋은 콘텐츠를 만들어 나가는 게 중요합니다. 라이브 스트리밍과 슈퍼챗은 11장에서 자세히 다뤘습니다. 여기서는 크리에이터에게 가장 중요한 광고 수익에 관해 이야기해 볼게요.

▶ 수익 창출에도 조건이 필요하다

그럼 유튜브에 동영상만 올리면 자동으로 광고가 붙게 될까요? 그렇진 않습니다. 구글로부터 수익 창출 승인을 받은 채널에만 광고가 붙게 되는데요. 수익 창출에 대한 승인을 받기 위해서는 일정한 조건이 필요합니다. 이 조건 달성을 목표로 채널을 열심히 운영해 보기로 해요.

내 채널의 구독자와 시청 시간이 어느 정도 도달했는지 궁금하다면 YouTube 스튜디오 메뉴의 [수익 창출]을 클릭하세요. 여기서 간단하게 확인할 수 있습니다. 조건을 충족하게 되었다면 유튜브가 수익 창출 신청 안내 메일을 보내줄 거예요. 안내에 따라 수익 창출 신청을 끝내고 결과를 기다리면 됩니다.

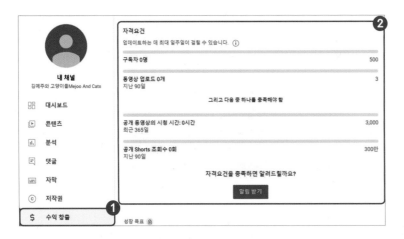

- **유튜브 수익 창출 조건**
1. 구독자 500명 이상
2. 지난 12개월 동안 공개 동영상의 총 시청 시간 3,000시간 이상/지난 90일 동안 공개 쇼츠의 조회수가 300만 회 이상

네, 가능합니다. 그러나 광고가 붙는 확률이 일반 동영상에 비해 낮고 광고 단가 또한 높지 않아 수익화를 목표로 한다면 메인 콘텐츠로 활용하기엔 적절하지 않습니다. 하지만 쇼츠에도 일반 동영상과 같은 알고리즘이 적용되므로 조회수만 잘 나온다면 채널 노출 빈도에 유리하게 작용할 수 있고, 구독자 유입에도 큰 도움을 줄 수 있습니다. 이를테면, 100만 조회수 채널인 '사내뷰공업'은 숏폼으로 시작해 유명세를 얻은 후 본격적인 롱폼 콘텐츠를 올려 꾸준한 인기를 얻고 있습니다. '아람이' 역시 숏폼이 강세인 채널이지만 조회수가 높았던 숏폼을 모아 롱폼 콘텐츠로 재생산하고 있습니다.

▶ 진실 또는 거짓! 유튜브 수익에 대한 오해

오해 1. 광고 수익은 조회수 1당 1원?

유튜브에 대한 관심이 높아지면서 수익에 대한 궁금증도 커지고 '조회수 1당 1원이라던데' 하는 '카더라'가 생기기도 했는데요. 과연 맞는 말일까요? 제 대답은 '아니요'입니다. 조회수가 높으면 광고에 노출되는 횟수가 많으므로 수익도 함께 올라가는 것은 당연하지만, 1명의 시청자가 1개의 동영상을 시청할 때는 동영상 시간, 시청 시간, 광고의 예산, 광고의 형태 등과 같은 많은 변수가 있습니다.

좀 더 예를 들어 볼게요. 일단 동영상에 광고가 붙어야 수익이 발생하는데, 광고가 붙는 동영상이 있고 그렇지 않은 동영상도 있습니다. 이 부분은 채널의 활성화 정도, 사용자의 시청 패턴, 광고 시기 등에 따라 다릅니다. 건너뛸 수 있는 광고는 광고를 건너뛰었을 때 수익이 발생하지 않고, 10분 이상의 동영상은 광고를 2개 이상 넣을 수도 있습니다. 그리고 시청되는 국가에 따라 광고 단가가 달라집니다.

이러한 여러 가지 변수 때문에 수익을 정확하게 계산하기는 어렵습니다. 똑같은 조회수가 나와도 매월 수익이 다를 수 있는 것이죠. 하지만 분명한 것은 조회가 일어나지 않으면 절대로 수익이 발생하지 않는다는 것입니다. 그러니 수없이 많은 변수를 찾아 분석하기보다 많은 사람들이 볼 수 있는 콘텐츠를 만드는 데 집중하는 것이 바람직합니다.

오해 2. 구독자가 많을수록 수익도 높나요?

구독자수가 많으면 동영상을 보여 줄 기회가 더 많아지는 게 사실이지만, 구독자들이 내 동영상을 잘 보지 않거나 내가 업로드를 자주 하지 않는다면 얘기는 달라집니다.

구독자수가 10만 명인 A, B 두 채널을 비교해 볼게요. 두 채널 모두 매일 동영상을 업로드하지만, A 채널은 각 콘텐츠의 조회수가 천 단위로 10만 명인 구독자수에 비해 조회수가 낮습니다. 반면 B 채널은 만 단위 조회수로 골고루 높게 시청되고 있습니다. A 채널은 콘텐츠를 꾸준히 올리고 있지만, 구독자의 흥미를 끌지 못해 시청될 수 있는 기회를 놓치고 있는 것이죠. 이런 경우 두 채널의 수익은 배 이상으로 차이가 나기도 합니다.

구독자가 몇십 만 명이라도 동영상을 뜸하게 올리면 결과는 마찬가집니다. 즉, 조회수가 발생하지 않으면 구독자수가 더 적지만 콘텐츠를 자주 올리는 채널보다 수익이 낮을 수 있습니다. 구독자수도 중요하지만 그보다 더 중요한 건 더 많은 구독자를 발굴할 수 있고 기존 구독자에게도 잘 시청될 수 있는 '좋은 콘텐츠'를 꾸준히 올리는 것입니다.

▶ 시청자가 보게 되는 3가지 광고 유형

광고를 보지 않아도 되는 '유튜브 프리미엄' 서비스가 출시되면서 광고에 대한 반감이 줄어들고 이해도가 높아진 분위기이긴 하지만, 광고는 여전히 시청자에게 귀찮은 존재입니다. 8분 이상의 영상에 광고를 2개 이상 넣을 수 있다고 해도 무리해서 넣지 않도록 유념해야겠죠?

시청자가 보게 되는 광고 유형은 3가지입니다. 유튜브는 시청자의 위치, 연령, 관심사 등의 여러 지표를 토대로 광고를 자체적으로 내보냅니다. 그럼 광고 유형별 특징과 수익 발생 조건을 알아볼게요.

동영상 시청에 영향을 미치는 광고 유형

① 건너뛸 수 있는 동영상 광고

가장 익숙한 광고죠? 5초 동안 시청한 후 건너뛸 수 있는 광고입니다. 시청자가 광고를 30초 이상 시청했거나 30초 미만의 광고일 경우, 끝까지 시청했을 때만 수익이 발생합니다.

② 건너뛸 수 없는 동영상 광고

광고를 끝까지 봐야 동영상을 시청할 수 있는 긴 광고입니다. 시청자가 광고를 끝까지 시청하면 수익이 발생합니다. 건너뛸 수 없는 광고는 15초, 건너뛸 수 없는 긴 광고는 최대 30초입니다. 동영상이 10분 이상이면 광고를 중간에 삽입(미드롤 광고)할 수도 있습니다.

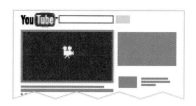

③ 건너뛸 수 없는 범퍼 광고

최대 6초 길이의 간단한 광고입니다. 상대적으로 거부감이 덜합니다. 시청자가 광고를 끝까지 시청하면 수익이 발생합니다.

▶ 미드롤 광고 효과적으로 활용하기

러닝 타임 8분 이상의 동영상에는 '미드롤 광고'라 불리는 중간 광고를 삽입할 수 있습니다. TV 광고처럼 동영상 중간중간에 광고를 삽입하는 것이죠. 동영상의 러닝 타임이 8분 이상이라면 '수익 창출' 화면에 '동영상 재생 중에 광고 게재위치(미드롤)' 옵션이 활성화됩니다. 이 옵션에 체크하면 동영상의 자연스러운 흐름에 맞춰 자동으로 중간 광고가 들어갑니다. 원하는 위치에 삽입하고 싶다면 [게재위치 검토]를 클릭하면 됩니다.

단, 콘텐츠의 흐름상 방해되지 않는 위치에 적절히 삽입하는 것이 좋겠죠? '60초 후에 공개됩니다'라고 외치는 TV 방송처럼 중요한 장면에서 광고를 삽입하면 되지 않을까 생각할 수도 있지만 이는 추천하지 않는 방법입니다. 유튜브 광고의 대부분은 '5초 후 건너뛰기'가 가능하기 때문입니다. 중요한 장면에서 끊어 버린다면 다음 장면이 궁금한 시청자는 '5초 후 건너뛰기'를 누르게 되고 이는 수익 창출로 이어지지 않으므로 광고로서의 효용이 떨어집니다. 유튜브 알고리즘을 믿고 '자연스러운 광고 시점'에 게재될 수 있도록 자동 설정해두는 것을 추천합니다. 광고 개수는 원하는 만큼 더 넣을 수 있지만 무리한 광고는 영상 만족도에 영향을 미치고, 심하면 구독자 이탈 현상으로 이어질 수 있으니 조심해야겠죠?

유튜브 광고는 시청자가 일정 시간 이상 시청하거나 클릭과 같이 광고주가 원하는 행동을 했을 때 수익이 발생합니다. 시청자가 오래 보고, 쉽게 클릭하는 광고만 내 영상에 달리면 좋겠지만, 광고 유형과는 달리 광고는 크리에이터가 직접 고를 수 없습니다. 시청자의 위치, 연령, 관심사를 고려해 유튜브가 광고와 유튜브 영상을 자동으로 연결하기 때문이죠.

하지만 좋은 콘텐츠는 사람을 모으고 광고에 대한 반감도 줄여 줍니다. 콘텐츠를 무료로 볼 수 있으니 광고는 기꺼이 시청하겠다는 사람도 점점 늘고 있고요. 광고와 수익이 어떻게 작동하는지 알고는 있어야겠지만, 결국 콘텐츠에 집중하는 것이 우선입니다.

13-2 내 수익 확인하기

동영상 조회수가 제법 쌓였다면, 진짜 수익이 발생했는지 확인해 볼 차례입니다. 수익 확인은 '유튜브 분석' 페이지와 '구글 애드센스 보고서'에서 가능합니다. 두 방법 모두 장단점이 있으니 상황에 따라 원하는 방법으로 확인하면 됩니다.

	유튜브 분석 페이지	구글 애드센스 보고서
정확도	높음	낮음
최신성	3일 전	실시간

유튜브 분석 페이지 vs 구글 애드센스 보고서

▶ '유튜브 분석' 페이지에서 수익 확인하기

YouTube 스튜디오에서 예상 수익을 간단하게 확인할 수 있습니다. 예상 수익이긴 하지만, 정확도가 높아 표시된 추정 수익이 거의 그대로 지급됩니다. 단, 2일 전까지의 수익만 표시되므로 실시간 수익은 확인할 수 없어요.

YouTube 스튜디오 메뉴의 [분석 → 수익]을 클릭한 후 '추정 수익'란에서 내 예상 수익을 확인하면 됩니다.

YouTube 스튜디오의 [분석] → [수익] 화면

스크롤을 아래로 내리면 월별, 동영상별, 수익원별, 광고 유형별 수익을 확인할 수도 있습니다. 앞에서 배운 분석 내용과 비교해 보면, 결국 수익은 동영상의 시청 시간과 조회수에 비례한다는 것을 알 수 있답니다.

▶ 구글 '애드센스 보고서'에서 실시간 수익 확인하기

'내 채널에 돈이 쌓이고 있나?'는 가장 궁금한 부분입니다. 특히, 수익이 이제 막 발생하기 시작한 초보 크리에이터라면 하루하루 수익이 얼마나 발생하는지 너무 궁금할 거예요. 하지만 유튜브 통계는 2일을 기다려야 하는 아쉬움이 있죠.

구글의 '애드센스 보고서'는 유튜브 수익을 '실시간'으로 확인할 수 있는 유일한 방법입니다. '구글 애드센스'란, 유튜브를 포함한 구글 서비스 내 모든 광고를 운영하는 프로그램인데요. 유튜브에서 벌어들인 수익 역시 애드센스를 통해 지급받게 됩니다. 유튜브 분석 페이지처럼 애드센스 역시 '애드센스 보고서'를 이용해 수익 통계를 제공하고 있어요.

유튜브의 분석 페이지가 워낙 잘돼 있어 '애드센스 보고서'를 따로 들여다볼 일은 없을지 모르지만, '오늘은 수익이 얼마일까?' 하는 궁금증은 시원하게 해결해 줄 수 있을 거예요.

하면 된다! 〉구글 애드센스에서 실시간 수익 확인하기

1 구글 애드센스(www.google.co.kr/adsense)에 접속하고 로그인합니다. 홈 화면이 나타나면 메뉴 버튼을 클릭한 후 [보고서]를 클릭하세요.

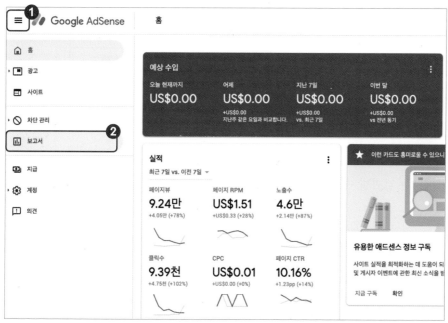

혹시 아직 애드센스를 신청하지 않았다면 02-2절의 신청 방법을 참고하세요.

2 필터에서 [추가] 버튼을 클릭한 후 [제품 → YouTube 호스트]에 체크하고 [적용] 버튼을 클릭합니다.

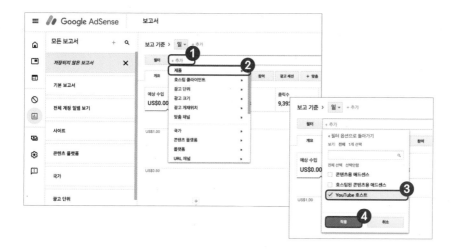

3 필터가 적용된 결괏값이 나타납니다. [총 수입] 부분이 설정한 기간의 실시간 예상 수익입니다.

단, 슈퍼챗 후원 수익은 보이지 않습니다.

4 하단의 표에서는 날짜별 예상 수익도 확인할 수 있습니다.

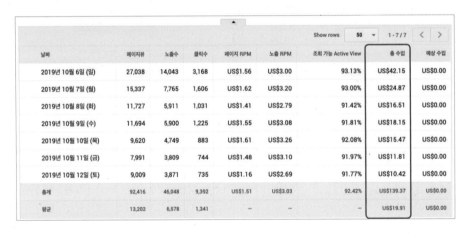

🎙 **김메주의 라이브 톡!**　　**애드센스는 만 19세 이상만 가입할 수 있다?**

애드센스는 만 19세 이상이라는 연령 제한을 두고 있습니다. 만 19세 미만이라면 부모님이나 보호자의 구글 계정을 이용해 신청서를 제출하면 가입할 수 있어요. 수익은 보호자의 계좌에 지급됩니다. 이렇듯 부모님이나 보호자의 도움이 필요하므로 사전에 꼭 동의를 얻는 것이 좋습니다.

13-3 수익 지급받기

유튜브 광고 수익과 슈퍼챗 후원 수익은 애드센스에 마련된 가상 계좌에 달마다 차곡차곡 모입니다. 애드센스 잔고에 일정 기준액이 채워지면, 이 금액이 개인 통장으로 지급되는 방식이에요. 수익을 지급받기 위한 준비는 아래의 3단계를 거칩니다.

1단계 애드센스 잔액 10달러 도달 → 개인식별번호(PIN)를 받아 주소 및 본인 인증
2단계 외화 계좌 개설 후 지급받을 계좌번호 입력
3단계 애드센스 잔액 100달러 도달 → 수익 지급

▶ 1단계. 개인식별번호 발급받아 주소 인증하기

우선 주소 인증을 통해 본인 인증을 끝마쳐 둬야 합니다. 철저한 보안을 위해 인증번호를 직접 우편물로 받아보는 방법을 거치고 있어요. 구글 애드센스 잔액 10달러가 넘으면 개인식별번호가 자동으로 만들어지고, 구글이 직접 우편물을 보내 줍니다.

> ▶ 10달러는 '주소 인증'을 위한 기준액입니다. 실제 수익을 통장에 받기 위한 지급 기준액은 '100달러'입니다.

이때 우편물은 애드센스에 가입할 때 입력한 주소로 배송됩니다. 배송이 잘못 되거나 우편물을 분실하면 PIN을 재발급받아 또 다시 우편물을 기다려야 합니다. 되도록 우편물을 잃어버리지 마세요.

1단계	구글 애드센스 잔액 10달러 도달
2단계	기준액 도달 일주일 후 개인식별번호가 적힌 우편 자동 발송(최대 4주 소요)
3단계	개인식별번호가 적힌 우편물을 확인하고 애드센스 계정에 입력
4단계	주소 인증 완료

주소 인증 절차

하면 된다! ⟩ 구글 애드센스에서 주소 인증하기

1 구글 애드센스의 수익 정산은 매월 말일에 이뤄집니다. 정산 후 애드센스 잔액이 10달러에 도달하면 개인식별번호가 우편으로 발송되고, 기간은 2~4주 정도 소요됩니다. 우편물을 받으면 PIN 번호가 제대로 적혀 있는지 확인하세요.

PIN 우편물의 내부 모습

PIN 우편물의 외부 모습

2 우편물이 발송됐다면 애드센스 상단의 종 모양 아이콘에 알림이 나타나고 '주소를 확인하지 않아 지급이 보류 중입니다.'라는 빨간색 공지글도 나타납니다. 빨간색 공지글 오른쪽 끝에 있는 [작업]을 누르면 PIN 번호를 입력할 수 있습니다. 또는 왼쪽 메뉴의 [계정 → 설정 → 계정 정보]에서 [주소 인증]을 클릭해도 됩니다.

❸ 우편으로 받은 PIN 번호를 입력창에 작성하고 [PIN 제출] 버튼을 클릭하면 인증 절차가
완료됩니다.

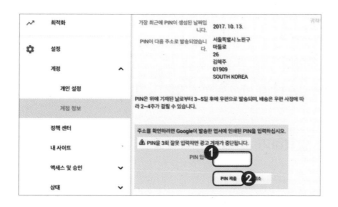

▶ 2단계. 외화 계좌 개설하고 지급 계좌 입력하기

10달러에 도달해 주소 인증을 마쳤다면, 이제 내 계좌번호를 입력해 둘 차례입니다. 지급 기준액인 100달러에 아직 도달하지 않았더라도 계좌는 미리 입력해 둘 수 있어요. 수익은 달러로 지급받기 때문에 '외화 전용 계좌'가 필요합니다. 외화 계좌는 은행에 직접 방문해 개설할 수 있어요. 외화가 내 계좌로 들어오면 일정 금액이 외화 송금 수수료로 차감되는데요. 은행에 따라 수수료 혜택을 주는 곳도 있으니 잘 알아보고 결정하는 것을 추천합니다.

하면 된다! } 애드센스에 계좌번호 입력하기

1 개설한 외화 계좌를 구글 애드센스에 입력해 볼게요. 우선 애드센스 왼쪽 메뉴에서 [지급]으로 들어갑니다. [결제 수단 관리 → 결제 수단 추가]를 클릭하세요.

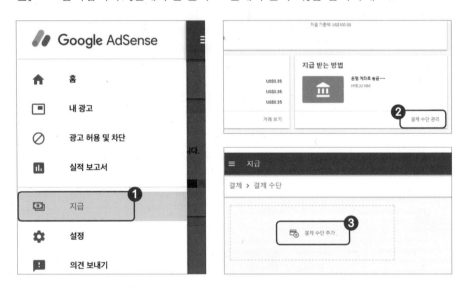

2 [새 은행 송금 세부 정보 추가]를 선택하고 세부 정보를 작성합니다.

❸ [예금주의 이름]에는 통장에 적힌 영문명을 그대로 적어야 합니다. [은행 이름]과 [SWIFT 은행 식별 코드(BIC)]도 아래 내용을 참고해 반드시 영문으로 작성하세요.

경남은행(KYONGNAM BANK): KYNAKR22
광주은행(THE KWANGJU BANK, LTD.): KWABKRSE
국민은행(KOOKMIN BANK): CZNBKRSE
기업은행(INDUSTRIAL BANK OF KOREA): IBKOKRSE
농협은행(NONGHYUP BANK): NACFKRSE
대구은행(THE DAEGU BANK, LTD.): DAEBKR22
부산은행(BUSAN BANK): PUSBKR2P
수협은행(SUHYUP BANK): NFFCKRSE
신한은행(SHINHAN BANK); SHBKKRSE
우리은행(WOORI BANK): HVBKKRSE
우체국(KOREA POST OFFICE): SHBKKRSE
카카오뱅크(KAKAOBANK): KAKOKR22
하나은행(HANA BANK); KOEXKRSE
한국씨티은행(CITIBANK KOREA): CITIKRSX

주요 은행의 정식 영문 이름과 SWIFT 코드

❹ 지급 계좌가 등록된 모습을 확인할 수 있습니다.

▶ 3단계. 수익 지급받기

애드센스 잔액이 지급 기준액인 100달러에 도달하면, 내 통장으로 지급받을 수 있습니다. 수익 지급 과정은 다음과 같습니다. 먼저 애드센스가 매달 10~14일에 전월 수익을 정산하면, 애드센스의 잔고가 늘어납니다. 애드센스 잔고에 누적된 금액이 100달러를 초과할 때 전체 금액이 이번달 말에 계좌로 지급되는 식입니다.

날짜	정산된 전월 수익	지급 여부	애드센스 잔액
2월 14일	98달러 (1월 수익)	지급 기준액 100달러에 도달하지 않았으므로 미지급	98달러
3월 14일	90달러 (2월 수익)	이전 달 누적된 잔액과 합산돼 지급 기준액 100달러에 도달했으므로 이번달 말에 188달러 지급 예정	1월 수익 98달러 + 2월 수익 90달러 = 188달러
3월 31일	계좌로 188달러 지급(별도의 신청 필요 없음)		0달러
4월 14일	95달러 (3월 수익)	지급 기준액 100달러에 도달하지 않았으므로 미지급	95달러
⋮	⋮	⋮	⋮

수익 지급 예시

정산과 지급은 자동으로 이뤄지기 때문에 별도의 신청이 필요 없습니다. 수익금이 지급되고 나면, 아래와 같은 메일이 도착합니다.

> **Google AdSense**
>
> # 최근 지급 내역 확인 필요
>
> 2017. 4. 21에 Google AdSense의 수익금을 귀하에게 송금하였습니다.
>
> 본 이메일을 수신한 날짜로부터 영업일 기준 5일 이내에 수익금을 수령하지 못하면 은행에 문의하여 자세한 내용을 알아보시기 바랍니다.
>
> 최근 지급 내역을 확인하는 방법은 다음과 같습니다.
>
> - 애드센스 계정에 로그인합니다.
> - 탭의 오른쪽 상단에 있는 톱니바퀴 아이콘을 클릭한 후 드롭다운 목록에서 '지급'을 선택합니다.

애드센스가 송금한 금액은 내가 계좌를 개설한 국내 은행에서 검토를 거친 후 내 계좌로 입금되는 방식입니다. 외화 계좌를 개설한 은행이 국민은행 강남 지점이라면 이곳에서 검토를 거친 후 내 계좌로 최종 입금되는 것이죠. 그러므로 1~2일 정도 기다려야 합니다. 만약 5일이 지나도 지급된 내역이 없다면 국내 은행에 문의해야 합니다. 은행의 휴무일에 지급이 이뤄질 경우에는 휴일이 지난 이후 수령할 수 있습니다.

하면 된다! } 계좌에 지급된 내역 확인하기

1 내 계좌에 수익금이 잘 지급됐는지, 언제 지급됐는지 한번 확인해 볼게요. 애드센스 왼쪽 메뉴에서 [지급 → 거래 보기]를 클릭하세요.

2 잔액 내역과 지급한 내역을 확인할 수 있습니다.

▶ 외화 송금 수수료를 절약하려면 '지급 기준액'을 늘려 주세요

외화가 내 계좌로 들어오면 한 번에 5,000원에서 1만 원 정도의 외화 송금 수수료가 차감되는데요, 만약 10만 원 정도를 지급받는다면 외화 송금 수수료 1만 원이 차감돼 손에 들어오는 금액은 9만 원이 됩니다. 매번 수수료가 차감되는 것보다는 애드센스 잔고에 지급액을 모아 뒀다가 한 번에 받는 편이 더 좋겠죠? 기본 100달러로 설정돼 있는 지급 기준액을 늘려 주면 됩니다.

하면 된다! } 수익 지급 기준액 변경하기

1 애드센스 왼쪽 메뉴에서 [지급 → 설정 관리]를 클릭합니다.

2 아래 표시된 부분에서 원하는 지급 기준액을 입력하고 저장하세요.

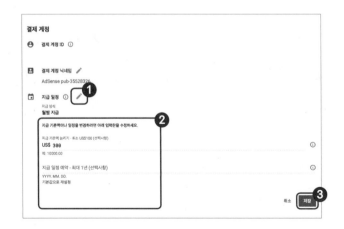

업로드 기본 설정에서 광고 유형 통일하기

중간 광고 여부는 동영상별로 다르게 설정할 수 있지만, 매번 설정하려면 귀찮기도 하고 가끔 놓치는 경우도 있어 불편합니다. 이때 업로드 기본 설정에서 일괄 적용을 설정해 보세요! 기본 설정으로 맞춰 놓고 동영상을 업로드할 때 필요에 따라 수정해 주면 편리합니다.

• **방법**

1. YouTube 스튜디오에서 [설정 → 업로드 기본 설정 → 수익 창출] 탭을 클릭합니다.
2. [동영상 재생 중에 광고 게재위치(미드롤)]에 체크한 후 [저장]을 클릭합니다.

14

영상 하나로 여러 채널에서
동시에 수익 내기

유튜브 외의 다른 플랫폼에도 동영상을 올리면 추가 수익을 창출할 수 있습니다. 유튜브에서의 주요 수익보다는 적을 수 있지만, '티끌 모아 태산'이라는 말이 있으니 적은 노력으로 또 다른 수익을 창출해 보는 건 어떨까요? 이번 장에서는 유튜브 외의 다른 동영상 플랫폼을 소개하고 채널 개설 및 업로드 방법을 알려 드릴게요.

14-1 하나의 콘텐츠를 여러 플랫폼에!

▶ 수익 창출을 할 수 있는 또 다른 동영상 플랫폼 서비스는?

여전히 동영상 플랫폼 서비스의 열기는 매우 뜨겁습니다. 온라인 동영상 광고 시장이 올해만 213조 원 규모로 성장할 것으로 전망되면서 국내 유수의 IT 기업들도 발 빠르게 움직이고 있어요. 네이버 역시 동영상 플랫폼에 뛰어들어 적극적인 지원에 나섰습니다. 특히 라이브 영상을 보며 쇼핑을 할 수 있는 '쇼핑라이브'는 업계에서 매우 높은 점유율을 가지고 있고, 최근에는 '클립'이라는 숏폼 서비스도 선보였습니다. 인스타그램 또한 숏폼 콘텐츠인 '릴스'를 통해 수익을 낼 수 있게 되어 크리에이터의 수익 창출 방법이 한층 더 다각화되었습니다.

저작권이 나에게 있는 콘텐츠는 여러 플랫폼에 얼마든지 동시 업로드를 할 수 있으므로 '네이버TV'와 '인스타그램(릴스)'의 부가 운영을 고려해 봐도 좋습니다. 채널만 개설하고 이미 만들어진 동영상을 한 번 더 업로드하면 되는 것이죠.

네이버TV

네이버TV에서도 유튜브와 마찬가지로 조회수 수익을 얻을 수 있습니다. 유튜브에 이미 올린 콘텐츠를 네이버 TV에도 업로드해 부가 수익을 창출해 보세요. 지금도 네이버 TV는 계속해서 변화하고 있고, 그만큼 지속적인 업데이트로 빠르게 성장하고 있는데요. 최근에는 네이버 TV 내의 VOD, 생중계 등의 동영상 서비스를 'NOW'라는 앱으로 통합해 제공하기 시작했습니다. 주목할 점은 네이버가 '클립'이라는 숏폼 서비스를 본격적으로 내세우고 있다는 것인데요. 최근에는 네이버 앱 하단에 '클립' 탭까지 등장했습니다. 국민 앱이라 불리는 네이버 앱의 메인 탭이라니 숏폼 크리에이터라면 노려볼 만하죠? 억대의 지원금과 함께 클립 크리에이터를 대대적으로 모집하기도 했던 만큼, 곧 클립을 통한 수익 창출을 기대해 보아도 좋을 것 같습니다.

9,140만 유튜브 채널 '핏블리'도 네이버 클립에서 동시에 활동하고 있습니다.

네이버는 올해 초 클립 크리에이터를 대대적으로 모집하며 적극적인 지원에 나섰습니다.

인스타그램 '릴스'

유튜브 '쇼츠'에 이어 숏폼 콘텐츠의 대표 격이라 불리는 인스타그램 '릴스'는 이용자수에 비해 수익 창출 제도를 비교적 늦게 마련했습니다. 지금까지는 릴스로 수익 창출을 할 수 없었지만 최근 '릴스 플레이 보너스 프로그램'이라는 시스템이 생겼고 이를 통해 숏폼 크리에이터도 조회수 수익을 얻을 수 있게 되었어요. 아직은 인스타그램의 초대로만 프로그램에 참여할 수 있지만 베타 기간이 끝나면 일정 조건을 달성 후 신청할 수 있도록 바뀔 것으로 보입니다. 유튜브에 업로드한 숏폼 영상을 인스타그램에도 함께 업로드해 놓으면 미리미리 수익 창출 조건을 준비해둘 수 있겠죠?

- 인스타그램 릴스 보너스 프로그램 참여 조건
1. 개설한 지 30일 이상 된 계정
2. 프로페셔널 계정(비즈니스 또는 크리에이터 계정)
3. 최근 30일 이내 5개 이상의 릴스 업로드
4. 최근 30일 이내 조회수 10만 회 이상

▶ 여러 채널을 운영할 때 유의할 점

동영상 업로드는 미루지 말고 그때그때 동시에

유튜브 업로드는 제시간에 하지만, 서브 채널의 동영상 업로드는 미루고 있다가 한꺼번에 올리는 경우가 생길 수 있습니다. 유튜브와 마찬가지로 네이버TV나 인스타그램도 정기적이고 꾸준히 업로드하는 창작자를 더 선호합니다. 여기서 발생한 구독자 또한 정기 업로드를 원하고요. 유튜브에 업로드할 때 서브 채널도 잊지 않고 함께 업로드하는 것이 바람직합니다.

메인 채널 관리에 좀 더 집중할 것

운영할 채널이 늘어나면 관리가 어려워질 수밖에 없습니다. 운영 중인 모든 채널에 매달려 있기보다는 메인으로 운영할 채널에 보다 많은 시간을 투자하고, 나머지 채널은 하루 중 시간을 정해 두고 관리하는 것을 추천합니다.

▶ 동영상 플랫폼을 벗어나 내 콘텐츠 무한 활용하기

하나의 콘텐츠로 또 다른 브랜드를 창출해 낼 수 있는 것이 'OSMU(one source multi use) 전략'입니다. 채널이 성장해 두터운 팬층을 확보했다면, 동영상 콘텐츠 외에도 캐릭터 상품, 장난감, 영화, 굿즈, 캠페인 등 다양한 방식의 콘텐츠를 재생산할 수 있습니다. 대표적인 예로 '도티TV', '잠뜰TV'의 캐릭터 상품이 큰 인기를 누리고 있고, '셀프 어쿠스틱'의 스톱모션 애니메이션을 직접 만들어 보는 DIY 키트가 성황리에 판매되기도 했습니다.

도티 캐릭터 페이퍼토이   잠뜰 캐릭터 인형   셀프 어쿠스틱 스톱모션 만들기 키트

꼭 상품의 형태만 존재하는 것은 아닙니다. 전시회 등 다양한 오프라인 이벤트로도 발전할 수 있어요. 〈김메주와 고양이들〉 채널 역시 고양이 사진을 내세운 사진전을 열어 또 다른 가치를 창출해 냈답니다. 구독자에게는 새로운 재미를 안겨 주고 원 콘텐츠의 가치를 더욱 상승시키는 좋은 기회가 될 수 있습니다.

고양이들의 사진을 전시한 〈김메주와 고양이들〉 오프라인 사진전

혼자서 막막하다면 MCN에게 도움을!

'김메주와 고양이들' 한정판 탁상 달력은 MCN(소속 회사)과의 협업으로 제작된 첫 굿즈입니다. 한정판 달력을 제작하고 싶다는 기획 의도를 상품화 담당자에게 말씀 드렸고, 회사의 적극적인 도움으로 상품화를 함께 진행하게 되었습니다.

▶ '샌드박스 스토어'에서 판매된 한정판 탁상 달력. '샌드박스 스토어'는 '샌드박스 네트워크'라는 MCN의 공식 MD 상품 스토어입니다.

각 분야의 전문가가 모여 있으므로 비즈니스 노하우 역시 뛰어납니다. 덕분에 품질은 높이고 제작 비용은 낮출 수 있었어요. 평소 좋아하던 캐릭터의 한정판 제품을 합리적인 가격에 구함으로써 팬도 함께 즐길 수 있는 이벤트가 됐습니다.

〈김메주와 고양이들〉 채널의 한정판 탁상 달력

김메주의 라이브 톡! MCN이 정확히 뭔가요? 가입하려면 어떻게 해야 하나요?

'다중 채널 네트워크'의 줄임말인 MCN(multi channel network)은 유튜브 크리에이터의 기획사입니다. MCN은 크리에이터 혼자 하기 힘든 일, 예를 들어 채널 성장에 대한 교육, 더 많은 광고주와의 연결, 저작권 관리, 상품 제작 등의 일을 도와 크리에이터가 콘텐츠 제작에 집중할 수 있도록 지원합니다. 그 대가로 크리에이터의 수익을 일정 비율로 나누게 되고요. 수익 배분율은 회사마다, 채널의 규모마다 다릅니다. 수익을 나누지 않는 MCN도 있어요. 그러니 여러 회사와 대화도 나눠 보고 잘 따져 봐야 해요.

그렇지만 MCN에 꼭 가입할 필요는 없어요. 1년, 2년 정도의 계약 기간이 정해져 있고 수익도 나눠야 하는 구조이므로 MCN이 지원하는 내용 중 꼭 필요한 부분이 있다면 그때 가입을 고려해 보는 게 좋습니다. 〈김메주와 고양이들〉 채널은 고양이 캐릭터의 저작권 관리와 상품화 문제에서 전문가의 도움을 받을 수 있을 거라 판단해 MCN 가입을 결정했어요.

MCN에 가입하는 방법은 2가지입니다. 첫째, 각 회사의 홈페이지에서 직접 지원하는 방법입니다. MCN은 늘 새로운 분야의 크리에이터, 성장 가능성이 있는 크리에이터를 찾고 있으니 먼저 어필해 봐도 좋아요. 둘째, MCN 측에서 보내는 제안 메일에 응답하는 것입니다. 우선 채널 성장에 집중해 활동하다 보면, 성장 가능성을 알아보고 MCN 담당자가 먼저 메일을 보내기도 합니다. 제안하는 내용을 잘 읽고 가입을 결정하면 됩니다.

14-2 네이버TV 이용하기

▶ 1인 창작자 지원에 본격적으로 나선 네이버TV

'네이버TV'는 국내 포털 사이트 1위인 네이버가 운영한다는 강점이 있습니다. 특히, 네이버 앱은 모바일 앱 중 세대별 사용 비중이 골고루 높고, 네이버의 '콘텐츠' 탭에서 네이버TV 내 콘텐츠를 다루고 있으므로 메인 노출의 기회도 노릴 수 있습니다

TV 인기 방송 클립과 스포츠 중계에서 강세를 보이지만, 최근 1인 창작자를 유치하기 위한 노력도 눈에 띕니다. 따로 존재하지 않던 '채널 신청' 제도를 만들고, 크리에이터 스튜디오 (관리자 도구)도 전면 개편했어요. 최근에는 '치지직' 이라는 라이브 스트리밍 서비스도 시작했습니다.

네이버 메인 노출의 기회도 노릴 수 있습니다.

네이버 지식백과에 자료로 인용되기도 합니다.

광고 수익은 어떻게 나눌까?

광고 수익은 월 단위로 정산돼 통장에 지급됩니다. 광고 수익이 20만 원 미만일 경우 창작자에게 100% 지급, 20만 원 이상일 경우 창작자 70%, 네이버 30%의 비율로 배분됩니다.

네이버 채널 개설 기준

'타 콘텐츠 플랫폼에서(블로그, 카페, 유튜브 등) 구독자나 이웃 등 팬 100명 이상인 경우 채널 개설이 가능합니다.'라고 명시돼 있으니 해당 기준에 부합할 때 채널 개설을 신청하세요.

하면 된다! } 네이버TV에 채널 개설하기

1 네이버TV의 채널 개설은 승인이 따로 필요합니다. 우선 네이버에 로그인을 하고 '네이버 TV 크리에이터 스튜디오'(studio.tv.naver.com)에 접속합니다. 그러면 아래와 같은 채널 개설 신청 화면이 나타납니다.

2 채널을 간단히 소개하는 내용을 작성한 후 [저장] 버튼을 누르면 채널 개설 신청이 완료 됩니다.

❸ 채널 만들기 승인이 완료되면 아래와 같이 메일로 알림이 옵니다. [첫 채널 만들러 가기]
버튼을 클릭하세요.

❺ 네이버TV의 크리에이터 스튜디오가 나타납니다. 왼쪽 메뉴의 [채널 관리 → 채널 만들기]
에서 내용을 작성해 채널 개설을 완료합니다.

▶ 크리에이터 스튜디오는 네
이버TV 메인의 오른쪽 상단
에서도 접속할 수 있습니다.

▶ 네이버TV에 동영상 업로드하기

네이버TV의 크리에이터 스튜디오가 전면 개편되면서 동영상 업로드가 한결 편리해졌어요.
최대 10개의 파일을 동시에 업로드할 수 있고 업로드나 인코딩 속도도 빨라졌습니다.
앞서 유튜브에서 실습했듯이, 네이버TV에서도 메타 데이터(제목, 설명, 태그)가 중요하게 작용
합니다. 유튜브와 네이버TV 두 곳에 함께 업로드한다면 미리보기 이미지, 제목, 설명, 태그
를 동일하게 사용하면 되겠죠?

하면 된다! } 네이버TV에 동영상 업로드하기

1 크리에이터 스튜디오 오른쪽 상단의 [업로드] 아이콘을 클릭하고 [파일 선택]을 클릭하거나 업로드할 파일을 해당 영역에 드래그하세요. 여러 개의 파일을 동시에 업로드할 수도 있습니다.

2 업로드 화면의 [기본 정보] 탭에서 제목, 설명 등의 기본적인 내용을 입력하고, 필요에 따라 [부가 정보], [태그], [관련 링크]의 내용도 입력합니다. [저장]을 클릭하면 동영상 게시를 위한 작업이 바로 시작됩니다.

기본 정보	부가 정보	태그	관련 링크

*표시는 필수 입력 항목입니다.

채널*	김메주와 고양이들 ⌄
제목*	간식 먹으려고 달려오는 고양이들 45/120
설명	고양이가 제일 좋아하는 간식인 차오츄르를 꺼내자 네마리가 동시에 달려옵니다! 귀여워! 119/3,000

재생 목록

[재생목록 선택]   [+ 새 재생목록 만들기]

재생목록 제목	동영상 수	만든 날짜	공개	삭제
김메주와 고양이들 경주행 (전체재생)	183	2017.03.24.	공개	✕

공개 여부*   ⦿ 즉시 공개   ○ 비공개   ○ 공개예약 ❓

시청 연령*   ⦿ 전체   ○ 19세 이상 ❓

시청 등급   ⦿ 미지정   ○ 방송프로그램   ○ 영화   ○ 비디오(뮤직비디오 포함)   ○ 자율등급표시 ❓

☐ 이 동영상을 저작권 보호를 위한 원본 동영상으로 등록합니다. ❓

[저장]—[클릭]

▶ 네이버TV에서 수익 정산하기

네이버TV는 국내 서비스이기 때문에 수익 정산이 한결 편리합니다. 신청자 정보를 입력하고 주민등록증, 통장 사본을 첨부해 온라인으로 신청하면 인증 절차가 끝나고, 이후 입금 신청 버튼만 누르면 내 계좌로 수익금을 바로 지급받을 수 있습니다.

하면 된다! 〉 네이버TV에서 수익 정산하기

1 수익을 지급받을 계좌번호는 광고 수익이 발생한 후에 등록할 수 있습니다. 영상을 업로드하고 일정 수익이 발생했을 때 등록하면 되겠죠? 정산 정보는 크리에이터 스튜디오 메뉴의 [수익 정산 → 정산 정보 관리]에서 입력할 수 있습니다. 필요한 내용을 작성한 후 [저장] 버튼을 클릭합니다. 주민등록증과 통장 사본 파일로 본인 인증을 완료해야 하므로 해당 파일을 꼭 준비하세요.

2 수익은 [수익 정산 → 월별 수익 조회]에서 조회할 수 있습니다. 일별이나 실시간 조회는 아직 불가능하고 월별 수익만 조회할 수 있습니다. 매월 15일에 지난 달 수익이 업데이트됩니다.

3 수익이 누적되면 [수익 정산 → 입금 신청 및 내역 조회]에서 입금 신청을 할 수 있습니다. 입금 신청은 매월 16~26일에 가능하고, 신청한 다음달 21일에 등록된 계좌로 입금됩니다.

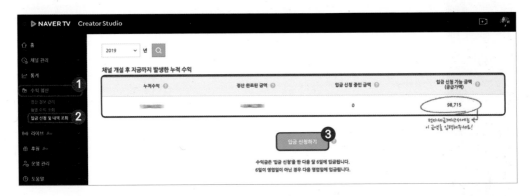

크리에이터들을 위한 숨겨진 세상, 크리에이터 센터로 초대합니다

크리에이터 센터는 크리에이터가 아이디어를 얻고, 교류하고, 채널을 성장시키는 데 필요한 모든 요소를 제공하는 공간입니다. 유튜브의 이런 지원을 모르고 못 받는 분이 생각보다 많답니다. 크리에이터 센터를 적극 활용해 챙길 것은 꼭 챙겨 가세요.

유튜브 홈에서 주요 메뉴 아래에 있는 [크리에이터] 메뉴를 클릭합니다.

크리에이터 등급별 혜택

구독자수에 따라 '실버 버튼', '골드 버튼', '다이아몬드 버튼'을 받을 수 있습니다. 내 채널이 자격 요건을 충족하면 어워즈 신청 알림을 받게 되고, 신청은 크리에이터 센터에서 할 수 있어요. 이러한 보상을 획득하는 뿌듯함이 채널을 성장시켜 나가는 원동력이 되기도 합니다.

구독자 10만 명 달성 시 받을 수 있는 실버 크리에이터 어워즈

구독자 100만 명 달성 시 받을 수 있는 골드 크리에이터 어워즈

구독자 1,000만 명 달성 시 받을 수 있는 다이아몬드 크리에이터 어워즈

유튜브 크리에이터 채널

이 책을 시작하는 대부분의 독자는 아마 구독자가 많지 않은 상태로 시작할 거예요. 이 단계에서 가장 유용한 혜택은 단연 '유튜브 크리에이터' 공식 채널입니다. 동영상을 보면서 제작, 마케팅, 채널 분석, 수익 창출 등 다양한 주제를 친절하고 쉽게 배울 수 있어요. 각자의 부족한 역량을 이곳에서 채워 봐요.

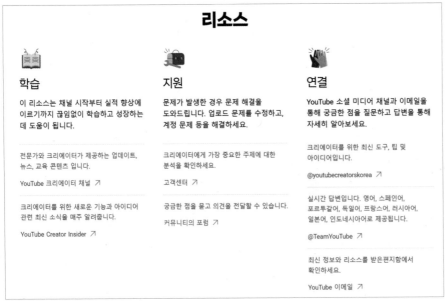

하단의 [리소스 → 학습 → Youtube 크리에이터 채널] 클릭

똑똑하게 유튜브 검색하는 5가지 방법

방법 1 가장 쉬운 방법은 필터를 활용하는 것입니다. 키워드를 검색한 후 바로 아래에 있는 [필터]를 클릭하세요. '업로드 날짜'를 바꾸면 최신 콘텐츠만 골라 볼 수 있습니다.

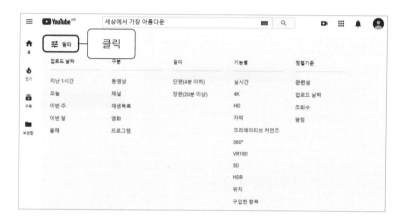

방법 2 제외하고 싶은 단어가 있다면 바로 앞에 – 부호를 사용합니다. 쉼표를 쓰면 제외하고 싶은 단어를 여러 개 넣을 수 있습니다. 이와 반대로 꼭 포함하고 싶은 단어가 있다면 + 부호를 사용합니다.

예 고양이 -김메주, -먼지, -봉지, -휴지, -요지, -오들

방법 3 단어와 단어의 순서까지 정확하게 일치하는 결과를 얻고 싶다면 단어 또는 문구를 큰따옴표 안에 넣습니다.

예 "일본 여행 갈 때 꼭 필요한"

방법 4 채널만 검색하려면 쉼표 뒤에 'channel'을 입력합니다.

예 요리, channel

방법 5 재생 목록만 검색하려면 쉼표 뒤에 'playlist'를 입력합니다.

예 윤종신, playlist

유튜브·SNS·콘텐츠 시대의
친절한 저작권법 실무 교과서

꼭 알아야 할 저작권법과 분쟁 유형 총망라!

유튜브·SNS·콘텐츠
저작권
문제
해결

오승종 지음

된다!

1위!
법 분야
베스트셀러

25년간 저작권을 다뤄온
판사 출신 변호사의 실무 답변 108가지

이지스퍼블리싱

된다!
유튜브·SNS·콘텐츠
저작권 문제 해결
오승종 지음 | 448쪽 | 18,000원

영상·이미지
음원·글꼴
저작권 무료 사이트

유튜브, 학교 원격 수업 등
최신 저작권 이슈 반영!

내 저작권과 콘텐츠를 지킬
**경고장 발송부터
민·형사 소송 방법까지!**

지금은 **생성 AI 시대!** 잦은 변화 속에서 살아남고 싶다면!
챗GPT에게 일 시키는 법부터 뤼튼으로 시작하는 이미지 생성까지!

된다!
하루 만에 끝내는 챗GPT 활용법
— 전면 개정 2판

글쓰기, 영어 공부, 유튜브, 수익 창출도 된다!
인공지능에게 일 시키고 시간 버는 법

프롬프트 크리에이터 지음 | 268쪽 | 17,200원

된다!
생성형 AI 사진 & 이미지 만들기

정확도를 높이는 프롬프트 글쓰기부터 검증 방법까지!
어떤 인공지능에서도 통하는 프롬프트 작성법

김원석, 장한결 지음 | 260쪽 | 18,000원

디자이너, 마케터, 콘텐츠 제작자라면 꼭 봐야 할 입문서!
각 분야 전문가의 노하우를 담았다

된다!
포토샵&일러스트레이터
— 오늘 바로 되는 입문서

유튜브 섬네일부터 스티커 제작까지!
기초부터 중급까지 실무 예제 총망라!

박길현, 이현화 지음 | 504쪽 | 22,000원

된다!
일러스트레이터
— 오늘 바로 되는 입문서

배너 디자인부터 캐릭터 드로잉까지
기본부터 하나하나 실습하며 배운다!

모나미, 김정아 지음 | 344쪽 | 18,000원